유럽의 어제와 오늘

유럽의 어제와 오늘(개정판)

초판 1쇄 발행 2018년 8월 10일
2쇄 발행 2020년 2월 4일

지은이 이영석, 이상빈
펴낸이 김희정
펴낸곳 도서출판 희정
출판등록 제2012-000081호

디자인 최예슬
편집 이현, 이다래
교정 정혜나
마케팅 고은빛

주소 경상남도 통영시 무전 7길 135 한진 로즈힐 비치
전화 070-4651-3730~4
팩스 070-4325-7006
이메일 cello1205@naver.com

ISBN 979-11-963245-0-6(03920)
값 18,000원

ⓒ 이영석, 이상빈 2018 Printed in Korea

잘못된 책은 구입하신 곳에서 바꾸어 드립니다.
이 책의 전부 또는 일부 내용을 재사용하려면 사전에 저작권자와 펴낸곳의 동의를 받아야 합니다.

이 도서의 국립중앙도서관 출판예정도서목록(CIP)은 서지정보유통지원시스템 홈페이지(http://seoji.nl.go.kr)와 국가자료공동목록시스템(http://www.nl.go.kr/kolisnet)에서 이용하실 수 있습니다. (CIP제어번호 : CIP2018023642)

개정판

유럽의 어제와 오늘

● 이영석 · 이상빈 지음

머리말

　유럽에는 45개국 6억 인구가 살고 있다. 영토의 일부가 유럽에 속해 있는 러시아, 터키, 조지아, 아제르바이잔, 카자흐스탄 등과 지리적으로는 아시아에 편재해 있지만 역사 문화적으로 유럽 국가로 이해되는 아르메니아를 더하면 51개국, 7억을 넘는다. 중국과 인도에는 미치지 못하지만 미국 인구의 두 배를 넘는 규모이다.
　그런 유럽이 유럽연합(EU)이라는 새로운 연합체를 구성하여 정치 경제적 위상을 강화해 나가고 있다. 현재 28개국, 5억 1천만 인구의 대규모 정치 경제 공동체로 성장한 유럽연합은 지금도 이른바 유럽합중국(USE)이라는 초강대국의 꿈을 향해 결속을 다지고 영향력을 키워나가고 있다.
　유럽이 꿈꾸는 새로운 공동체의 건설이 마냥 순조롭게 진행된 것은 아니다. 2009년 리스본 조약에 의거 상임의장과 외교대표를 둔 법적 실체로서의 유럽연합이 등장하기까지 지난한 좌절과 극복의 과정이 있었다. 최근에도 2016년 영국의 EU 탈퇴 국민투표 이후 일부 회원국의 국내 사정으로 유럽연합의 미래에 대한 전망이 요동치는 양상이 되풀이되고 있다. 500만㎢ 남짓한 공간에 복잡다단한 갈등의 역사를 안고 있는 45개 국가가 주권을 행사하는 현재의 체제를 바꾸는 것이 쉬울 수는 없을 것이다. 유럽연합이 채택하고 있는 공식 언어가 24개에 이른다는 사실만으로도 일의 어려움은 짐작하고 남는다.
　여기에 경제 수준과 규모 차이, 정치적 지향과 투명성의 편차, 그리고 오랜 세월 서로 다르게 발전해온 다양한 문화도 구성원들 상호 간의 불신을 야기하여 적절한 합의를 이끄는 것을 어렵게 하고 있다. 2006년의 헌법 채택 실패, 2008년 개정 조약의 좌절과 극복, 그리고 2016년의 브렉시트(Brexit, 영국의 EU 탈퇴)에서 보아온 바처럼 유럽연합이라는 이상의 실현은 예기치 못한 복병에 의해 지체와 좌절, 그리고 조정과 극복의 과정을 반복하고 있다. 전통을 고수하면서 개혁을 추진하는 안정 속 개혁의 여정을 힘들게 이어가고 있는 것이다.

우리에게 유럽은 숲이다. 숲인 유럽은 숲 속을 거니는 사람에게 좀처럼 그 실체를 드러내지 않는다. 때로 유럽의 몇몇 나라들을 둘러보고 그들이 곧 유럽이려니 생각하지만, 그들은 유럽이라는 숲 속의 개성 넘치는 몇 그루 나무들일 뿐이다. 중국의 동아시아와 일본의 동아시아가 다르듯이 독일의 유럽과 프랑스의 유럽은 다르다. 한·중·일을 아우르는 동아시아의 실체가 모호하듯 숲으로서 유럽도 그 실체를 집어내기가 쉽지 않다.

그럼에도 우리는 영국과 프랑스, 독일이라는 유럽 내 일부 국가의 문학과 역사에 대한 교육과 연구에 힘을 쏟으면서 계속 유럽이라는 문화공동체에 대한 이해는 뒷전으로 미루었다. 나무만 보면서 숲을 보는 데에는 소홀했던 것이다.

우리가 유럽 연구의 새로운 틀을 구하기 시작한 때는 지난 세기의 끝자락이었다. 냉전이 끝나고 공동체로서 유럽의 미래가 유럽연합이라는 새로운 체제의 출범으로 귀결되고, 또 그 무렵 커지기 시작된 문화 내지 문화연구에 대한 관심이 이런 변화를 촉발했다. 개별 국가가 아닌 유럽이라는 숲을 조망하는 시선이 필요한 시점이 되었고, 이를 토대로 한 유럽의 어제와 오늘에 대한 보다 체계적인 이해가 필요했던 것이다.

그러면서 일부 대학에서 '유럽문화'를 주제로 한 강의를 개설 운영하기 시작했다. 하지만 막상 강좌를 개설 운영하면서 적지 않은 어려움을 겪어야 했다. 개별 국가를 넘어선 통합 유럽문화에 대한 체계적 이해라는 목표를 담아낼 그릇을 마련하는 것부터 쉽지가 않았고, 그 세부 내용을 정하는 것도 만만한 일이 아니었다. 일부 대학 유럽어문학과 단위에서 해당 국가의 문화이해를 위한 강좌를 개설 운영하고 있긴 했으나, 유럽이라는 광역문화권에 대한 이해를 위한 접근은 이루어지지 않고 있었기 때문에 개별 국가문화를 넘어서는 '유럽문화'를 엮어내기가 쉽지 않았던 것이다.

그로부터 10여 년이 지난 지금 우리는 유럽을 보는 우리의 시선에 적지 않은 변화가 있음을 확인한다. 관심의 소외 지역이었던 변방 유럽에 대한 대중적 관심이 커졌고, 대학에서도 개별 유럽 국가가 아닌 문화공동체로서 유럽을 연구 대상으로 하는 학과를 설치하는 등 구조 개혁이 이루어졌다. 상응하는 유럽 내 변화도 작지 않았다. 개방된 국경으로 국가 간의 교류가 활발해졌고, 역외 국민은 물론이고 비유럽권 주민의 과다 이주에 따른 사회적 혼란도 폭증하고 있다.

이 책은 유럽을 둘러싼 이런 안팎의 변화를 담은 숲으로서 유럽문화의 새로운 이해를 위해 준비한 것이다. 2010년 경상대학교출판부에서 펴낸 『유럽문화의 이해』(이영석 지음)를 바탕으로 하였는데, 이 과정에 프랑스문화 전문가인 포스텍 이상빈 교수가 원고를 검토하고 보완하는 데에 힘을 보탰다.

준비 기간이 충분하지 못한 등의 몇 가지 사정으로 소기의 시너지 효과를 내는 데에는 이르지 못해 아쉬움이 크다. 다음 기회에는 더 나은 모습을 내놓을 수 있으리라는 기대를 여러 부족함에 대한 변명으로 삼고 부족한 작업을 서둘러 마무리하였다. 책은 초판의 틀을 대체로 따랐지만 일부 내용을 재구성하였는데, 특히 3장 유럽의 신화와 종교를 추가하여 크게 일곱 부분으로 나누었다.

　유럽을 개관해 보는 1장에 이어 2장에서는 유럽문화의 배경이 되는 자연조건, 3장에서는 유럽의 신화와 종교에 대해서 살펴보았다. 4장은 유럽의 구체적인 형성과 전개 과정을 선사시대부터 현대에 이르기까지 개관하였고, 5장은 이런 과정에서 유럽에 영향을 끼친 타자로서 이슬람권, 인도, 중국과 일본 등 비유럽문화권과의 관계를 살펴보았다. 6장은 유럽의 구체적인 생활문화를 음식문화, 주거, 종교, 축제, 여가 등으로 나누어 정리했으며, 7장에서는 유럽연합의 역사, 기구, 정책과 성과 등에 대해 정리했다. 문학예술과 미디어 등 중요한 문화 영역을 적극적으로 다루어 보는 일을 다시 숙제로 미루어 송구스럽다.

　출판사의 첫 간행물로 이 책을 선택하고, 책의 구성과 원고 교정에 도움을 준 도서출판 희정에 감사를 드린다. 모쪼록 이 책이 'United in Diversity'라는 유럽의 모토가 담고 있는 바, 다원일체의 독자문화권으로서 위상을 공고히 하고 있는 유럽문화에 대한 올바른 이해를 위한 의미 있는 자료가 되기를 기대해본다.

2018년 2월
이영석, 이상빈

CONTENTS

머리말 4

1 공간과 문화 11

2 자연환경 18
    1 | 지질과 경관 21
    2 | 기후 27

3 신화와 종교 31
    1 | 신화, 다신교시대 33
    2 | 그리스도교의 전래 42
    3 | 그리스도교의 분열 44
    4 | 유럽의 소수 종교 49
    5 | 정교분리, 종교와 세속성의 딜레마 51

4 형성과 변화 56
    1 | 선사시대의 유럽 60
    2 | 고대 유럽 63
    3 | 중세 유럽 76

4 | 근대 유럽 1   87
    1 › 르네상스, 종교개혁, 신항로 개척 87
    2 › 절대왕정, 팽창과 경쟁 94
    3 › 산업혁명과 시민혁명 100
    4 › 궁정문화, 과학혁명과 사상의 발전 103

5 | 근대 유럽 2   107
    1 › 자유주의, 민족주의, 제국주의 107
    2 › 시민문화의 성숙, 학문과 예술의 발달 112

6 | 현대 유럽   114
    1 › 세계대전, 동서냉전 그리고 유럽연합 114
    2 › 기술 진보의 명암, 다원일체 지향의 문화 118

5   타자 … 유럽과 비유럽   120

1 | 유럽의 문화다양성   122
2 | 이슬람과 유럽   125
    1 › 신문명의 유입 통로 125
    2 › 차이와 충돌 133

3 | 인도와 유럽   137
4 | 중국과 유럽   141
5 | 일본과 유럽   148

6   생활문화   153

1 | 음식문화   154
2 | 건축문화   169
    1 › 고전시대 170
    2 › 로마네스크시대 173
    3 › 고딕시대 175
    4 › 르네상스시대 176
    5 › 바로크, 로코코시대 177
    6 › 철강 및 유리 건축 시대 179
    7 › 현대 181

3 | 축일과 축제   183
4 | 여가문화와 관광   195

7 유럽연합, USE의 꿈 207

1 | 유럽연합의 역사 210
2 | 유럽연합의 기구 217
    1 > 유럽연합이사회(Council of the European Union) 217
        ① 유럽이사회 / 유럽정상회의European Council/ European Summit) /
        ② 유럽연합각료이사회(Council of Ministers)
    2 > 유럽집행위원회(European Commission) 223
    3 > 유럽의회(European Parliament) 228
    4 > 유럽연합사법재판소(Court of Justice of the European Union) 231
3 | 유럽연합의 여러 모습 233
    1 > 깃발(旗), 찬가(讚歌), 표어, 기념일 233
    2 > 언어 237
    3 > 유로화 240
    4 > 국경개방: 솅겐 조약 244
    5 > 교육지원프로그램: '소크라테스 프로그램 1, 2(Socrates Programme I 1994–1999, II 2000–2006)', '평생학습프로그램 (Lifelong Learning Programme 2007–2013)', '에라스무스 플러스(Erasmus+ 2014–2020)' 247
        ① 코메니우스 프로그램 / ② 에라스무스 프로그램 / ③ 레오나르도 다 빈치 프로그램 / ④ 그룬트비 프로그램 / ⑤ 횡단 프로그램 / ⑥ 장 모네 프로그램
    6 > 유럽문화수도 252
4 | 유럽연합과 한국 259

부록: 유럽의 여러 나라 264

1
공간과 문화

유럽은 유라시아 대륙 서쪽에 위치한 거대한 반도이다. 반도의 특성상 바다를 접한 3면, 즉 남쪽과 북쪽, 그리고 서쪽은 각각 지중해와 북극해, 그리고 대서양을 경계로 하는 구분이 분명하다. 하지만 동쪽으로는 아시아와의 경계가 명확하지 않아서 적잖은 논쟁이 있어 왔다. 지난 1991년 소련이 해체되기 이전 대부분의 지리학자들은 구소련을 하나의 대륙에 상응하는 단일권역으로 취급하였다. 그러면서 동유럽과 소련의 경계를 곧 유럽의 동쪽 경계로 이해하였다.

　　하지만 소련이 붕괴되고 연방을 구성하던 여러 국가들이 독립하면서 이들 독립국가들의 상당수는 다시 유럽으로 편입되었다. 그러면서 자연적인

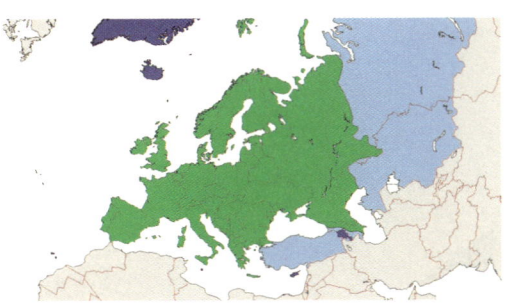

▲ 1,018만㎢의 넓이에 7억 3천만의 인구가 살고 있는 유럽. 영토의 일부가 유럽에 속한 러시아, 터키, 카자흐스탄, 그루지아, 아제르바이잔, 그리고 역사 문화적으로 유럽권으로 이해될 수 있는 아르메니아를 포함하면 유럽에는 모두 51개의 주권국가가 있다.

경계에 입각한 유럽과 아시아의 전통적인 경계가 다시 등장하였다.

　자연적인 경계는 우랄산맥, 우랄강, 카스피해, 카프카스산맥, 흑해, 보스포루스해협, 다르다넬스해협을 연결하는 선이다. 이로써 소련에서 독립한 발트 3국, 벨로루시, 우크라이나, 몰도바 등이 새롭게 유럽국가의 일원이 되었고, 러시아, 터키, 그루지아, 아제르바이잔, 카자흐스탄 등과 같이 영토의 일부가 유럽에 속한 국가들은 지리 문화적으로 유럽과 아시아 양쪽 모두에 속하고 있는 모습이 되었다.

　유럽은 사실 오랜 세월 그 실체가 모호한 국가들의 집합에 불과했다. 유럽의 생성과 전개 과정이 곧 다양한 민족의 복잡한 이합집산의 과정에 다름 아니었기 때문에 유럽이 하나의 실체를 지닌 공고한 공동체로 발전하는 것은 쉬운 일이 아니었다. 오히려 이런 공동체 형성은 항상 내부 구성원들의 경계의 대상이었다.
　그래서 정치 문화적 공동체로서의 통일 유럽은 대체로 영웅의 망상이었거나 더 넓은 세계의 더 낯선 타자들로부터 이웃과 스스로를 변별하기 위한 어휘에 불과했다.

　유럽(europe)이라는 말은 고대 그리스인이 아시아 언어에서 차용 정착시킨 것이다. 원래 지중해 동부 지역이나 북아프리카에 살던 페니키아인들이 그들의 입장에서 북서쪽 미지의 지역을 일컫는 말인 에레브(ereb, 셈어), 에로브(erob, 페니키아어 헤브라이어) 등에서 비롯했던 것이다. 이 말은 각각 '저녁'과 '어둠'을 뜻했는데, 어의(語義)로 보자면 유럽은 불분명한 먼 어둠의 세계인 셈이다. 그리스 신화에서 태초의 카오스로부터 밤의 세계 '닉스(Nyx)'와 함께 생성되는 어둠과 그림자의 세계 '에레보스(erebos)'와 어원을 같이 하는 것으로 보인다.

제우스에 의해 유괴된 페니키아의 공주 에우로페(Europe)가 지중해를 건너 크레타에 정착하여 미노스 등 아들을 낳아 유럽문화의 발판을 마련한 이야기도 유럽이라는 말, 나아가서 유럽문화의 기원에 대한 신화적 설명으로 읽힌다.

아시아라는 말이 그리스어 '아수(asu)'에서 유래하였고, 그것이 뜻하는 바가 '해가 뜨는 곳', 혹은 '동쪽'이라는 사실이나 오늘날 동서양의 개념으로 사용되는 '오리엔트(orient)', '옥시덴트(occident)'도 각각 동쪽과 서쪽을 의미하는 라틴어에서 유래한 것과 비교하면 유럽이라는 단어의 이러한 등장 배경은 인접 나라나 문화권과의 관계 속에서 유래하는 지명 유형의 원조로 이해될 수 있겠다.

이 지명이 처음 등장하는 문헌은 헤시오도스시대(기원전 8세기)에 쓰인 시편이다. 이 시에서 유럽이란 말은 펠로폰네소스 반도나 에게해의 여러 섬들을 제외한 그리스 지역만을 가리키는 것으로 사용되고 있다. 이후 기원전 5세기 헤로도토스시대에 오면 유럽은 이제 아시아와 리비아에 대비되는 대륙으로 이해되면서, 유럽의 경계를 정해 보이고자 시도하기도 한다.

그러나 이 무렵은 물론이고 이후 한참 동안에도 동쪽 경계는 모호하고, 북쪽의 존재도 불확실했다. 그저 아시아와 리비아라는 인접 세계와의 변별을 위한 자의적이고 모호한 지리적 개념일 뿐이었다.

유럽이라는 개념에 문화적 아우라가 부가된 것은 기원전 5세기의 페르시아전쟁을 거치고, 마침내 기원전 4세기에 알렉산드로스에 의한 대제국이 성립되면서부터이다. 대립 및 정복 상대와 맞서는 과정에서 '정체된 야만의 아시아'와 '자유롭고 민주적인 유럽'이라는 개념의 대비가 형성되

▲ 고대 이래 유럽인들의 세계관을 보여주는 중세의 세계지도라고 할 수 있는 TO지도.

었고, 이런 자기 긍정은 점차 유럽의 문화적 의미를 띠는 자산이 되었다.

이후 지중해 전 영역으로 세력을 확대한 그리스는 유럽 문명의 바탕으로서 헬레니즘 문화를 정착시켰고, 기원전 1세기 세계 제국으로 성장한 로마가 그 영향력의 범위를 확대함으로써 하나의 문화권으로서 유럽의 근간을 마련하였다.

고대 지중해를 중심으로 진행된 유럽의 문화적 정체의식은 그리스도교적 가치가 전 유럽을 통합한 중세에 이르러 더욱 확고해진다. 게르만족의 침입과 로마제국의 해체에 이어 새롭게 형성된 서유럽 중심의 새로운 그리스도교적 유럽문화는 이후 안으로는 종교적 통일성에 힘입고, 밖으로는 막 세력을 확대기 시작한 이슬람과 대결하면서 지리적 문화적 유럽의 윤곽을 더욱 공고히 할 수 있었다. 특히 9세기 노르만족의 이동은 스칸디나비아 지역뿐 아니라 동유럽 지역도 그리스도교 유럽의 영향권에 편입시켜주었다. 그러면서 유럽은 공통의 종교, 그리고 공통의 지식 기반으로서

라틴어를 통해 새로운 의미를 얻는다. 비그리스도교 세계인 아시아와 대비되는 개명한 문명의 세계로서의 우월적 유럽 개념이 등장한 것이다.

르네상스와 종교개혁을 통해 새로운 세계관을 경험하는 유럽은 이제 이러한 우월적 유럽 의식을 더욱 공고히 한다. 하지만 자유로운 대륙으로서 유럽의 자긍은 국민주의의 만연으로 인해 내부 갈등은 물론이고, 대외적 공격성을 강화하기도 했다. 나폴레옹의 프랑스 중심 유럽 통합의 시도나 아시아 아프리카에 대한 제국주의 침탈, 나아가서 두 차례에 걸친 세계대전은 이런 유럽 우월 의식에 바탕을 둔 편협한 국민주의가 낳은 파행적인 양상이었다.

2차 세계대전 이후 유럽은 스스로에 내재한 파괴적 갈등 요소를 근본적으로 치유하기 위한 방안을 모색하기 시작했다.

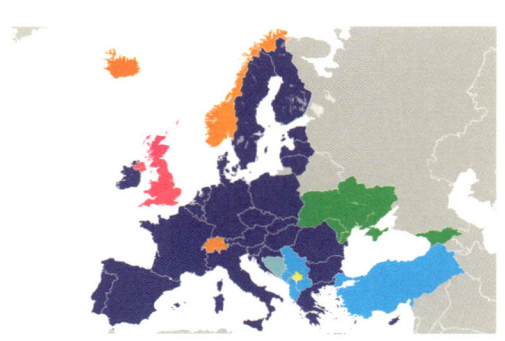

▲ 유럽연합의 확대 모습. 현재의 28개 회원국 외에 터키, 마케도니아 등 가입 후보국, 아이슬란드, 보스니아 헤르체고비나, 알바니아, 세르비아, 몬테네그로 등의 잠재 가입 후보국, 그리고 노르웨이, 스위스, 벨로루시, 우크라이나, 몰도바, 조지아, 아르메니아, 아제르바이잔 등의 회원 가능국 등으로 순차적인 확대 기회를 준비하고 있다.

특히 전 유럽을 폐허로 만들었던 2차 세계대전은 유럽문화 해체에 대한 위기감을 가져왔고, 대안으로 민족과 국가를 초월한 보다 통합적이고 공리적인 새로운 유럽의 필요성을 절감하게 되었다. 이런 문제의식에서 유럽은 연이어 '석유석탄공동체', '유럽경제공동체', '유럽공동체'등의 공동체를 기획하였고, 이를 오늘의 '유럽연합'으로 발전시켰다.

고대 그리스에 뿌리를 둔 유럽 개념은 이렇듯 아시아에 인접한 특정 지역이라는 지리적 개념에서 생겨났지만 시간이 지나면서 점차 정치와 종교, 나아가서 크고 작은 민족이나 다양한 이념의 세례를 받은 복합 개념으로 발전하였다. 그러면서 유럽은 다양성과 통일성을 그 속에 함께 담아 놓고 있는 당착적 특성을 보인다.

개인이나 소집단에서부터 국가연합체에 이르기까지 인간 활동 공간 전반의 본성이라고 할 수 있을 이런 특성을 지닌 채 유럽과 유럽인들은 오늘을 살고, 내일을 꿈꾸고 있다.

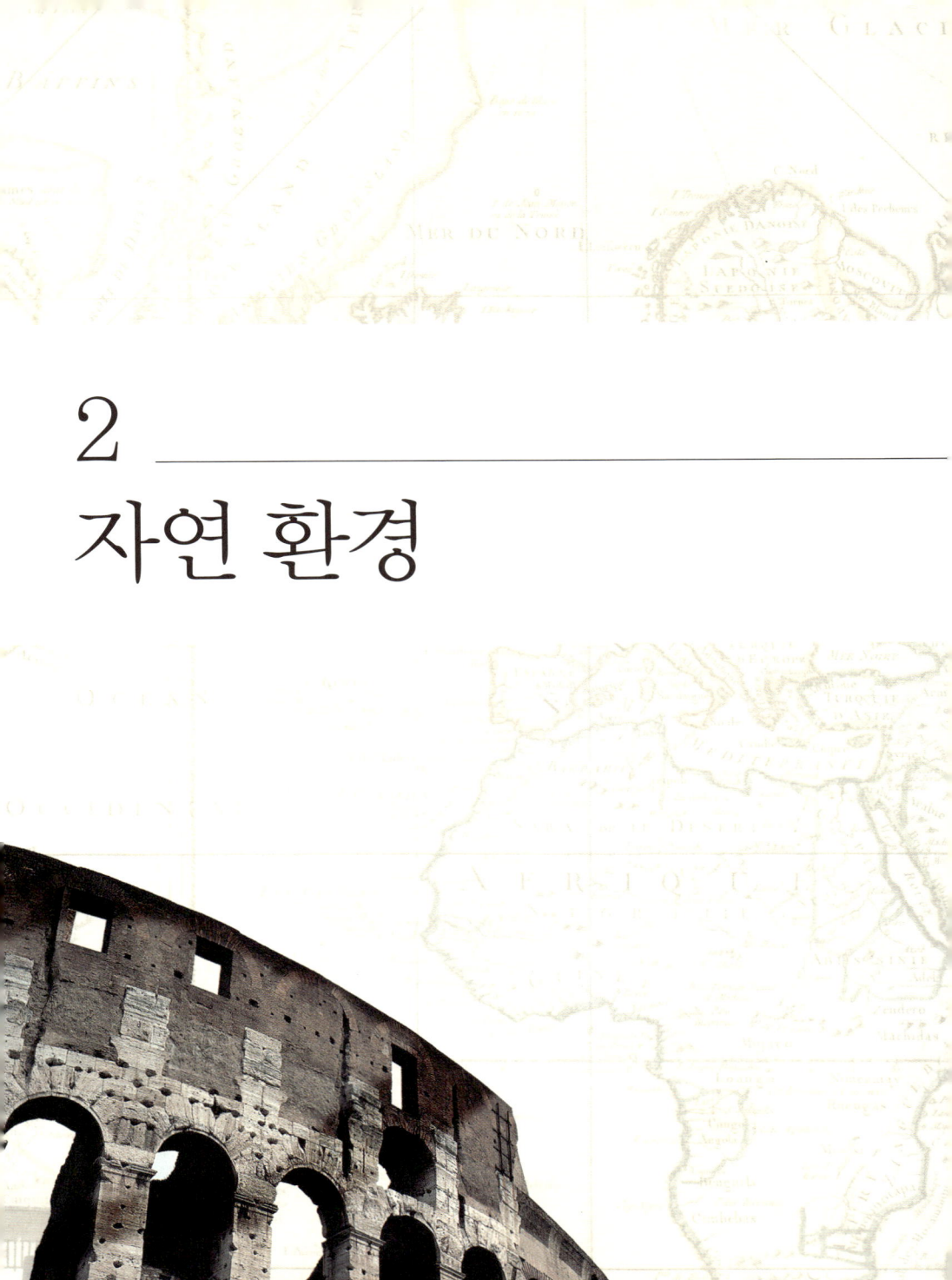

2
자연 환경

1 | 지질과 경관
2 | 기후

원초적 '자연(natura)'은 인공적 '문화(cultura)'의 상대어이다. 그러기에 자연은 대체로 인간의 손길이 닿기 이전의 상태로서 문명화의 전 단계이자 정복 가공되어야 할 대상으로 인식된다.

　그러나 자연을 정복, 지배, 가공의 대상으로 보는 이러한 대립적 자연관은 인류 보편적 사고에 바탕을 둔 원형적 세계관은 아니다. 동양적 사고 일반은 물론이고, 서양의 고대에도 자연은 인간 내지 인간적 삶, 즉 문화를 포괄하는 근원적 질서를 의미했다. 인간에 맞선 이질적 존재가 아니라 인간과 조화를 이룬 그 자체 운동의 원리를 지닌 더 큰 존재였다. 그러기에 인간은 자연을 지배나 개척의 대상으로 보는 것이 아니라 이해하고 공존해야 하는 동반자로 받아들였다.

　유럽에서 인간에게 대립적인 자연관이 등장한 것은 중세 그리스도교 세계관이 일반화되면서부터이다. 하느님과 인간과 자연에 대한 계층적 이해가 등장하면서 초월적 하느님의 창조물로서 인간과 자연은 서로 '다른 것'이 된다. 근대의 실증주의적 태도는 이런 '타자'로서 자연에 대한 인간중심적 대응의 결과이다.

자연에 대한 두 태도가 옳고 그름에 대한 논의는 이 자리의 몫이 아니다. 다만 이 두 태도는 인류의 역사에서 나름의 역할을 하였고, 특히 오늘날 거의 세계 표준이 되어버린 서구적 세계관의 바탕에 오롯이 자리해 있음은 분명하다. 자연에 대한 인간의 태도에 따라, 혹은 태도와 무관하게 자연은 인간의 삶에 영향을 끼쳤고, 그 결과가 문명이나 문화로 남는 것이다.

문화의 이해가 자연 이해를 전제로 하는 것은 이런 까닭이다. 문화(culture)란 말이 자연(nature)에 대한 관계 맺기로서의 '경작(colere)'에서 유래한 것도 이런 이치일 것이다. 유럽인들 역시 지구의 생성과 변화의 결과로 나타난 다양한 지형, 그리고 그런 지형적 조건에 따른 장단기 기후 변화를 스스로 대응해 나가야 할 상대, 즉 자연으로 마주하면서 공포와 친밀을 느끼고, 또 도전과 의탁의 대상으로 삼으면서 그들 고유의 문화를 만들어왔다.

1 | 지질과 경관

오늘날의 유럽의 지질과 경관을 형성하는 데에는 고생대는 물론이고, 중생대와 신생대에 이르기까지의 다양한 지구환경의 변화가 영향을 미쳤다.

46억년으로 추정되는 지구의 나이를 시대구분하였을 때 그 중 후반의 핵심시대에 유럽 지체의 형성과 변형이 이루어졌던 것이다.

∥ 지구과학의 시대구분

선캄브리아대 (40억 년 전-6억 년 전)	시생대(40억 년 전-16억(25억) 년 전)		
	원생대(25억(16억) 년 전-6억 년 전)		
고생대 (6억 년 전- 2억 2천 5백만 년 전)	캄브리아기/오르도비스기/실루리아기/데본기/석탄기(3억 5천 년 전-2억 8천 년 전)/페름기 등의 6기로 구분		
중생대 (2억 2천 5백만 년- 6천 5백만 년 전)	트라이아스기(2억 2천 5백만 년 전-1억 8천만 년 전)		
	쥬라기(1억 8천만 년 전-1억 3천 백만 년 전)		
	백악기(1억 3천 5백만 년 전-6천 5백만 년 전)		
신생대 (6천 5백만 년 전-현재)	3기(6천 5백만 년 전-2백만 년 전)		
	4기 (2백만 년 전- 현재)	홍적세(2백만 년 전-1만 년 전)/빙하시대	
		충적세(1만 년 전- 현재)	

　　지질 구조상 유럽에서 비교적 오래된 지형으로 이루어진 곳은 북부 지역이다. 특히 칼레도니아산계(Caledonian System of Mountain)로 불리는 스칸디나비아 반도의 서부, 스코틀랜드, 아일랜드 북부, 핀란드산지, 아이슬란드 등지는 4억 5천만 년 전 고생대의 실루리아(Siluria)기 말에서 데본(Devon)기에 걸쳐 발생한 조산운동에 의해 융기한 후 침식작용으로 준평원이 되었다가 신생대 3기의 알프스조산운동의 영향을 받았다. 이때 침강 지역은 북해가 되고, 융기 지역은 스칸디나비아 반도와 스코틀랜드산지로 되었다. 보트니아만 주변도 오랜 침식작용으로 고생대에 이미 준평원이 되어 완만한 평지인 순상지를 이루고 있다. 발트순상지 또는 페노스칸디아순상지로 불리는 이곳은 지질적으로 대단히 안정된 지역으로 대륙의 핵심부를 이룬다.

　　이들 북부 지역은 대부분 빙하시대의 영향을 크게 받았다. 높은 산지와 수많은 빙하호수가 있다. 지질 구조상 화석연료가 거의 없으나 수력발전에 좋은 조건을 갖추고 있으며, 풍부한 침엽수림과 피오르해안 등은 임업 자원은 물론이고 관광자원이 되고 있다.

중북부 유럽은 동쪽의 폴란드 평야에서 독일 북부, 덴마크, 네덜란드, 벨기에, 프랑스 북부로 이어지고, 도버해협을 건너 영국 동남부

▲ 게이랑에르 피오르가 끝나는 마을 헬레쉴트 풍경. 고생대에 형성된 안정적인 지체와 빙하시대의 변화가 만든 절경이 장관이다.

의 잉글랜드 평원까지 포함하는 대평원을 이루고 있다.

이 지역은 오랜 기간 퇴적된 지층이 지각변동을 받지 않고 수평지층상태를 유지하고 있는 평탄한 지형으로 이곳을 흐르는 라인, 다뉴브, 센, 드네프르 등의 강은 분수령이 낮기 때문에 흐름이 느리고, 유량의 변동이 적고 수심도 깊어 운하로 쉽게 연결된다. 1992년 독일의 도시 밤베르크와 레겐스부르크 사이의 마인강과 도나우강을 연결함으로써 북해의 로테르담으로부터 흑해의 도나우강 삼각주를 이어주는 라인-도나우 운하, 즉 유럽 운하의 개통은 이런 지형적 조건을 이용한 것이다.

▲ 오랜 기간 퇴적된 지층이 지각변동을 받지 않고 수평지층상태를 유지하고 있는 평탄한 지형을 이용하여 유럽에는 일찍이 내륙 수로가 발달할 수 있었다. 사진은 쾰른 시를 가로지르는 라인 강과 선박의 모습.

▲ 유럽의 고속도로. 풍부한 광산 자원을 바탕으로 공업 지역 곳곳을 연결하는 유럽의 고속도로. 특히 독일의 아우토반은 기복이 심하지 않은 구릉성 산지를 개발하여 일찍이 기간 교통망으로 발전했다

대체로 구릉성 산지로 이루어져 있는 중부 지역은 2억 년 전 고생대 석탄기와 페름기의 습곡작용으로 형성된 허시니아산계(Hercynian System of Mountain)로 불리는 산지가 중생대에 바다 밑으로 침강하였다가 신생대의 알프스조산운동으로 융기한 곳이다.

고생대에 프랑스의 중앙고지에서 서북쪽의 브르타뉴 반도와 노르망디 반도를 거쳐 영국의 웨일즈 지방, 페나인산맥, 아일랜드로 이어지는 지역과 프랑스의 중앙고지에서 동북쪽으로 보주산맥, 라인산지, 에르츠산맥, 보헤미아분지, 주데텐산지로 이어지는 지역의 두 산지로 형성되었다가 중생대의 침강, 신생대 조산운동의 영향을 받아 오늘에 이르렀다. 기복이 심하지 않은 구릉성 산지로 이루어져 있으며 석탄, 철광, 암염 등의 광산자원이 풍부하다. 편리한 교통과 풍부한 자원을 기반으로 유럽의 공업 지역으로 발전하였다.

남부 알프스산지는 신생대 3기의 조산운동에 의해 형성된 습곡산지이다. 아프리카 대륙과 허시니아산계 사이의 중생대 및 신생대 지층이 습곡에 의해 산지가 된 것이다. 프랑스, 독일, 이탈리아, 스위스, 리히텐슈타인, 오스트리아, 슬로베니아 등 모두 7개 나라에 걸친 알프스산맥은 길이 1,100km, 폭 125-275km, 면적 20만km²이며, 몽블랑(4,280m)을 비롯한 높은 산이 줄지어 있는 험준한 산악 지역이다. 알프스산맥에 잇대어 동북쪽으로 카르파티아 산맥을 거쳐 트란실바니아알프스, 발칸산맥으로 S자형 산맥이 이어지고 있으며, 동남쪽으로는 디나르 알프스와 아펜니노산맥으로 뻗고, 서쪽의 피레네산맥도 알프스산계의 연장이다.

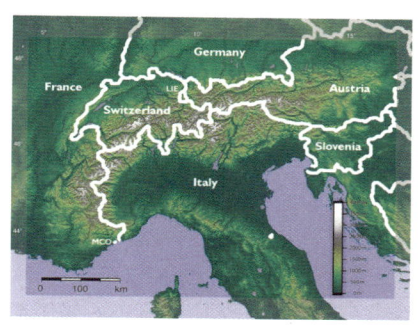
▲ 알프스산맥은 서쪽의 프랑스에서 동쪽의 오스트리아와 슬로베니아로 이어지는 1,100km의 산악 지역으로 유럽에서는 가장 늦게 생성된 지형이다.

한편 지중해를 끼고 있는 유럽 지역은 알프스 조산운동과 연계하여 생성된 지형으로 아직 지진이나 화산 활동이 나타나는 활동성이 강한 지형이다. 이탈리아 남부에서 일어나는 화산 활동은 이런 지형적 특성이 발휘된 것이다. 에게해 지역이나 폼페이 유적 등으로 확인되는 역사 속의 지진이나 화산 폭발은 현대에도 심심찮게 이루어진다.

▲ 이탈리아 시칠리아 섬 에트나화산의 2002년 폭발 모습. 지중해 지역에는 아직 지진이나 화산 활동이 빈번하게 나타난다.

이렇게 지역별로 서로 다른 지체 구조를 보이는 유럽의 각 지역은 또 신생대 4기 빙하시대의 영향을 받아 독특한 경관을 발전시켰다.

지금으로부터 100만 년 전 시작된 신생대의 빙하시대는 4개의 빙하기

자연환경 25

▲ 노르웨이 게이랑어피오르. 빙하의 영향으로 만들어진 피오르 곳곳에서 볼 수 있는 이런 폭포는 훌륭한 수력발전 자원이다. 노르웨이는 사용전력의 거의 100%를 수력에서 얻고 있다.

▲ 알프스산맥의 최장 빙하인 알레취 빙하. 길이 23km에 달하는 알레취 빙하는 최근의 지구온난화로 2005년 이후 매년 100m씩 줄어들고 있다.

와 간빙기(間氷期)를 거친 것으로 추정되는데, 그에 따르면 현재는 네 번째 빙기가 끝난 후의 간빙기에 해당한다. 네 번째 빙하가 머물렀던 시기는 지금으로부터 5만 3천 년 전에서 1만 8천 년 전으로 추정되는데, 이 시기의 설선고도는 지금보다 400m 정도 낮았고, 연평균 기온도 10도C 정도 낮았을 것으로 보인다.

빙하기 후반 기온이 빠르게 상승하면서 100년에 4.5m 속도로 빙하가 물러나 9,000년 전 유럽 빙하는 거의 사라지게 된다. 빙하가 사라지면서 지형과 경관에 큰 변화가 나타났는데, 스칸디나비아의 피오르와 내륙 호수는 물론이고 중북부 유럽의 비옥한 농경지와 흐름이 완만한 하천 등은 이런 빙하시대의 유산이다. 알프스 고산지대와 스칸디나비아 내륙지방, 그리고 아이슬란드 일부 지역에서는 아직도 이런 빙하의 모습을 볼 수 있다.

2 | 기후

유럽의 기후는 해양의 영향을 많이 받아 같은 위도의 유라시아대륙 동안과 달리 대체로 온난하고 강수량이 많은 특징을 보인다. 서안해양성 기후의 특징을 보이는 유럽의 기후를 특징짓는 요소는 크게 세 가지를 든다.

우선 해양의 영향으로 여름철은 서늘하고, 겨울철은 따뜻한 특징을 보인다. 연중 대서양으로부터 불어오는 편서풍의 영향을 받고, 또 지중해, 북해, 발트해 등의 내해와 접해 있어서 연중 바다의 영향을 받기 때문이다. 상대적으로 위도가 낮은 지중해 지역에서도 여름철에는 해풍의 영향을 받아 비교적 서늘한 날씨를 보인다.

그러나 해양에서 멀리 떨어진 내륙 지방에서는 연교차가 큰 대륙성 기후의 특징을 보인다. 강수량도 적어 헝가리 분지나 우크라이나 지방에는 건조한 초원지대(스텝)가 형성된다.

지형적으로는 동서로 발달해 있는 알프스산맥이 유럽의 기후에 영향을 끼친다. 동서 방향으로 달리는 알프스산맥은 편서풍이나 이동성 저기압이 내륙으로 이동하는 것을 용이하게 하면서 북쪽의 찬 기단이 지중해 지역으로 내려오는 것을 막아준다. 중부 유럽의 내륙 지역이 서안해양성 기후의 특징을 보일 수 있는 것은 바로 이 알프스산맥의 영향이다.

그러나 겨울철에 이따금 알프스산지의 냉기가 지중해 지역에 한파를 몰고 오기도 하는데, 이들은 지역에 따라 각각 미스트랄(mistral, 리용 만) 보라(bora, 아드리아해) 등으로 불린다. 거꾸로 지중해로부터 알프스산지를 넘어 알프스산지 북사면으로 불어서 봄철의 눈사태나 여름철의 가뭄과 산불을

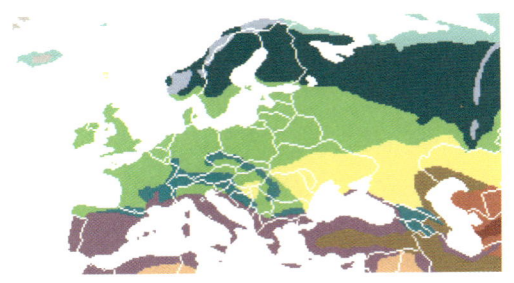
▲ 유럽의 식생지도. 해양과 지형의 영향을 받는 서안해양성 기후를 반영하여 동서로 동일 식생대가 길게 뻗어 있다.

일으키는 고온 건조한 바람은 푄(Föhn)이라고 한다.

유럽의 기후에는 또 해류가 크게 영향을 미친다. 특히 멕시코 난류는 편서풍을 타고 북대서양 해류로 발달하여 노르웨이 해안을 지나 바렌츠해의 무르만스크까지 이동하면서 아일랜드, 스코틀랜드, 아이슬란드, 노르웨이 해안 지역의 겨울을 따뜻하게 유지시켜 준다. 북대서양 해류가 갈라져 이베리아 반도와 북아프리카 서부 해안을 따라 남쪽으로 내려가는 카나리아 해류는 육풍의 영향으로 수면의 해수와 심층의 해수가 자리를 바꿔 한류가 되어 이 지역의 건조한 사막을 형성시킨다.

이런 요인의 반영으로 유럽의 기후는 비슷한 위도의 다른 지역에 비해 겨울이 따뜻하고, 여름이 서늘하며, 강수량도 연중 비교적 고르게 분포한다.

유라시아 대륙의 동안에 있는 우리나라와 1월 평균 기온을 비교해 보면 위도가 51.5도인 런던이 4.4도C로 위도 33.5도인 제주와 비슷하고, 심지어 위도가 60.5도인 노르웨이의 베르겐과 위도 35도인 부산의 기온이 비슷하다. 북위 38도로 같은 위도에 있는 아테네와 인천은 각각 9.4도C와 -3.1도C로 크게 차이가 난다.

여름철 기온도 우리나라와 차이를 보인다. 런던의 7월 평균기온은

17.7도C로 위도가 17도 낮은 대구의 5월 기온과 같다. 대구의 7월 평균 기온은 25.7도C이다. 베르겐은 15.0도C인데 이는 위도 23도 차이가 나는 인천의 5월 기온이다.

또 유럽에는 해양의 영향으로 연중 비교적 고른 강수량을 기록한다. 우리나라의 경우 1월 강수량(33mm)이 7월 강수량(307mm)의 10% 정도에 머물고, 여름철 3개월에 내리는 강수량이 1년 치(1,438mm)의 절반이 넘는 편중 현상을 보이지만 유럽의 경우는 큰 차이를 보이지 않는다. 지중해 지역(로마의 경우 1월 76mm, 7월 17mm)에서는 여름철에 비해 겨울에 더 많은 비가 내리지만, 대부분 지역(베를린의 경우 1월 40mm, 7월 60mm)은 여름철 강수량이 조금 많은 정도이다.

그래서 우리나라에 비해 연간 강수량은 1/2 정도밖에 되지 않지만 하천의 수량을 일정하게 유지하여 연중 수운을 가능하게 하고, 식물이 성장하는 데에도 어려움이 없다.

한편 유럽의 대부분 지역은 고위도 지역이기 때문에 계절별로 일출과 일몰 시간의 변동이 크다. 북유럽의 많은 도시들에서는 백야 현상을 볼 수 있으며, 이런 일광 시간의 계절별 차이를 효율적으로 업무와 연계하기 위해서 대부분의 나라에서 섬머타임제를 실시하고 있다. 낮

▲ 하지 무렵 한밤의 헬싱키. 북위 60.5도에 자리한 핀란드의 수도 헬싱키는 여름이면 백야를 연출한다.

이 긴 하절기에 하루를 일찍 시작할 수 있도록 시간을 한 시간 앞으로 돌리는 것으로 오전 시간의 생산성을 높이고, 오후와 저녁 시간을 효율적으로 활용할 수 있도록 하는 제도이다.

3
신화와 종교

1 | 신화, 다신교의 시대
2 | 그리스도교의 전래
3 | 그리스도교의 분열
4 | 유럽의 소수 종교
5 | 정교분리, 종교와 세속성의
　　딜레마

종교와 언어, 그리고 종족은 문화권의 범위와 특징을 규정하는 가장 중요한 요소들이다. 이들 가운데 종족은 상대적으로 근원적 성격이 강해서 시간의 흐름과 함께 희석될 수밖에 없는 데 비해 언어와 종교는 그 형성과 전개에 비교적 오랜 시간이 걸리는 데에다가 현재적 의미가 강한 요소이다.
　이 둘 가운데에서도 언어는 개별문화권의 특징을 규정하면서도 객관적인 차이를 인정하는 등가성을 보장해 주는 데 비해, 종교는 가치 독점적인 폐쇄적 절대성을 전제함으로써 또 다른 문제를 야기하기도 한다. 종교를 중심으로 한 문화권의 형성, 나아가서 종교의 차이를 배경으로 한 문화권 간의 대립이나 갈등이 한 사회의 특징을 규정하는 중요한 요인이 되는 이유이다.

　유럽은 대부분 그리스도교 지역이다. 그리스도교 유입 이전 나름의 체계를 이루고 있던 신화적 세계관은 신흥 유일신 종교에 완전히 밀리고 말았다. 이후 7세기에서 15세기까지 이베리아 반도 일부 지역이 이슬람권에 속했던 적이 있고, 오늘날에도 발칸 반도에 일부 이슬람국가가 있기는 하지만 그리스도교는 로마시대에 유럽으로 전파된 이래 중심 종교로서의 지위를 내놓은 적이 없다. 유럽문화를 이해하는 데에 필수적인 두 축의 하나로 그리스도교가 자리해 있는 것이다.

수 세기 동안 교회가 곧 유럽이었고, 때로 유럽이 교회였다고 할 만큼 그리스도교는 유럽문화의 핵심 요소였다. 그러면서 그리스도교는 위대한 예술과 철학 등 자부심의 뿌리이기도 하고 종교전쟁, 종교재판 등 부끄러운 기억의 원천이 되기도 한다.

유럽문화의 두 축으로서 헬레니즘과 헤브라이즘은 시대 배경으로 고대와 중세, 내용적으로 신화와 종교라는 상이한 배경을 담고 있다. 곧 그리스 로마적인 고대 정신과 기독교적인 중세 정신이라는 상반된 두 가치의 융합과 조화의 문화로서 유럽문화를 떠올리는 것이다.

이 장에서는 그리스도교 전래 이전의 유럽인들의 고유한 세계관으로 자리해 있었고, 근대 이후에는 부흥운동의 에너지가 되어 주었던 신화의 양상을 정리해 보고, 오랜 기간 유럽문화의 또 다른 핵심으로 자리하고 있는 그리스도교의 유럽 유입과 정착, 그리고 분열의 과정을 살펴보자. 덧붙여 기타 종교의 유럽 내 위상과 갈등 상황에 대해서도 정리해본다.

1 | 신화, 다신교의 시대

유럽의 입장에서 그리스도교는 외래종교이다. 그리스도교 전래 이전 유럽에는 다신교적 문화를 가진 몇 갈래의 신화적 세계관이 정착 통용되고 있었다. 그리스 로마 신화권, 켈트 신화권, 게르만 신화권이 그것이다.

▲ 그리스 로마 신화는 각각의 관장 영역을 지닌 12신이 인간과 세계를 지배하는 다신적 세계관을 보여준다. 올림포스의 열두 신을 그린 18세기 후반 프랑스 화가 Monsiau(1754-1837)의 그림.

그리스 로마 신화는 지중해 연안의 해양문화권의 신화로 우주생성에서 민족이나 국가의 기원에 이르기까지 완결된 신화체계를 갖추고 있다. 그리스 신화와 로마 신화는 전체적으로 같은 성격의 주인공들이 같은 줄거리를 이끌고 있다.

그리스 신화에서는 태초의 카오스 상태에서 생성된 1세대 신의 중심에 있던 하늘(우라노스)과 땅(가이아)은 2세대인 티탄 신에 의해 물러나고, 2세대 신의 중심 권력자인 크로노스 등도 3세대인 올림포스 신들에게 자리를 내준다. 이런 선형적 시간 흐름을 거쳐 안정된 올림포스 신의 시대에 이르면 각각의 관장 영역을 가진 12신이 세계와 인간을 지배한다.

올림포스 신들을 비롯한 그리스 로마 신화에서 등장하는 신들의 이름과 신격은 표와 같다.

그리스신화	로마신화	신격
Zeus	Jupiter	하늘
Poseidon	Neptunus	바다
Hades	Pluto	저승, 지하세계
Hera	Juno	가정
Demeter	Ceres	곡식, 경작지

그리스신화	로마신화	신격
Hestia	Vesta	부엌
Ares	Mars	전쟁
Apollon	Apollo	태양, 학예
Artemis	Diana	달, 숲
Athena	Minerva	지혜, 평화
Hephaistos	Vulcanus	대장간, 불
Hermes	Mercurius	사자, 상업, 여행
Aphrodite	Venus	사랑, 미
Dionysos	Baccus	술, 포도
Eros	Cupido	성애
Hebe	Juventa	청춘
Nike	Victory	승리

　그리스 로마 신화의 다신적인 세계관은 그리스도교의 전래 이후 그 종교적 기반을 잃게 되었지만, 신화의 완성도 높은 형식과 내용은 후대에 깊은 영향을 남겨 유럽의 문학과 예술 등 정신문화의 저변을 흐르는 중요한 바탕이 되었다.

　게르만 신화는 북유럽 일대에 퍼져 있던 게르만족의 신화로 그리스 로마 신화와 달리 빙하시대, 민족 대이동기를 거친 유목민적 전통을 반영한 듯 운명에 대한 체념이 강하고 장렬한 종말을 담고 있다. 게르만 신화에서 세계는 태초의 거인 이미르의 시체에서 생겨나고, 신과 거인의 마지막 전쟁인 라그나뢰크(Ragnarok)에 의해 멸망하는 것으로 그려진다. 게르만 신화의 신들은 영생불멸의 존재가 아니라 이 한정된 시간을 살았던 존재인 것이다.

▲ 북유럽 신화의 최고신은 오딘(또는 보단)이다. 삽화는 19세기 발간된 책 《발할(Wallhall)》에 그려진 오딘의 모습.

태초의 세계는 긴눙가가프(Ginnuggagap)라는 깊고 큰 나락이었다. 그러던 어느 날 이 긴눙가가프에서 안개의 나라인 니플헤임(Niflheim), 불의 나라 무스펠스헤임(Muspellsheim)이 생겨났다. 니플헤임의 서리와 무스펠스헤임의 열기가 융합하여 물방울이 되고, 이 물방울이 최초의 거인인 이미르(Ymir)를 탄생시켰다. 또 하나의 물방울에서 거대한 젖소 아우드후물라(Audhumula)가 태어났고, 이미르는 이 젖소의 젖을 먹고 자랐다.

이미르는 스스로 많은 거인을 탄생시켰다. 이들이 신들의 적인 서리거인족(Jotun)이다. 아우드후물라는 서리가 굳은 얼음을 빨아먹었는데, 이 얼음 속에서 신들의 시조인 부리(Buri)가 나왔고, 부리는 아들 보르(Borr)를 낳았다. 보르는 거인족의 딸을 아내로 맞아 후에 주신이 되는 오딘(Odinn), 빌리(Vili), 베이(Vei) 등의 세 아들을 낳았다.

오딘 삼 형제는 이미르를 죽여 서리거인족을 멸망시키고자 했다. 서리거인족은 한 쌍의 부부만 남기고 멸족하였다. 오딘 삼형제는 또 바닷가의 나무에서 한 쌍의 인간을 만들었다. 이들은 오딘 형제로부터 생명과 힘과 지능을 전해 받았다.

죽은 이미르의 피는 바다가 되었고, 몸은 대지, 두개골은 하늘, 뼈는 산맥 등이 되었다. 이미르의 눈썹은 대지를 둘러싸 미드가르드(Midgard)를 만들었다. 신들은 미드가르드 중앙에 신전을 짓고 행복하게 살았는데, 어느 날 바니르 신족이라는 다른 신들의 공격을 받고 또 거인족이 멸족하지 않은 것을 알게 되어 신전을 지키기 위해 미드가르드 안쪽에 자신들만의 공간을 만들어 아스가르드(Asgard)라고 불렀다.

미드가르드와 아스가르드는 비프로스트(Bifrost)라는 무지개다리로 연결되어 있어서 전쟁에서 죽은 용감한 병사들이 이 다리를 건너 신들의 세계로 갔다. 미드가르드 밖의 세계는 거인들의 영역인 요툰헤임(Jotunhein)과 지하의 니플헤임 등이 있었다. 이스가르드에는 이그드라실(Yggdrasil)이라는 거대한 나무가 있어서 위로는 천계, 아래로는 요툰헤임과 니플헤임과 연결되었다.

게르만 신화에는 주신 오딘을 중심으로 천둥의 신 토르, 전쟁신 티르, 사랑의 여신 프리그, 빛의 신 발데르, 그리고 풍요의 신 프레이르와 프레이야 등의 여러 신들이 활약한다. 이들의 활약은 라그나뢰크로 불리는 '위대한 신들의 운명' 내지 '신들의 황혼'으로 마무리된다.

라그나뢰크는 거인의 후손이면서 신들과 어울리는 아름답지만 변덕스럽고 사악한 신 로키에 의해 촉발된다. 오딘과 토르 등 여러 신들에게 도움을 주기도 했지만 그러면서도 갖가지 말썽을 부려 신들의 미움을 사기도 했던 로키는 어느 날 오딘의 아들인 빛의 신 발데르를 죽게 했다.

발데르의 죽음으로 세상은 어두워지고 신들의 슬픔과 고통은 커져 갔다. 어둠과 파괴를 지향하는 거인들이 발호하고, 마침내 빛과 질서의 신들

▲ 신들의 전쟁 라그나뢰크. 오딘이 창으로 늑대 펜리르를 공격하고, 토르는 창으로 요르문간트의 공격을 막고 있다.

과의 일전이 벌어졌다. 오딘의 자식인 펜리르의 늑대가 족쇄를 풀었고, 세계 뱀 요르문간드도 움직이기 시작했다. 저승의 개 가름이 날뛰고, 발데르를 죽인 벌로 바위에 몸이 묶인 채 뱀의 독을 뒤집어쓰고 고통을 받아야 했던 로키도 포박에서 풀려났다. 신들은 이들 사악한 무리들을 무찔렀지만 스스로도 모두 최후를 맞이했다. 이그드라실은 불타 쓰러졌고, 대지는 바닷속으로 사라지고, 별들도 떨어졌다.

신들의 황혼이 지난 한참 후 바다로부터 신록이 넘치는 새로운 대지가 올라왔다. 거기에는 생명이 가득했고, 죽었던 신들도 다시 태어났다. 미드가르드에서는 또 한 쌍의 인간이 아침 이슬을 먹으면서 라그나뢰크를 견디고 살아남았다. 새롭게 생겨난 세계는 보다 평화로운 모습이다.

라그나뢰크는 일견 다른 신화 속의 대홍수 모티브와 유사해 보인다. 하지만 신의 입장에서 타락한 인간에 대한 징벌적 파괴와 재생의 계기로 설정된 대홍수 모티브와 달리 신들을 포함한 세계 전체의 파괴와 죽음이라는 보다 적극적인 생산적 해체를 그 속에 담고 있는 것이 차이라고 할 수 있겠다.

켈트족은 오늘의 남부 독일 근처에 뿌리를 두고 있었다. 한때 지금의 벨기에, 스위스, 이베리아 반도, 발칸 반도, 소아시아 등지까지 영역을 넓힌 시기도 있었지만 여러 민족의 억압을 받으면서 유럽대륙을 떠나 영국이나 아일랜드 등의 섬에 숨어들었다.

이들의 전통은 현재 대륙에서는 스페인의 북부 갈리시아와 아스투리아스 지방, 프랑스의 브르타뉴 지방 등에 변형된 형태로 남아 있으며, 이들 신화의 내용을 파악해 볼 수 있는 전승들은 주로 영국이나 아일랜드 등의 섬에서나 찾아볼 수 있다.

영국과 아일랜드의 여러 섬에 남겨진 전승들에 들어있는 단편적인 자료를 통해 추측해 볼 수 있는 바, 켈트신화는 현세와 단절된 다른 세계의 존재를 확신하고 있음을 특징적으로 보여준다. 새롭게 태어나는 자가 떠나온 곳이고, 또 죽은 자의 영혼이 가는 곳으로서의 다른 세계를 설정하고 있는 것이다.

특히 신이나 요정에 의해 선택되는 용기 있는 자들은 젊음의 생명력이 넘치는 낙원인 그곳으로 가서 영생을 누린다고 믿었다. 체념을 안고 죽음의 세계로 넘어가는 게르만인들의 세계관과는 근본적으로 다른 모습이다. 삶은 감미로운 죽음의 준비단계이고, 그래서 저승의 신은 때로 삶과 죽음의 영역 모두를 관리하고 있다.

켈트인은 크게 두 종류로 나누어진다. 아일랜드계와 웨일즈계가 그것이다.

아일랜드는 일찍이 성(聖)패트릭에 의해 그리스도교가 전파되었는데, 패트릭 성인이 이교에 대해서도 관대한 태도를 보였기 때문에 비교적 많은 전승이 남아서 전해지고 있다. 이들 전승에 대한 기록은 8세기 무렵부터 시작되었다. 구전되어 오던 전승이 그리스도교와 함께 전해진 알파벳으로 명문화되었던 것이다.

그중 유명한 것이 《라긴의 서(Lebor Laignech)》이다. 아일랜드 서사시 전설은 '신 이전의 종족과 신(神) 투아하 데 다난에 관한 신화', '얼스터 지방의 영웅에 대한 전설', '라인(라인스터) 지방의 영웅 전설', '그 이후의 역사시대 이야기' 등으로 분류되는데, 첫 번째 이야기 외에는 신화이기보다 영웅전설에 가깝다.

▲ 켈트 신화에서 천둥의 신 타라니스. 천둥과 바퀴를 들고 있는 제우스의 모습으로 묘사되어 있다.

웨일즈의 전승은 이보다 늦은 12세기 이후에야 기록되었다. 모두 네 권의 책이 정리되어 있는데, 웨일즈어 문헌인 이들을 영어로 편역한 것이 《마비노기온(Mabinogion)》이다. 마비노기온은 어린이에게 들려주는 이야기 또는 음유시인의 이야기라는 뜻의 마비노기의 복수형이다. 현재 인기 있는 MMORPG인 마비노기는 바로 이 마비노기온에서 착안한 것으로 게임 속의 마을이나 등장인물 이름 등을 신화에서 차용한 경우가 많다.

아일랜드와 웨일즈 두 전승에는 서로 중복되는 신도 있지만 독자적인 것도 없지 않다. 아일랜드와 웨일즈에 공통되는 신은 켈트 민족이 분열하기 전의 옛날 신이라고 할 수 있겠는데, 광명의 신 루(Lugh)와 흘리우(Lleu), 신의 왕 누아자(Nuadha)와 흘루즈(Lludd), 바다의 신 리르(Lir)와 흘리르(Llyr), 대장간의 신 게브네(Goibne)와 고반논(Govannon) 등이다.

켈트신화에서 신족들인 투아하 데 다난(Tuatha De Danann)은 세계의 북쪽 끝 섬에서 구름을 타고 켈트의 땅인 에린(Erin) 또는 아일랜드로 왔다. 선주민족인 피르 보르(Fir Borg)와 포워르(Fomor) 등과의 두 차례에 걸친 모이투라 전투에 이겨 이곳의 지배자가 되어 정착하였다.

그러나 이들도 훗날 오늘의 아일랜드인 조상이 된 밀레(Mile)족의 공격에 굴복하여 바다 끝이나 땅속으로 도망가서 그들만의 세계를 만들어 숨어 살게 되었다. 이들은 특히 그리스도교의 등장 이후에는 더 이상 사람들의 경배를 받지 못하고, 신체도 줄어 요정이 되어버렸다고 한다. 밀레족은 오늘날 아일랜드와 웨일즈인의 선조가 된다.

이러한 신화시대, 혹은 다신교시대의 유럽은 통일된 종교적 질서를 유지할 수 없었다. 이런 혼란과 다양성으로 인해 유럽인들은 결국 단기간에 그리스도교라는 외래 유일신교의 위력 앞에 힘없이 무너질 수밖에 없었던 것인지 모른다.

2 | 그리스도교의 전래

유럽에 그리스도교를 전파한 핵심 인물은 사도 바울이었다. 바울은 쉽고 호감을 가질 수 있는 말로 이 새로운 일신교를 설명했다. 그는 그리스도교를 유대교의 한계를 넘어 세계 종교로 만드는 데 결정적인 역할을 하였으며, 특히 그가 남긴 편지는 그리스도교 최고(最古)의 문헌으로 신학적인 정교함과 목회적인 이해를 생생히 드러내고 있다는 평가를 받는다.

한편 그리스도교는 그 전파 과정에 유럽의 토착종교의 요소들을 많이 흡수했다. 현재 우리가 사용하고 있는 요일 체제와 그 이름 속에서도 이런 전통적 요소와 신흥 종교의 융합을 읽을 수 있다.

주 7일제로 한 요일 체제는 로마시대에 정착된 것이다. 요일의 이름은 당시 확인된 행성(해와 달 포함)의 이름에서 따왔다. 이들 행성은 신적 존재로서 이미 로마 신화의 주요 신들의 이름을 갖고 있었다. 이들 요일의 이름은 그리스도교의 전래 이후에도 토요일(dies Saturni)과 일요일(dies Solis)만 점진적으로 '안식일(dies Sabbata)'과 '주일(dies Dominica)'이라는 이름으로 바뀌었을 뿐 그대로 유지된다.

▲ 편지를 쓰고 있는 사도 바울. 바울은 유럽에 그리스도교를 전파한 핵심 인물이다. 16세기의 그림.

로마문화권 밖의 게르만 언어권에서는 마르스, 메르쿠리우스, 유피테르, 베누스 등 로마 신에 상응하는 그들의 신, 즉 티르, 보단, 토르, 프리스(또는 프레야)를 요일 이름으로 활용하였고, 이를 용인하였다.

42 유럽의 어제와 오늘

그리스도교 전래 이전 토착문화의 전통에 대해 굳이 배타적인 태도를 고집하지 않았던 것이다.

요일(영어/독일어)	요일(프랑스어)	게르만 신/로마 신	행성
Sunday/Sonntag	dimanche	Sunna/Sol(Dominica)	Sol
Monday/Montag	lundi	Mani/Luna	Luna
Thuesday/Dienstag	mardi	Tyr(Tiu)/Mars	Mars
Wednesday/Mittwoch	mercredi	Wodan(odin)/Mercurius	Mercurius
Thursday/Donnerstag	jeudi	Thor/Jupiter	Jupiter
Freiday/Freitag	vendredi	Frigg/Venus	Venus
Saturday/Samstag	samedi	?/Saturnus(Sabbata)	Saturnus

토착종교와 비교하여 그리스도교는 무엇보다도 유일신 신앙이라는 새로운 신앙 체계를 가졌다. 그러기에 다신적 신앙의 바탕이 되었던 애니미즘적 세계관의 토착 종교와 갈등을 보일 수밖에 없었다. 그래서 일부 토착 종교의 요소를 흡수하면서 새로운 세계관을 전파할 수밖에 없었다.

더디게 진행되던 그리스도교의 전파는 서기 313년 콘스탄티누스 황제가 기독교를 공인하는 밀라노 칙령을 발표하면서 전기를 맞았다. 이후 수 세기에 걸쳐 로마와 비잔틴은 지중해 지역을 중심으로 그리스도교의 포교에 주력했다. 점차 옛 로마 지역으로 이주한 게르만계의 여러 부족은 물론이고 아일랜드와 잉글랜드 주민들, 그리고 비잔틴 제국으로 넘어온 슬라브 부족이 그리스도교로 개종하였다. 11세기에 이르면 스칸디나비아와 폴란드, 그리고 우크라이나와 러시아인까지 개종하여 거의 전 유럽이 그리스도교의 세력권에 들게 되었다.

이 과정에서 특이한 것은 로마의 선교사와 그리스 정교의 선교사들이 서로 다른 문자를 보급하였다는 점이다. 로마 선교사는 라틴어 알파벳을 가지고 갔고, 그리스 정교 선교사는 키릴 알파벳을 가져갔던 것인데, 오늘날 이들 문자의 사용권과 종교적 분포가 거의 일치하고 있음을 볼 수 있다.

3 | 그리스도교의 분열

유럽의 그리스도교는 초기부터 분열 양상을 보였다. 그리스 문명과 로마 문명의 대결은 그리스도교의 전개에도 영향을 끼쳤다. 라틴계 로마 주교가 스스로 그리스도교 전체의 지도자로 자임하는 것을 그리스계 비잔틴 주교가 용납하지 않았다.

이후 동서 로마가 분열하였고, 1054년 최종적으로 서방의 교회는 로마 가톨릭(Roman Catholicism)이 되고, 그리스 교회는 동방 정교(Eastern Orthodoxy)가 되었다. 가톨릭과 동방정교의 경계는 오늘날까지도 변하지 않고 유럽문화권의 동서를 나누는 기준이 되고 있다.

그리스도교 내부의 또 한 번의 분열은 16세기 초반 로마 가톨릭 세력권인 서방 유럽에서 일어났다. 종교개혁운동으로 부상한 개신교가 각국 지배자의 지지를 얻어 급속하게

▲ 그리스도교 내부 또 한 번의 분열은 16세기 초 종교개혁으로 시작되었다. 그림은 1517년 10월 31일 비텐베르크 부속 교회당 건물에 당대 교회를 비판하는 '95개조 반박문'을 붙이는 마르틴 루터. 페르디난트 포웰스의 1872년작.

확산되었던 것이다.

　마르틴 루터, 장 칼뱅, 울리히 츠빙글리 등이 이런 개신교 운동의 주창자였고, 헨리 8세도 새로운 교회를 성립시켰다. 루터파 개신교는 주로 독일 북부와 스칸디나비아 지방에 영향을 확대했고, 칼뱅파는 잉글랜드의 청교도주의, 스코틀랜드의 장로파, 네덜란드와 독일의 개혁교회, 프랑스의 위그노파 등을 파생시켰으며, 헨리 8세에 의해 촉발된 영국의 개혁운동은 영국 국교회, 즉 성공회로 발전하였다.

　개신교에 의한 유럽 그리스도교의 분리는 유럽 각 지역, 특히 남북 간의 문화적 차이를 강화하였고, 30년 전쟁이라는 비극적인 과정을 겪기에 이르렀다. 이렇게 형성된 가톨릭과 개신교의 경계는 또 하나의 문화적 장벽이 되었다. 이 분열로 오늘의 유럽 그리스도교는 가톨릭과 개신교, 그리고 동방정교라는 3개 주요 종교 지역으로 나뉘게 되었다.

　가톨릭 지역은 스페인, 포르투갈, 이탈리아, 프랑스, 아일랜드 등 유럽의 서남부 지역을 중심으로 하고 있는데, 동쪽의 폴란드, 리투아니아, 헝가리, 오스트리아, 크로아티아 등도 가톨릭 비중이 높은 지역이다. 신도는 유럽 전체 인구의 35% 정도이다.

　가톨릭권은 로마 교황을 중심으로 중앙집권화된 통일적 교회조직을 갖추고 있다. 일부 소지역별 수호성인이나 성지를 인정받기도 하지만 일반적인 것은 아니다. 가톨릭 지역에는 여타 지역보다 교회 건축의 규모가 크고, 장식적인 특징을 보인다.

　가톨릭 지역은 또 경제적 문화적으로 몇 가지 독특한 양상을 보인다.

우선 가톨릭 지역은 다른 지역에 비해 어업이 발달해 있음을 볼 수 있다. 금요일이나 여타 축일에 육식을 피하는 가톨릭 전통으로 인해 어류의 수요가 많았기 때문이다. 16세기 영국 국교회가 가톨릭에서 분리하고 이런 가톨릭식 음식 규제를 철폐하자 잉글랜드의 어업이 위기에 빠진 적이 있었는데, 가톨릭과 어업의 상관관계를 짐작하게 하는 사례이다. 그때 전직한 어부들이 이후 영국 해군의 탐험, 식민지 개척에 큰 힘이 되었을 것으로 해석되기도 한다.

가톨릭 지역은 또 오랜 가톨릭의 역사를 반영하듯 여러 성인과 관련된 많은 성지를 갖고 있다. 포르투갈의 파티마, 스페인의 산티아고 데 콤포스텔라 등은 매년 수백만 명의 순례자가 방문하는 성지이다.

개신교 지역은 북부 유럽, 특히 북해 발트해 연안 지역에 분포해 있다. 스웨덴, 노르웨이, 덴마크, 아이슬란드, 핀란드 등 북유럽 국가와 에스토니아와 라트비아, 그리고 북부 독일 지역 등은 루터파 개신교가 퍼져 있고, 영국 국교회는 잉글랜드, 칼뱅파에서 비롯한 장로파는 스코틀랜드, 네덜란드 개혁교회는 네덜란드 북부 지방에 분포한다. 그 밖에 감리교파, 침례교 등의 자유교회도 영국 곳곳에 흩어져 있다. 신도는 유럽 전체 인구의 13% 정도이다.

이렇듯 유럽 개신교는 그 분파가 다양하여 통일된 모습을 보이지 못하고 있다. 가톨릭 지역에 비해 건축물도 비교적 규모가 작고, 장식도 훨씬 덜 화려하고, 특별한 종교적 순례지도 없다. 유럽문화에 있어서 개신교의 영향과 의미는 오히려 종교개혁 이후 형성된 개인주의, 그리고 유럽의 사회 경제 구조를 혁신한 산업혁명 등에서 찾아볼 수 있다.

개신교 특유의 능동성, 개혁성은 당대의 여러 보수적인 규제를 넘어 새로운 기술을 개발하고 실천해나갈 수 있었다. 여기에 가톨릭 지역의 박해를 피해 개신교 지역으로 이주한 개신교 장인들의 역량도 한몫을 하여서 실제 근대적인 산업은 개신교 지역에서 먼저 발달하여 나중에 가톨릭과 동방정교 지역으로 확대되는 양상을 보였다.

동방정교는 그 이름이 가리키듯 유럽 동부, 특히 그리스, 발칸 반도, 우크라이나, 벨라루스, 러시아 등지에 분포하며, 스스로 기독교의 적통임을 자임하는 기독교 교파이다. 신도는 유럽 전체 인구의 18% 정도이다.

그리스도교의 아시아적 성격을 비교적 잘 유지하고 있는 동방정교회는 신비주의, 공동체주의적 특징을 보여준다. 르네상스, 종교개혁, 계몽주의 운동 등에 의해서도 동방정교의 이러한 성격은 크게 변하지 않았으나 20세기 공산주의에 의해 크게 타격을 받았다. 20세기 후반 동구권의 몰락 이후 이 지역의 동방정교는 다시 위상을 회복하고 있다.

동방정교의 콘스탄티노플 총주교는 로마의 교황과 달리 중심적 권위를 갖고 있는 명목상의 지도자이다. 동방정교는 이미 오래전에 개별 국가 단위의 국교회로 분열되어 있기 때문이다. 그리스, 세르비아, 불가리아, 루마니아, 러시아, 키프로스, 에스토니아와 그루지야에 국교회가 있고, 우크라이나에 두 개의 정교회 집단이 있다. 1453년 이래 이슬람의 영향권 아래에 있는 콘스탄티노플(이스탄불)에는 현재 불과 4,000명 정도의 그리스도교도가 있을 뿐이다.

동방정교 지역은 종교적으로 가톨릭 지역의 화려함을 간직하면서도 지역적인 특색이 강하게 반영된 모습을 보여준다. 발칸 지방의 동방정교

교회는 그리스 남부의 색채와 장식이 풍부한 비잔틴 건축양식을 하고 있고, 러시아의 교회와 수도원은 목재로 만든 양파형의 돔을 비롯한 독특한 양식을 보여준다. 동구권 몰락 이후 70년 안팎 정부의 억압을 받았던 구소련의 영향권 지역에서는 다시 교회와 수도원을 재개한 동방정교가 지역별 민족주의를 고양하는 중심이 되었다.

유럽에는 또 '동방전례교회(Uniate, 혹은 Eastern rite Church)'라는 소수파 그리스도교가 있다. 이들은 우크라이나 서부와 루마니아, 슬로바키아, 헝가리와 폴란드 일부에 분포한다. 약 600만 명의 신도가 있는 동방전례교회는 혼성형의 교회로 동서의 그리스도교를 융합하고자 하는 것으로 볼 수 있다. 폴란드와 오스트리아의 지배를 받은 동방정교회 지역에서 유래한 것으로 가톨릭 군주의 요구를 받아 가톨릭적인 외면은 받아들이면서도 동방정교의 의식과 관습은 유지하고 있다.

동방전례교회는 폴란드와 오스트리아의 지배가 끝나고 차례로 러시아 정교와 공산당의 박해를 받아 소멸된 것으로 생각되었으나 1990년 종교의 자유가 부활한 후 우크라이나 서부에서 왕성하게 부활하여 안정 기반을 확보하였다.

4 | 유럽의 소수 종교

유럽은 그리스도교 사회이다. 하지만 최근 유럽 인구의 대략 1/4 이상이 스스로 무종교라고 말한다고 한다. 그리스도교인이라 하더라도 종교의식에 정례적으로 참여하는 사람의 비율은 아주 낮아서 프랑스에서는 1년에 한 번 이상 교회에 가는 사람이 10%도 안 되고, 영국 국교회에서도 정기적인 참가자는 인구의 2%도 되지 않는다고 한다.

이런 현상을 반영하여 세속화(secularization), 탈그리스도교화(dechristianization), 후기 그리스도교인(post-Christian)과 같은 용어가 빈번히 사용되기도 한다. 이런 탈그리스도교화 내지 세속화, 혹은 탈종교화의 경향과 달리 일부 비그리스도교 소수 집단은 오히려 그 세력을 확대하고 있다.

유럽에서 그리스도교 이외의 종교 가운데 가장 신도가 많은 것은 이슬람교이다. 유럽에 살고 있는 이슬람교도들은 대부분 발칸 반도와 흑해 연안 지역 등 그리스도교와 이슬람의 경계 지역에서 조상 전래의 삶을 이어가는 사람들이다.

하지만 최근 터키, 북아프리카, 파키스탄 등지에서 유럽으로 이주한 사람들도 적지 않다. 주로 과거에 유럽 강대국의 식민 지배를 받은 나라에서 이동한 사람들이다. 총 800만에 이르는 이주 무슬림들은 프랑스, 독일, 영국 등의 대도시에 살고 있는데, 현재의 종교문화는 물론이고 과거 역사를 배경으로 현지인들의 편견으로 어려움을 겪기도 한다.

▲ 모스크는 이슬람교의 사원으로 특유의 둥근 지붕과 건물을 둘러싼 미나렛이라 불리는 첨탑이 특징적이다. 사진은 영국의 소도시 피터버러에 있는 모스크 전경.

유럽의 또 다른 소수 종교 집단은 유대교 신자들이다. 유럽에서의 유대인 거주와 이주는 오랜 역사를 가진다. 로마 시대 팔레스타인에서 강제 이산한 유대인은 지중해 연안 지역에 도달하였다. 이들은 주로 이베리아 반도에 집단적으로 거주하였는데, 아랍계 무슬림이 지배하고 있던 이 지역에서 유대인들은 신앙의 자유를 부여받아서 한때 지역 총인구의 1/5이 유대교도가 되기도 했다.

이들은 '세파르디(sefardi)'라고 불렸는데, 이베리아 반도가 다시 기독교화하면서 강제로 가톨릭으로 개종하거나 추방되었다. 현재 이 단어는 북아프리카 지역으로 내려가 그곳에 정착한 유대인을 지칭하는 의미로 사용되고 있다. 한편 이베리아 반도를 떠나 영국, 네덜란드 등에서 새로운 주거를 찾거나 독일 서부와 남부 지역에 집단거주 지역인 게토(ghetto)를 형성하기도 하였는데, 이들 유대인을 '아슈케나지(ashkenazi)'라고 부른다.

나치 독일에 의해 유대인에 대한 집단 학살이 이루어지기 직전인 1939년 유럽의 유대인은 970만 명에 달하였는데, 이는 전 세계 유대인의 60%였다. 이보다 반세기 전 많은 유대인들이 미국으로 이주하기 이전에는 전 세계 유대인의 90%가 유럽에 살았다. 그러나 2차 세계대전 기간 동안 나치 독일에 의해서 600만 명의 유대인이 살해당했다.

현재 유럽에 살고 있는 이슬람 교도는 약 2천만 명, 그리고 유대교 신도의 수는 약 160만 명이다. 그리스도교에 비하면 여전히 미미하고, 종교문화적 위상도 턱없이 낮다. 그러나 탈그리스도교 내지 탈종교의 경향과 함께 오랜 역사의 그리스도교 전통은 조금씩 유럽의 새로운 종교문화를 요구받고 있으며, 이를 통해 새로운 유럽의 독자적인 종교문화가 만들어질 것으로 보아야 할 것이다.

▲ 베를린에 있는 홀로코스트 메모리얼. 2차 세계대전 기간 나치 독일은 600만 명의 유대인을 살해했다.

5 │ 정교분리, 종교와 세속성의 딜레마

정치와 종교, 국가와 교회의 분리 원칙을 가리키는 정교분리는 오랜 역사적 과정을 배경으로 정착된 것이다. 근대 이전 대부분의 국가에서는 정교일치 내지 정교결합의 양상을 보였다.

그러나 국가가 종교 활동을 강제하거나 종교단체가 권력을 행사하는 등에 따른 폐해가 확산되면서 근대 이후 대부분의 국가에서 이에 대한 문제의식이 등장하였고, 그 결실로서 정교분리 원칙이 천명된 것이다. 물론 종교를 둘러싼 논의는 개별 국가나 지역에 따라 다양한 전개 양상을 보여서 오늘날에도 아일랜드와 이탈리아, 스페인, 포르투갈, 폴란드와 같은 일부 EU 국가들은 유럽헌법에 유럽적 가치의 기원으로서 기독교를 언급하려는 등 부분적인 정교결합의 노력을 보이기도 한다.

유럽에서의 정교분리가 공식적으로 법제화한 것은 1905년 제정된 프랑스의 정교분리법에 의해서이다. 이 법은 당시 프랑스 국내 정파들 간의 조정과 타협의 결과이기도 했지만, 근본적으로는 교회의 국가에 대한 의존, 또는 교회의 정치적 영향력에 반대하며 지속적으로 전개해온 사회적 흐름이 결실을 맺은 것이라고 할 수 있다. 특히 과학만능주의의 19세기를 거친 후 더 이상 하느님 위주의 세계관을 강요할 수 없게 된 시대적 분위기가 정교분리를 정착시켰다고 말할 수 있겠다.

이미 16세기부터 '반교권(反敎權)주의'란 이름으로 전개된 새로운 흐름은 '세속성' 혹은 '비종교성'을 내세우면서 하느님 위주의 세계관에 도전해 왔는데, 이 운동은 휴머니스트들이 주도하는 16세기 종교개혁과 르네상스로 표출되었다.

그리스와 로마의 고전, 성경에 대한 원전 연구가 이루어지기 시작하였고, 17세기에는 '리베르탱(libertin)' 즉 몽테뉴를 위시한 자유사상가들 저서가 집중적으로 출간된다. 이성의 시대 혹은 계몽주의시대라 불리는 18세기에는 볼테르, 디드로, 루소 같은 사상가들이 교회의 위선과 부패를 신랄하게 공격하고 있다.

19세기에 들어서면 갖가지 사상이 만개하며, 그 중심에 과학만능사상이 위치한다. 심지어 문학에도 실험실의 방법론이 적용되기 시작했다. 실증주의, 인종에 대한 연구와 보조를 맞춘 이러한 흐름은 19세기 말 드레퓌스 사건으로 정점을 맞이한다. 과학을 기반으로 한 19세기 사상들은 눈에 보이지 않는 모든 것들을 불신했고, 오직 검증 가능한 것들만을 고집했다.

▲ 정교분리는 교회의 위선과 타락에 경종을 울린 종교개혁의 연장선에 있는 것처럼 보인다. 그림은 마녀재판을 형상화한 판화.

그들은 눈에 보이지 않는 하느님 대신 인간을 지고(至高)한 자리에 앉혔다. 산업혁명으로 인한 부의 축적과 물질적 풍요로움 속에서 신이 차지할 자리는 거의 없어 보였다. 마침내 20세기에 이르기까지 반교권주의적 흐름은 긍정적으로 표현하자면 마녀사냥과 면죄부 판매의 광기에, 교회의 위선과 타락에 경종을 울린 종교개혁의 연장선에 있는 것처럼 보인다.

한편 그 모습은 프랑스 대혁명이 설파한 '모든 인간은 법 앞에 평등하다'는 사실을 확인시켜주는 동시에, '모든 사람은 종교의 자유를 보장받는다'는 권리를 구현하는 방식이기도 했다.

프랑스의 경우 정교분리 이후 가톨릭 교구 숫자는 지속적으로 줄어들었고, 현재 정기적으로 미사에 참석하는 사람들 숫자는 전체 가톨릭교도의 10% 정도에 불과하다. 수치상으로만 따진다면 현재 프랑스 사립학교의 90%가 가톨릭 계열이고, 총인구의 80%가량이 가톨릭교도를 자처할 정도로 그 영향력이 지대해 보이기는 하지만, 실질적으로 프랑스인 각 구성원의 일상생활 속에서 종교가 차지하는 영향력은 더 이상 옛날과 같지 않다.

하지만 1천 4백여 년 동안 프랑스 사회의 지배적 가치로 군림해온 가톨릭에서 탈피하려는 노력에는 한계가 있었다. 가톨릭은 정치·경제·사회·문화 등 거의 모든 영역에 영향력을 미쳤는데, 특히 교육과 사회 분야에서는 그 영향력이 공고하여 여기서 벗어나는 흐름도 대단히 느리게 진행된다.

예를 들어 프랑스는 대혁명이 강조한 '모든 국민이 동등하게 교육받을 권리' 원칙에 따라 1833년 각 코뮌(읍 단위 행정구역)에 하나의 초등학교 건립을 의무화하는 기조(Guizot) 법안을 채택하였고, 1850년에는 종교교육을 활성화시키며 중등교육의 자유를 천명하는 팔루(Falloux) 법안을 통과시켰다. 이어서 1881-1882년 초등교육의 3대 원칙을 '무상, 의무 및 세속성(비종교성)'으로 정한 쥘 페리(Jules Ferry) 법안이 제정되면서 오늘날까지 이어지는 프랑스 공교육의 근간을 마련하였다.

이 과정에서 19세기의 부르주아 사회는 모든 사람들에게 기회를 제공하는 '초등교육' 이념과 부르주아 계급의 자제들만 특권을 누리고 사회 지도계급 양성을 목적으로 하는 '중등교육' 이념의 차이를 교묘하게 운용하여 교육에 있어서 종교적 영향력을 전면 배제하지 못했다. 급격한 사회 변화를 거부하고 기득권을 고수하려는 사회 상층부의 의지를 담은 것이자, 오랫동안 독점해 온 교육의 기능을 쉽사리 공교육에 넘겨주기 싫어했던 프랑스 기독교계의 입장을 반영한 것이기도 하다. 이런 배경을 생각하면 우리에게 익숙한 '국립' 혹은 '공립' 학교 개념도 자구(字句) 그대로만 읽히지 않는다.

■ 프랑스에서의 무슬림과 유대인

1989년 크레이에서 벌어진 '히잡 사건'과 거의 비슷한 시기에, 프랑스의 한 도시 카르팡트라(Carpentras)에서 엽기적인 '유대인 묘지 훼손 사건'이 터진 적이 있었다. 어느 날 아침 묘지를 방문한 한 사람이, 쇠망치에 의해 모두 훼손된 비석들과 매장한 지 보름 지난 시체를 파내 항문에 우산을 꽂아놓은 모습을 발견했던 것이다. 이 사건은 1930년대 유럽을 휩쓸었던 반유대주의의 악몽을 되살리는 동시에, 이미 2천 년 전에 이탈리아를 거쳐 프랑스 땅에 정착한 유대인들의 정체성을 다시 부각시키는 계기가 되었다. 프랑스 사회에 '거의' 동화된 '유대계 프랑스인'들의 존재가 다시 문제가 되는 것을 보면 유대인들은 유럽 땅에서 영원히 배척받을 수밖에 없는 존재들인가? 역설적이게도 파리의 총인구 2백만 명 중 유대계의 숫자는 무려 30만 명에 달하며, 그들은 프랑스의 정계, 경제계, 학계, 문화계의 요직을 상당 부분 점하고 있다. 더 인상 깊었던 사실은, '히잡 사건'과 '카르팡트라 사건'에 부여하는 의미가 아주 교묘하게 차별화되었다는 점이다. '히잡 사건'을 통해 프랑스 내의 이슬람 문제에 항의하는 시위대가 프랑스 무슬림들 위주로 30만 명에 그친 반면, '카르팡트라 사건'에 항의하는 시위대 숫자는 무려 1백만 명에 달했다. 여야의 거의 주요정치인들이 '카르팡트라 사건' 항의 시위대의 맨 앞장에 선 것은 두말할 나위도 없다. 이러한 모습을 통해 프랑스 내에서 각 커뮤니티가 차지하는 위상과 종교 문제에 있어서의 서열과 차별을 발견하게 된다.

히잡 사건의 재부각은 이민자들에 대한 프랑스의 복잡한 심사를 대변하는 동시에, 종교와 세속성 문제에 대해 고민하는 프랑스의 모습을 고스란히 보여준다. 이미 19세기 후반에 드레퓌스 사건을 통해 '우리 안에 있는 타자(他者)' 문제에 대해 홍역을 치른 바 있는 프랑스 입장에서는 전혀 다른 문명권의 사회 속 편입에 대해 한결 조심스러울 수밖에 없는 것이다. 히잡 사건은 대혁명 이후 견지해온 '자유, 평등, 박애'의 이상을 시험대에 올리고 있는 동시에, '반교권주의(反敎權主義)'의 이름으로 교회의 권력과 권위에 반대해 온 프랑스의 도도한 전통을 다시 생각해보게 만드는 계기가 되고 있다.

4
형성과 변화

1 | 선사시대의 유럽
2 | 고대 유럽
3 | 중세 유럽
4 | 근대 유럽 1
5 | 근대 유럽 2
6 | 현대 유럽

유럽인에게 유럽은 어떻게 이해될까. 유럽연합 집행위원회의 자료에 따르면 2004년의 한 여론조사에서 응답자의 56%가 스스로를 개별 국가의 국민이기보다 유럽인으로 인식하고 있다고 답했다고 한다.

‖ 유럽 15개국 국민의 유럽인 정체성 인식 정도

(단위 %)

	유럽인	자국민		유럽인	자국민
이탈리아	69	26	포르투갈	49	50
프랑스	67	30	네덜란드	48	51
룩셈부르크	67	31	스웨덴	43	55
스페인	61	36	오스트리아	42	55
덴마크	59	41	그리스	41	59
독일	56	43	영국	36	61
벨기에	54	44	핀란드	35	65
아일랜드	49	48	평균	56	42

(자료 EU집행위원회 2004년 2-3월 조사)

조사의 초점은 민족이나 국민의식에 대비되는 유럽 시민으로서 정체성 의식의 정도를 알아보는 것이었는데, 이탈리아, 프랑스, 스페인, 덴마크, 독일 등의 유럽인 의식이 특히 높았고, 핀란드, 영국, 그리스, 오스트리아 등은 자국민 의식이 높았다. 유럽 연합을 주도하는 국가에서의 유럽인 의식이 높고, 이에 미온적인 국가에서는 낮은 것을 볼 수 있었다.

이 비율은 특히 젊은 세대에서 높게 나타나고 있어서 앞으로도 이런 경향은 강화되어갈 것으로 분석되었다. 한편에서는 유럽연합의 안정적인 구축을 위한 진통이 계속되고 있었지만, 어느덧 유럽인들 사이에는 점차 '유럽인으로서의 정체성'이 뿌리를 내리고 있었던 것이다.

그런가 하면 2016년에 이루어진 또 다른 조사를 보면 유럽연합 주요 국가의 EU에 대한 호감도가 국가별로 상당한 편차를 보이고 있음을 알 수 있다. 통합 유럽을 적극적으로 반기는 분위기가 있는가 하면 이에 대한 거부감을 강하게 표현하는 국가도 있는 것이다.

그런데 앞선 자료와 12년의 시차를 두고 있는 이 조사에서 폴란드, 헝가리, 이탈리아, 스웨덴 등의 EU 호감도가 높았고, 그리스, 프랑스, 영국, 스페인 등에서 낮게 나타났다. 개별 국가의 국내 정치 지형도가 EU에 대한 대응 태도를 변화시키고 있는 모습이다. 전체적으로는 호감이 비호감보다 높은 것으로 나타나고 있어서 점차 공동체로서 유럽을 대세로 받아들이는 것으로 보인다.

사실 유럽, 유럽인은 유럽인에게도 오랫동안 실체가 분명하지 않은 모호한 개념이었다. 민족이나 국가 단위로 갈등과 대립을 거듭하면서 이들 경쟁하는 단위들이 결속하기 위한 소단위의 정체성이 강화되어온 탓이다. 유럽인의 애향심은 유별나다. 심지어 개별 국가 단위의 국민의식보다는 도시나 지역을 중심으로 한 향토의식이 더 높다고 할 수 있을 정도이다. 이를 반영하듯 많은 유럽인은 스스로를 어느 국가 사람이라고 표현하기보다는 어느 지역이나 도시 사람이라고 말하는 데에 익숙해한다.

그런 유럽인에게 유럽연합은 세계화라는 격변의 현실에 적응하는 방편이기도 하고, 다른 한편 오랜 대립과 갈등 속에서도 서서히 형성해 온 공동체적 문화의 힘이 결실을 맺는 것이다. 유럽이라는 공간적, 정치·경제적 범위는 물론이고 문화적 정체성의 토대는 하루아침에 형성된 것이 아니기 때문이다.

오늘의 유럽을 규정하고 유지할 수 있게 한 문화적 기억이자 유럽이 형성되어 온 과정으로서 유럽의 과거와 현재를 살펴보자.

1 | 선사시대의 유럽

유럽에 최초의 인간 집단이 등장한 것은 15만 년 전쯤으로 추정된다. 이러한 추정은 1856년 독일의 뒤셀도르프 지방의 네안데르탈(Neanderthal)에서 대량 발굴된 고대인의 유해와 주거지 유적에 근거를 둔 것이다. 네안데르탈인으로 불리는 이들 고대인은 불을 이용했고, 손도끼 등 간단한 사냥 도구를 사용했다. 이들은 또 장신구를 사용하기도 했고, 죽은 사람을 매장하는 등 원시적 차원의 종교생활도 영위했던 것으로 보인다.

하지만 이들 네안데르탈인은 3만 년 전에 이르러 자취를 감추고, 한결 진화된 유형의 새로운 종이 이들을 대신했다. 현생 인류와는 별개의 종으로 간주되는 네안데르탈인과 달리 이들은 현생인류와 같은 종으로 프랑스 남부의 선사시

▲ 네안데르탈 유물이 발굴된 곳들. 이들이 살던 시대 북유럽의 상당 부분이 빙하에 덮여 있었다.

대 유적지 이름을 따서 크로마뇽인이라 불린다.

이들은 10만 년 전 아프리카에서 출현하여 중동을 거쳐 아시아와 유럽으로 퍼져 나간 현생 인류의 한 갈래로 이 무렵에는 주로 오늘날의 독일 남부와 프랑스, 스페인 일대에 거주했다.

이들은 주로 동굴에 거주하면서 사냥과 수렵으로 살아갔다. 이들이 남긴 가장 위대한 유산은 주로 남부 프랑스와 스페인의 석회암 동굴 깊숙이 새겨 놓은 동굴 벽화이다. 들소, 말, 순록, 늑대, 곰, 그리고 지금은 사라져 버린 털 많은 매머드나 송곳니 고양이 등과 같은 그들의 제물이 그림으로 그려졌다. 이들은 또 기하학적인 무늬나 신비한 기호, 혼란스러운 부호 등을 그리기도 했다.

이들의 작품은 조잡한 낙서가 아니다. 동물은 놀랍도록 사실적이어서 곧바로 그것이 무엇인지 알아볼 수 있다. 대개 짙은 검은 색으로 윤곽을 그리고, 붉은색이나 노란색, 혹은 흰색 물감으로 그림을 채웠다. 물감은 숯이나 황토와 같은 천연 안료에서 채취하여 동굴의 물이나 식물 기름에 녹여서 만든 것이다. 일부 형상은 바위의 자연스러운 곡선을 따라 돌칼로 힘들게 새겨져 있기도 하다.

이러한 '수렵인 양식' 예술은 바위를 새긴 다음 갈아서 다듬거나 언덕 비탈을 파낸 형태로 남아 있으며 거의 유럽

▲ 라스코 동굴의 벽화. 현생 인류의 조상인 이들 크로마뇽인은 동물 그림 외에도 다양한 기호와 부호를 벽화로 남겼다.

전역에서 발견된다. 이들 중 일부 그림은 현대 회화처럼 보이기도 하는데, 실제 몇몇 현대 미술가에게 영감을 주기도 했다.

　기원전 9,000년경 유럽 북부 지역으로부터 서서히 빙원(氷原)이 사라져 가면서 문명이 활기를 띠기 시작했다. 유랑하던 수렵 종족들이 이제 자신의 식물과 동물을 경작하고 사육할 최적의 장소를 선택하여 음식물 공급을 늘려나가는 법을 익혔다.

　그러면서 석기에서 금속으로 무기를 진화시켜갔다. 돌도끼, 돌화살촉, 돌창, 구리도끼, 청동 단검, 강력한 철제 검 등 이들의 무기들을 힘은 덜 들면서도 더 튼튼한 것으로 만드는 법을 익혀갔다. 뼈로 만든 바늘은 구리에 자리를 내주었고, 조잡한 목제 주발은 정교하게 채색된 도기 그릇으로 대체되었다.

　그러나 유럽 전체가 같은 속도로 이러한 진전을 이루어낸 것은 아니다. 스칸디나비아 지방과 브리튼 섬들은 유럽 대륙이 숲으로 뒤덮인 한참 후에도 얼음에 싸여 있었고, 이로 인해 이 지역은 다른 유럽

▲ 스톤헨지. 기원전 2500년경에 세워졌을 것으로 추정되는 이 석강은 높이 8미터, 무게 50톤인 거대 석상 80여 개로 이루어져 있다.

지역보다 문명화의 진행이 뒤처졌는데, 이 지역에서는 그런 변방의 독특한 전통을 보여주는 색다른 유적을 남기고 있다.

그 대표적인 예가 거석 기념물이다. 특히 영국 남부에 있는 환상 열석 유적 스톤헨지(Stonehenge)는 높이 8미터, 무게 50톤인 거대 석상 80여 개로 이루어져 있는데, 기원전 2500년경에 세워졌을 것으로 추정된다. 이밖에도 고인돌, 선돌, 원형돌기둥군, 거석묘 등의 형태로 된 기념물들이 이베리아 반도에서 스칸디나비아 반도에 이르는 광범한 지역에 분포하고 있다. 주로 장례 의식이나 종교적 성격의 집회에 이용되었을 것으로 추정되는 이들 유물들은 선사시대 유럽인의 사회적 종교적 삶의 모습을 보여주는 기념물이다.

2 | 고대 유럽

유럽의 고대 문명은 선진 문명 지역인 오리엔트의 영향을 받아 발전하였다. 고대 메소포타미아 문명과 이집트 문명은 물론이고, 이후 히타이트와 페니키아도 지중해 동부지역 유럽에 많은 영향을 끼쳤는데, 바로 이 지중해 동부지역에서 장차 유럽문화의 뿌리가 되는 고대 그리스 문명이 발달한 것이다.

그리스와 오리엔트를 맺어준 것은 오늘날의 에게해를 중심으로 오리엔트의 영향을 받으면서 독자적인 해양문화를 발전시킨 에게문명이었다. 이 문명은 크레타 섬과 그리스 반도, 그리고 소아시아 해안 지역에서 발달하였는데, 화산 폭발, 가뭄, 흉작 등의 자연재해로 인해 시기적으로 크레타문명, 미케네문명, 도리아문명 등의 순서로 부침 명멸했다.

▲ 유럽문화의 뿌리가 되는 그리스 문명은 지중해를 사이에 둔 메소포타미아와 이집트의 선진 오리엔트문명의 영향을 받아 발전한 에게문명을 토대로 형성된 것이다.

청동기시대와 철기시대로 이어지는 에게문명시대를 거치는 동안 그리스인들은 부족 단위의 공동체를 형성하며 농업 및 목축생활을 영위하였다. 시간이 지나면서 이들 부족 공동체들이 결합하여 규모가 큰 도시공동체를 형성하였는데, 이것이 바로 폴리스이다.

폴리스는 정치 군사적으로는 물론이고 경제적으로도 독립된 공동체였다. 폴리스가 가장 먼저 나타난 곳은 소아시아의 서해안이었다. 이 지역으로 이주한 미케네인들이 종족과 언어가 다른 원주민들로부터 스스로를 지키기 위해 성벽을 쌓고 독자적인 생활공간을 만들었던 것이다.

기원전 800년을 전후하여 그리스 반도에서도 폴리스가 등장했다. 도리아인의 침입에 대응하면서 군사적 방어에 유리한 지역에 도시가 형성된 것이다. 이 무렵에는 또 상업적인 목적으로 역외로 진출한 그리스인들이 적지 않았는데, 이들이 아프리카 북부, 시칠리아 섬, 프랑스, 스페인 등의 지중해 해안은 물론이고, 흑해 연안 지역에 이르기까지 많은 폴리스를 건설하였다. 그대 그리스 문명이 전성기에 이르렀을 때 폴리스의 수는 본토의 200여 개를 포함하여 1천 개를 헤아렸다고 한다.

폴리스에는 공통의 언어, 종교, 문화를 공유한 공동체 의식이 자리 잡고 있었는데, 주민들은 스스로를 헬레네스라고 불렀고, 영토는 헬라스, 언어가 다른 이민족은 바르바로이라 불렀다.

여러 폴리스 가운데 가장 중심이 된 것은 아테네였다. 아테네 영향력의 원동력은 민주정치체제에 있었다. 아테네도 초기 정치 체제는 왕정이었지만 혼란과 개혁을 거쳐 민주정치의 기반을 다질 수 있었다. 왕정시기 정치적 실권을 장악하고 있던 귀족을 중심으로 활발한 식민 활동이 전개되고 상업이 발달하면서 평민들의 경제적 영향력이 커지기 시작했다. 이에 정치 참여를 요구하는 이들 평민과 기득권을 지키려는 귀족의 갈등으로 인한 사회 혼란이 커졌는데, 이 틈을 타서 대중의 인기에 영합하여 정권을 탈취하여 독재권을 행사하는 참주가 나타났다. 이런 참주 정치의 혼란을 고쳐 모든 시민들이 참가한 민회를 통해 국사를 결정하고, 도편추 방법을 통해 참주의 출현을 방지하는 등의 민주제도가 마련되었다. 민회를 중심으로 한 아테네의 직접민주주의는 공공의 광장 아고라에서 보통 9일마다 개최되는 모임에서 '모든 시민', 즉 '18세 이상의 남자'들이 누구나 참석하여 자유롭게 발언하고 투표하는 것으로 진행되었다.

아테네의 민주정치는 다른 폴리스에도 전파되어 마침내 고대 그리스 민주정치의 전형으로 자리 잡았다. 그러나 스파르타만은 계속해서 왕정을 지속하였다. 스파르타는 왕정을 유지하기 위해서 억압정책을 펼쳤는데, 이를 지탱하기 위한 것이 스파르타식 교육을 통한 강력한 군사력이었다. 강력한 군국주의 정책에 힘입어 스파르타는 아테네와 더불어 그리스 세계를 이끄는 양대 세력으로 존속하였다.

폴리스를 중심으로 생활한 그리스인들은 자유로운 시민생활을 바탕으로 독자적인 문화를 발전시켰다. 그리스문화는 인간중심주의적인 특징을 보였다. 종교의 영역에서도 초월적인 신이 아니라 인간의 모습을 갖춘 신이 인간과 더불어 생활하였다. 이러한 인간중심적 성향은 합리적인 철학과 과학을 발전시키는 것은 물론 자유롭고 다채로운 생활문화에 바탕을 둔 다양한 문화 예술 활동을 가능하게 했다.

그리스문화를 이해하는 화두로 곧잘 미토스(Mythos), 파토스(Pathos), 로고스(Logos)를 든다. 분방하고 풍요로운 그리스문화 자체이자 그러한 문화를 현대에 이어주는 가장 중요한 매개로서의 그리스 신화의 의미를 함축하는 미토스, 그리스적 삶과 예술의 특징으로서 각종 제의와 축제의 열정을 의미하는 파토스, 그리고 그리스적 사고의 근간이 되는 합리적 이성과 그에 바탕을 둔 철학과 사상의 근간으로서 로고스가 그것이다.

이 3대 화두는 이후 서양문화의 전개에서 문학, 연극, 음악, 미술, 철학, 과학 등의 여러 학예적 논의의 바탕이 되어 왔다. 현대의 글로벌시대에 다양한 인종, 종교문화의 갈등을 넘어 새로운 미래를 지향하게 해 주는 매개로서 여러 학문과 예술은 물론이고, 올림픽과 같은 전 지구적 이벤트의 뿌리도 이러한 그리스문화에 닿아 있는 것이다.

고대 그리스문화의 전개과정은 크게 다음과 같은 3단계의 시대 구분을 가능하게 한다.

첫째, 아르카이크(archaique)기(B.C. 630~B.C. 480)이다. '시초(archē)'라는

말에서 유래한 아르카이크기는 그리스적인 특질이 처음 창조된 시대이다. 석조로 된 거대한 신전이 세워졌는데, 주랑(柱廊)을 둘러 세우는 신전양식이 완성되었다.

둘째, 클래식(고전)기(B.C. 450-B.C. 330)이다. 파르테논 신전(BC 479년 건축, 페르시아에 의한 파괴 후 B.C. 447-B.C. 438 재건)이 조영(造營)된 시기에서 알렉산드로스 대왕(B.C. 356-B.C 323)시대까지를 가리킨다. 조화와 이상적인 아름다움을 추구하는 철학과 문예의 황금기로 소크라테스(B.C. 469-B.C. 399), 플라톤(B.C. 428-B.C. 348), 아리스토텔레스(B.C. 384-B.C. 322) 등의 철학자가 활동한 시기이다.

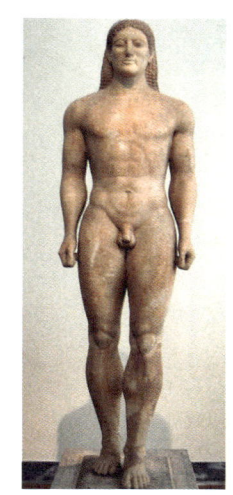
▲ 초기 양식의 '쿠로스(kouros, 소년상)'. '크로이소스(Kroisos)'라는 이름의 전사를 위한 195cm의 대리석상으로 기원전 530년경 작품이다.

셋째, 헬레니즘기(B.C. 330-B.C. 30)이다. 알렉산드로스 대왕이 대제국을 건설한 이후 소아시아, 시리아, 이집트 등 오리엔트에 전파된 그리스문화가 동방문화와 융합(融合)하여 보다 세계적인 성격의 새로운 양식으로 거듭난 시기이다.

▲ 파르테논 신전. BC 479년에 페르시아에 의해 파괴된 것을 BC447-438년 재건한 고전시대 양식의 대표 건축물이다.

현실성과 세속화가 두드러진 이 시기의 그리스문화는 B.C. 146-B.C.30년 사이에 전 헬레니즘 세계가 점진적으

▲ 니케(Nike, 승리의 여신)상. 기원전 2세기 초에 만들어진 이 작품은 헬레니즘시대의 대표 걸작으로 꼽힌다.

로 로마의 지배하에 들어가면서 종말을 고하게 된다.

역사학자 랑케는 "로마 이전의 모든 역사는 로마로 흘러 들어갔고, 로마 이후의 역사는 다시 로마로부터 흘러나왔다"고 말했다. 지중해를 중심으로 한 유럽을 통일하여 고대 유럽문화를 완성하였을 뿐 아니라 이를 후대에 전파하여 새로운 시대를 연 로마의 역할을 표현한 말이다.

그러나 '위대한 로마'의 시작은 미미했다. 전설에 따르면 로마는 트로이 전쟁에서 패한 장수 아이네이아스가 유랑 정착한 곳으로, 그의 후손인 로물루스와 레무스 형제가 B.C. 8세기 중엽 이곳에 나라를 세웠다고 한다. 이곳은 에트루리아인들이 정착하여 있던 곳으로 B.C. 6세기에 명실상부한 독립 체제를 이룩한 로마는 이후 이탈리아 반도를 통일하였고(B.C. 272), 카르타고와의 3차례 전쟁(1차 포에니전쟁 B.C. 264-B.C. 241, 2차 포에니전쟁 B.C. 219-B.C. 202, 3차 포에니전쟁 B.C. 149-B.C. 146)에서 승리함으로써 지중해 서부 지역의 패권을 차지하였다. 이후 동부 지중해 지역으로 눈을 돌린 로마는 마케도니아를 정벌하였고(B.C. 168), 곧이어 오리엔트로 진출하여 시리아 왕국의 소아시아 지역을 정복하였다.

이로써 지중해는 B.C. 2세기 말에 실질적으로 로마의 것이 되었다. 로마는 이후에도 정복을 멈추지 않고 알프스 너머 갈리아와 시리아 왕국의 오리엔트 전역과 북아프리카 연안, 이집트 등으로 진출하여 차례차례 자국의 영토로 합병했다. 유럽과 아시아와 아프리카를 지배하는 거대 로마 제국이 탄생한 것이다.

▲ 로마의 건국자 로물루스의 어린 시절. 쌍둥이 형제 로물루스와 레무스는 늑대의 젖을 먹고 자라는 등의 불우한 성장기를 보내야 했다.

　로마의 성장은 공화제와 시민군이라는 두 원천의 힘에 의한 것이었다. 공동체적 전통과 관습에 기반을 둔 공화정 체제와 건강한 시민의 군대가 강성한 로마를 이끌고 외적을 물리침으로써 제국의 터전을 닦을 수 있었던 것이다.

　로마의 초기 정치 형태는 왕정이었다. 전설의 왕 로물루스에서 시작된 로마의 왕정은 이른바 전설의 일곱 왕을 거쳐 B.C. 509년 공화정시대로 발전하였다. 종신제의 왕이 아닌 임기 1년의 집정관 2명이 로마를 지배하는 시대가 된 것이다. 초기 공화정 체제는 내부 갈등으로 많은 시행착오를 겪었지만 B.C. 3세기 초에 이르러 안정적인 법률과 제도를 갖출 수 있었다.

　로마는 또 영토 확장을 위한 전쟁을 수행하면서 군제도 체계적으로 정비해 나갔다. 군사력을 정비하기 위해서 로마는 인구와 재산 조사를 실시하였다. 로마의 남성들은 이 조사 결과에 따라 연령별 재산별로 배치 부대가 정해졌다. 우선 연령에 따라 전방부대와 수비부대를 나뉘어 배치되었는데, 재산에 따라 배치 부대의 성격이 달랐다. 로마 군인은 자신의 무장을 스스로 책임져야 했기 때문에 무장을 준비할 수 있는 능력에 따라 기병, 보병 등 배치 부대가 다를 수밖에 없었던 것이다.

공화정 후기 로마는 마침내 지중해를 제패하였다. 그러나 로마의 성공적인 지중해 제패 이후의 급격한 사회 변화는 시민층과 시민군의 붕괴를 초래했다. 대외 전쟁이 계속되는 동안 로마를 결속시켰던 애국심이 평화시대의 물질적 영화를 좇는 개인주의 물질주의에 자리를 내주면서 경제 사회적 혼란이 가중되었다. 로마의 지도층은 이러한 혼란을 수습하는 데에 역부족이었고, 대중의 불만은 높아갔다.

이러한 상황을 배경으로 마리우스, 술라 등 군인이 정치 무대에 등장했다. 정복 전쟁을 통해 축적한 부와 명예를 바탕으로 정치적 영향력을 행사하기 시작한 것이다. 군인정치는 마침내 두 차례의 3두 정치(B.C. 60년, 폼페이우스, 크라수스, 카이사르: B.C. 43년, 안토니우스, 옥타비아누스, 레피두스)라는 기묘한 연립 군사정권을 낳았다. 삼두 정치는 모두 내전과 1인 독재로 귀결되었는데, 첫 번째는 카이사르, 두 번째는 옥타비아누스가 승자가 되었다.

■ **카이사르. 로마 공화정 말기의 정치가이자 장군.**
유서 깊은 귀족 집안 출신으로 여러 관직을 역임하면서 민중과 친근한 입장에서 군무와 정책 운영에서 성과를 거두어 명성을 획득하고 대정치가의 기반을 구축하였다. BC 60년 폼페이우스, 크라수스와 함께 3두 동맹을 맺고, 이를 배경으로 하여 BC 59년에는 집정관에 취임하였다. 집정관으로서 크게 민중의 인기를 얻은 후 BC 58년부터는 속주 갈리아의 지방 장관이 되어 BC 50년까지 재임하면서 이른바 갈리아 전쟁을 수행하였다. 그러면서 갈리아 평정은 물론이고, 두 차례 라인강을 건너 게르만족의 땅으로 침공하기도 하고, 영국해협을 건너 브리튼섬을 두 차례 침공하기도 했다. 오랜 갈리아 전쟁은 그의 경제적 실력과 정치적 영향력을 증대시켰다.

BC 53년 크라수스가 쓰러진 후 3두 정치는 붕괴하였고, 원로원 보수파의 지지를 받던 폼페이우스와 관계가 악화되었다. BC 49년 1월 군대를 해산하고 로마로 돌아오라는 원로원의 결의가 나오자 카이사르는 그 유명한 "주사위는 던져졌다"라는 말과 함께 갈리아와 이탈리아의 국경인 루비콘 강을 건너 로마를 향하여 진격하였다. 우선 폼페이우스의 거점인 에스파냐를 제압한 다음 동쪽으로 도망친 폼페이우스를 추격하여 BC 48년 8월 그리스의 파르살로스에서 이를 격파하였으며, 패주하는 폼페이우스를 쫓아 이집트로 향했다. 카이사르가 알렉산드리아에 상륙하기 전에 폼페이우스는 암살당했고, 카이사르는 그곳의 왕위계승 싸움에 휘말려 알렉산드리아 전쟁이 발발하였다. 전쟁에서 승리를 거두고 클레오파트라 7세를 왕위에 오르게 하여 그녀와의 사이에 아들 카이사리온(프톨레마이오스 15세)을 낳았다.

1인 지배자가 된 그는 각종 사회정책(식민·간척·항만·도로건설·구제사업 등), 역서의 개정(율리우스력) 등의 개혁사업을 추진하였다. 율리우스력을 시행하면서 그는 이전의 열한 번째 달을 1월로 만들었고, 오월(quintilis)을 자신의 이름을 딴 칠월(julius)이 되도록 했다.

이후 종신 독재관을 비롯한 각종 특권과 특전이 그에게 부여되었으나 이와 같이 권력이 한 몸에 집중된 결과, 왕위를 탐내는 자로 의심을 받게 되어 공화정 옹호파에 의해 죽임을 당했다. 그가 남긴 《갈리아 전기(戰記)》,《내란기》 등은 간결한 문체와 정확한 현실 파악 등으로 라틴 문학의 걸작이라고 일컬어진다. 공화정권의 파괴자, 또는 제정의 초석을 굳힌 인물 등 정치가로서 카이사르에 대한 평가는 구구하다.

▲ 카이사르 흉상

두 번째 3두 정치의 최후 승자가 된 옥타비아누스는 그간의 혼란을 종식하기 위해 원로원과 함께 통치했다. 그러면서 원로원으로부터 아우구스투스 Augustus라는 극존칭과 함께 '제1의 시민'이라는 뜻의 프린캡스 Princeps라는 칭호를 받았다. 이로써 로마의 공화정은 종말을 고하고, 제국이 시작되었다. 황제정은 이후 용병대장 오도아케르에 의해 서로마가 멸망한 476년까지 지속되었다.

■ 아우구스투스 황제(B.C. 63-A.D. 14).

로마 제국의 초대 황제. 본명은 가이우스 옥타비우스 투리누스(Gaius Octavius Thurinus)였으나 카이사르의 양자로 입적된 후 가이우스 율리우스 카이사르 옥타비아누스(Gaius Julius Caesar Octavianus)로 불렸다. 기원전 44년 율리우스 카이사르가 암살되자, 유언장에 따라 카이사르의 양자가 되어 그 후계자가 되었다. 기원전 43년, 옥타비아누스는 마르쿠스 안토니우스, 마르쿠스 아이밀리우스 레피두스와 함께 삼두정치를 열었다.

삼두정치의 붕괴 후 옥타비아누스는 대외적으로 공화정을 부활시키고 로마 원로원에게 권한을 주었으나, 사실상 권력은 그의 손에 있었다. '아우구스투스(존엄자)'라는 칭호를 받은 옥타비아누스의 통치는 이후 'Pax Romana(로마의 평화)'라 불리는 태평성대를 이루었다. 그는 로마 제국의 영토를 넓히며 제국의 국경과 동맹국을 보호하였다. 조세 체계를 개선하고, 육로 교통망을 구축하였으며 상비군과 소수의 해군, 그리고 친위대인 로마 근위대를 창설하였다. 그는 또 자신을 기념하기 위해 기존의 '여섯 번째 달(Sextilis)'을 '아우구스투스(Augustus)'로 바꾸어 불러 오늘의 8월이 되었다.

▲ 로마 마르스 광장에 있는 아우구스투스의 묘

제정 초기 200년간 로마는 그리스도교 박해와 네로 황제의 폭정 등으로 인한 혼란의 시기도 없지 않았지만 전반적으로 번영과 평화의 시대를 누렸는데, 이를 일컬어 팍스 로마나 Pax Romana, 즉 로마 중심의 평화시대라고 한다. 로마제국은 하드리아누스 황제 치하에서 최대 규모에 이르렀다. 이때 로마의 인구는 7천만 명, 면적은 350만 ㎢에 달했다.

2세기 말 로마제국은 여러 가지 위기에 직면했다. 게르만족의 이동에 따른 국경 지역의 혼란에 따른 경제의 피폐화, 사회적 불안 등으로 정치도 혼란에 빠져 황제의 친위대장이나 군사령관 등 군인이 황제가 되는 시대가 이어졌다.

이후 디오클레티아누스 황제(284-305), 콘스탄티누스 황제(306-337) 등 개혁적인 두 황제에 의해 안정을 되찾았다. 이들의 재위시기에 제국의 중심은 점차 로마에서 동쪽 지역, 즉 헬레니즘 문명이 본산지로 옮겨갔는데, 특히 콘스탄티누스 황제는 그리스도교를 공인(313)하여 사상적 통일을 꾀하는 한편 비잔티움(오늘의 이스탄불)을 자신의 이름을 딴 콘스탄티노플로 개명하여 수도를 옮겨버렸다.

이런 외형적인 변화에도 불구하고 제국의 평화는 오래가지는 못했다. 다시 정치적 무능과 부패로 인한 혼란이 재현되었다. 결국 테오도시우스 황제(379-395)에 이르러 제국은 동서로 분열하였고, 다시 시작된 게르만족의 침입으로 혼란에 빠진 서로마는 결국 마지막 황제 로물루스 아우구스투스(475-476)의 퇴위와 함께 막을 내렸다. 한편 로마 제국의 다른 반쪽 비잔틴 제국은 이후에도 1,000년을 이어갔다.

로마의 역사는 팽창의 역사였고, 로마의 영광은 정복 전쟁의 산물이었다. 유럽과 아시아, 아프리카 3개 대륙에 산재한 여러 속주를 정복하면서 엄청난 전리품을 획득하였으며, 전후 평화 시에는 이들로부터 식량과 특산물, 그리고 세금을 거둬들였다. 이를 위해 여러 항로가 개척되고, 방대한 도로망이 건설되었다. 이밖에도 제국의 효율적인 통치를 위한 건축, 토목, 법률 등의 분야에서 비상한 발전이 이루어졌다. 도로와 상수도 등의 공공시설은 물론이고 신전, 극장, 개선문, 목욕탕 등 건축물의 일부는 지금도 화려했던 옛 모습을 잘 보여주고 있다.

로마인은 또 법률 면에서도 탁월한 문화유산을 남겼다. 로마의 법은 평민들의 투쟁을 통해 시민법으로 발달했다. 초기 로마의 관습법과 판례법을 성문화하여 공시한 것이 12표법이다. 이러한 로마의 법은 동로마제국의 유스티니아누스 황제(483-565)에 의해 로마법대전으로 집대성되었다. 이 밖에도 로마시대에는 그동안 유통되던 달력의 문제점을 획기적으로 개선한 율리우스력을 만들었고, 로마숫자를 통해 체계적이고 정확한 계산과 기록을 할 수 있었다.

■ 로마숫자

지금도 시계의 문자판이나 문장의 장과 절을 표기하는 데 사용되고 있는 로마숫자는 13세기 말경까지 유럽에서 사용되었던 숫자이다. 글자 모양의 기원은 분명하지 않지만 Ⅰ, Ⅱ, Ⅲ은 막대기의 개수, Ⅴ는 엄지손가락과 집게손가락이 이루는 모양이거나 막대기 10개를 묶은 모양인 Ⅹ를 반으로 자른 것이라고도 한다. 100인 C는 라틴어의 centum, 1000인 M은 mille의 머리글자를 딴 것으로 보인다. 그리고 50과 500은 각각 L과 D로 쓴다. 이들 기본적인 기호를 조합하여 수를 표기하는데, 8=Ⅷ, 22=ⅩⅩⅡ, 67=LXVII, 744=DCCXLIV, 2002=MMII 등과 같다. Ⅳ(5-1=4), Ⅵ(5+1=6)의 표기법에서 볼 수 있듯이 로마숫자에서 5진법의 흔적을 볼 수 있다.

로마의 문화는 오리엔트, 그리스, 헬레니즘적 요소를 종합한 고대 유럽문화의 완성판이라고 할 수 있는데, 이러한 로마문화는 제국의 영향력이 미치는 곳곳에 전파되어 이후 서유럽문화의 바탕이 되었다.

로마제국 붕괴의 결정적 계기가 된 것은 게르만족의 침입이었지만 그에 앞서 제국의 내부에

▲ 전성기 로마제국의 영토. 고대 유럽의 완성이라고 할 수 있는 로마는 지중해를 중심으로 아프리카와 아시아, 유럽을 아우르는 넓은 영토를 지배하였다.

서도 상당한 붕괴요인이 자라고 있었다. 범신론적 다신교에 기반을 둔 로마의 전통적 세계관을 근본적으로 흔든 그리스도교의 전래도 로마의 해체에 중요한 몫을 하였다.

로마인들은 외래종교에 대해서 개방적이었다. 로마 정부도 외래 신앙을 포함한 종교 일반에 대해 관용적이었다. 외설적이거나 기이한 제의에 대한 금지령을 내리는 경우는 있었지만 종교를 탄압하는 경우는 없

▲ 콘스탄티누스 황제는 그리스도교로 개종한 첫 로마 황제이다. 모든 유럽인의 종교로서 그리스도교의 길을 열어준 인물로 동방정교회는 물론 로마 가톨릭에서도 성인으로 추대했다. 사진은 이스탄불 아야 소피아의 모자이크에 표현된 콘스탄티누스 황제의 모습.

었다. 61년 예수의 제자 베드로와 함께 로마에 들어온 그리스도교도 처음에는 저항 없이 받아들여졌다.

그러나 유일신 사상을 가진 신도들이 황제 숭배를 거부하고, 비밀회합을 갖는가 하면 병역을 기피하는 사례가 늘어나자 탄압이 시작된다. 박해와 탄압 속에서도 그리스도교는 교세를 확장하여 커다란 사회 세력을 형성하였고, 마침내 313년의 밀라노 칙령에 의해 합법화되고, 392년에는 국교로 정해지게 되었다.

그리스도교도로 인한 사회의 분열은 결국 그리스도교를 통한 사회 통합의 시도로 마무리된 셈이다. 내부 분열과 이민족 침입으로 인한 혼란에

시달리던 황제가 이를 극복하기 위한 새로운 이데올로기로 그리스도교를 선택했던 것이다.

하지만 이를 통해 정치적 입지를 굳건히 하려던 황제의 의도는 이루어지지 못했다. 다시 제국을 통합해 낼 수도 없었고, 자신의 권위를 회복할 수도 없었다. 아무튼 황제의 이러한 선택은 그리스도교에게는 크나큰 행운이어서 그리스도교는 이제 모든 유럽인의 종교로 급부상하게 된다. 로마제국 이후의 유럽이 그리스도교와 밀접한 관계를 맺을 수밖에 없는 뿌리를 내리게 된 것이다.

3 | 중세 유럽

중세의 시작은 지리적으로 고대 그리스와 로마를 근간으로 한 지중해 중심의 유럽이 오늘날의 프랑스와 독일 지역을 포함한 중부 대륙 중심의 새로운 유럽으로 변화하였음을 의미한다. 중세의 시작은 또 고대 그리스 로마적 인간 중심 세계관이 새롭게 등장한 그리스도교 중심의 유일신 세계관으로 대체되는 것이기도 했다.

중세의 세계관이 된 그리스도교는 오리엔트에서 전래된 외래종교이다. 그리스 로마시대의 다신 숭배적 전통 종교를 대체하면서 일약 유럽의 유일 종교로 자리하게 된 것인데, 이러한 변화에 맞물려 유럽을 주도하는 세력도 그동안 라틴족의 로마에서 여러 게르만왕국에 뿌리를 준 지방분권적 중세 봉건국가로 이동하였다.

게르만족의 뿌리는 스칸디나비아 반도와 발트 연안이었다. 이들은 일찍이 기상의 변화나 인구 증가 등의 문제가 있을 때마다 로마에 침입하여 문제를 일으켜오다가 4세기 말 중앙아시아의 유목민인 훈족의 압박으로 인한 이른바 게르만 민족 대이동 시기를 거치며 로마를 급격히 약화시키고, 마침내 로마를 멸망시켰다. 그러나 새롭게 등장한 게르만 왕국들도 대부분 중세 초기의 정치적 대립과 사회적 혼란을 극복하지 못하고 5-8세기에 멸망하였다.

▲ 중세 유럽의 중심은 지중해에서 중부 유럽으로 옮겨갔다. 프랑크왕 카를루스는 서로마 영토 대부분을 정복하여 교황으로부터 서로마 황제 칭호를 받았다. 그림은 카를루스에게 충성 서약하는 가신 롤랑의 모습.

다만 오늘날의 중부 유럽에 자리를 잡은 프랑크왕국은 오랫동안 존속하여 새로운 유럽의 기틀을 마련하는 데 중요한 역할을 하였다. 특히 카를루스(768-814, 독일어로는 카를, 프랑스어로는 샤를마뉴) 대제는 재위 기간 서로마 제국의 영토를 대부분 정복하였고, 800년에는 교황으로부터 서로마 황제라는 칭호와 관을 받았다.

카를루스는 이런 야심 찬 정복과 함께 다양한 문화정책을 펼쳐 새로운 로마 게르만적 질서를 확립해 나갔다. 성직자의 연구와 교육을 위한 수도원과 부속학교를 설립하였고, 장차 설립될 중세대학 교과목의 기본 틀이 되는 이른바 '자유 7과목(liberal arts)'의 3학4과 구분도 이때에 만들어졌다. 자유 7과목은 각각 문법, 수사학, 변증법 등의 3학과 수리, 기하, 음악, 천문학 등의 4과를 가리킨다.

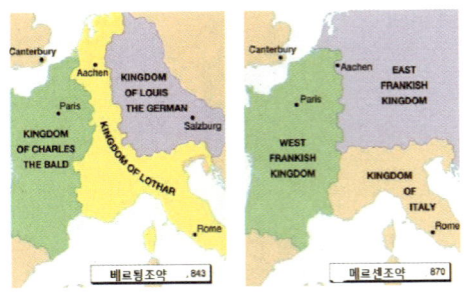
▲ 베르됭 조약(843), 메르센 조약(870)에 의한 프랑크 왕국의 분열. 이후 오늘의 독일, 프랑스, 이탈리아의 독자적인 역사가 시작된다.

그러나 카롤루스의 사후의 프랑크왕국은 분열의 길을 걸었다. 왕국의 분열은 무엇보다도 게르만족 특유의 분할상속 관습의 결과였다. 동프랑크왕국, 중프랑크왕국, 서프랑크왕국으로 분열된 왕국은 마침내 오늘의 독일, 이탈리아, 프랑스의 기원이 되면서 유럽의 새로운 질서를 만들어 나갔다.

카롤루스에게 부여된 황제의 칭호는 처음 중프랑크와 이탈리아를 차지한 장자 로타르에게 주어졌으나 로타르 사후 흐지부지되었다가 10세기 초 동프랑크왕국이 작센가에 의해 통일되고, 특히 오토 1세에 이르러 강력한 친정체제를 구축하면서 962년 로마 교황으로부터 황제의 관을 받았다. 이렇게 성립된 신성로마제국은 이후 영국이나 프랑스에 비해 국가 통일을 이룩하지 못하고 분열되어 있던 독일의 상징적 구심이 되었다.

중세 중반 유럽은 또 때로 2차 게르만족의 대이동이라고 불리기도 하는 노르만족의 활동으로 인한 대변혁을 겪었다. 노르만족은 스칸디나비아 일대의 게르만족을 일컫는 말로, 일찍이 기후 악화나 인구 증가 등으로 인한 생활 여건의 변화나 정치적 갈등이 있을 때마다 역외로 나와 활로를 모색하였는데, 조선술이 뛰어난 이들은 유럽 곳곳에 나타나 살상과 약탈을 감행하였다. 바이킹이라 불리면서 이 무렵 유럽인들에게 공포의 대상이 되었던 이들은 지역과 시대에 따라 다양한 활동상을 보였다.

덴마크 출신의 바이킹들은 9세기 중반에 이미 오늘의 독일과 네덜란드에 상륙하였고, 아일랜드에 진출하여 더블린을 해상활동 기지로 삼는가 하면, 지중해까지 진출하여 나폴리왕국을 건설하고, 시칠리아 왕국을 건설하였다. 이들은 또 프랑스 내륙까지 침략하였는데, 이에 서프랑크는 912는 이들에게 센강 하류 지역을 할양하여 노르망디공국을 건설하게 하였다. 노르망디공국은 이후 1066년 영국을 정복하여 노르만 왕조를 열었으며, 이것이 잉글랜드 왕국의 출발이 된다.

노르웨이 지역 출신 바이킹들도 활발한 역외 진출을 시도하였다. 일찍이 스코틀랜드 북방의 셰틀랜드제도, 오크니제도에 이주하였고, 860년경 북대서양 페로제도를 거점으로 아이슬란드를 식민화하였다. 9세기 말에는 그린란드로 건너가서 식민지를 건설하였고, 1000년경에는 오늘의 북아메리카에 진출하였다. 당시 노르웨이 바이킹이 진출했던 지역은 오늘날의 래브라도 · 뉴펀들랜드 또는 노바스코샤 · 뉴잉글랜드의 북부에 해당한다고 추정되는데, 콜럼버스의 발견 이전에 바이킹이 먼저 아메리카를 발견한 것이 된다.

그밖에 스칸디나비아 동남부의 스웨덴 출신 바이킹들은 핀란드만을 가로질러 러시아로 들어가 슬라브족을 점령하고, 노브고로드

▲ 바이킹 진출 지역. 바이킹 활동은 2차 게르만족의 이동이라 불릴 만큼 전 유럽을 무대로 이루어졌다.

형성과 변화 79

왕국(862년), 키예프공국(882년) 등을 건설하였는데, 이것이 러시아의 기원이다. 이들 스웨덴의 바이킹은 콘스탄티노플까지 진출하여 교역하기도 했다.

바이킹은 이렇듯 전 유럽을 대상으로 한 약탈, 교환, 정착 등 다양한 양상의 활동을 지속하였는데, 11세기에 이르러 이들도 점차 그리스도교화하고, 정착생활에 들어가면서 소강상태에 들어갔다. 그러면서 비교적 주거조건이 좋은 해안 지역에 도시들을 건설하기 시작하였는데, 오늘날의 스칸디나비아 반도와 그 일대의 도시들은 거의 이 무렵에 형성된 것이다.
아무튼 200년 안팎 지속된 바이킹 활동은 유럽 여러 민족들에게 자극을 주어 이들이 국가를 형성하는 계기가 되었고, 여러 이질문화를 동화 발전시키는 계기가 되었다.

중세 중반의 서유럽은 내부적으로 분열 상태에 빠져있는 것은 물론 외부적으로도 북쪽의 바이킹, 동쪽의 마자르족, 남쪽의 이슬람 세력 등의 침입을 받는 극도의 혼란 상태에 처해 있었다. 주민들은 지역의 방어를 스스로 책임질 수밖에 없었다. 이로써 멀리 있는 국왕은 명목상의 지배자일 뿐이었고, 각 지역의 성주들의 영향력이 절대적이었다.
이렇게 마련된 새로운 사회 질서가 곧 봉건제도이다. 토지를 매개로 한 일종의 계약관계라고 할 수 있는 봉건제도는 주군이 봉신으로부터 군사적 봉사를 받고 봉토를 수여하는 호혜적인 것이었다. 그리하여 왕은 제후와 계약을 맺고, 이 제후는 또 다른 제후나 기사들과 계약을 맺는 등의 피라미드형 계급 질서가 이루어졌다. 농민들은 영주나 기사의 보호 아래 농지를 경작하는 피지배계층으로 자리했다.

봉건제도의 운영은 장원제도라는 독특한 하부구조와 결합되어 있다. 장원은 주군이 봉신에게 수여하는 봉토를 가리키는데, 봉신은 이들 장원의 영주로서 자유민과 농노로 구성된 농민으로 하여금 농지를 경작하게 하여 경제를 유지했다. 장원은 일반적으로 중심에 장원청과 교회, 대장간, 제분소, 제빵소 등이 있었고, 주변에 경작지가 있었으며, 외곽에는 목초지와 산림이 있는 형태였다.

중세 유럽의 지배적인 사상은 그리스도교였다. 교회는 또 영지를 소유하면서 농민을 지배하는 현실 권력이기도 했다. 이러한 교회의 세속화에 반대하여 신앙을 통해 정신적 권위를 확립하려는 수도원 운동 등의 반대운동도 있었지만 중세 말까지 교회는 정치, 경제, 사회 전반에서 거의 절대적 권능을 행사했다.

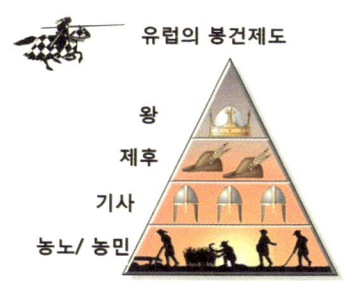

▲ 중세 봉건제도의 계급 질서.

그러나 교회와 속세의 권위가 충돌하여 서로 세력다툼을 벌이는 경우도 없지 않았는데, 특히 교황 그레고리우스 7세와 신성로마제국 황제 하인리히 4세의 성직임명권을 둘러싼 갈등은 황제가 교황을 찾

▲ 중세 도시의 전형을 보여주는 남부 독일의 도시 로텐부르크. 장원청과 교회를 중심으로 도시가 형성되었음을 보여준다.

아가 3일 밤낮 눈 속에서 무릎을 꿇고 빌어야 했던 이른바 '카노사의 굴욕'을 낳기도 했다.

중세 그리스도교는 또 종교적 열정과 우세한 교황의 권위를 바탕으로 십자군 원정이라는 대규모 정복전쟁의 중심에 서기도 했다. 성지회복을 명분으로 시작한 이 전쟁은 200년간 모두 7차례에 걸쳐 치러졌는데, 예루살렘을 정복하여 라틴 국가를 세웠던 1차 원정을 제외하면 대부분 최초의 목적에서 벗어나 무자비한 약탈과 살상만 자행한 경우가 많았다.

십자군 원정은 성지 회복이라는 소기의 목적은 달성하지 못했지만 유럽의 정치, 경제, 문화에 지대한 영향을 끼쳐 결국은 중세 봉건 유럽을 해체하는 계기가 되었다. 정치적으로는 원정 실패에 따라 교황의 권위가 실추되고 참전 제후와 기사들이 몰락한 반면 국왕의 권력이 강화되었고, 경제적으로는 무역이 활발해짐에 따라 화폐경제와 도시가 발달하였으며, 문화적으로도 비잔틴과 이슬람 세계의 영향으로 한결 다양화되어 중세를 지탱한 두 기둥으로서의 봉건제도와 가톨릭교회의 안정성에 심각한 위기가 나타난 것이다.

▲ 클레르몽 종교회의에서 성지 탈환을 위한 십자군 원정을 설교하는 교황 우르바노 2세를 그린 15세기 그림. 십자군 원정은 유럽 여러 나라에 중앙집권적 왕권국가들을 등장시켜 가톨릭과 봉건제도를 약화시켰다.

중세 후반의 이러한 변혁기에 영국과 프랑스 등 중앙집권적 국민국가가 출현했다. 영국과 프랑스가 강력한 중앙집권적인 국민국가로 발전하는 계기가 된 것은 백년전쟁(1337-1453)이었다. 영국의 왕 에드워드 3세가 프랑스 왕위 상속권을 주장하여 침공하여 시작된 이 전쟁은 결국 프랑스가 칼레를 제외한 전 지역의 영국 세력을 몰아내는 것으로 마무리되었다.

전쟁을 거치면서 프랑스는 봉건귀족의 세력이 약화되고, 국왕의 권력이 한층 강화되었으며, 이를 바탕으로 보다 강력한 중앙집권제를 추진할 수 있었다. 영국은 이후 정치적 주도권을 두고 귀족 가문 전체가 두 파로 나뉘어 30년간 싸우는 장미전쟁(1455-1485)을 겪었는데, 이로써 영주와 기사 계급이 몰락하여 봉건사회는 급속히 붕괴하고 중앙집권화가 촉진되었던 것이다.

이베리아 반도에서도 에스파냐와 포르투갈이 강력한 왕권 국가로 발전하였다. 이 지역은 8세기 초 서고트 왕국을 멸망시킨 이슬람 세력들이 지배하고 있었는데, 이들을 몰아내기 위한 그리스도교도들의 이른바 레콩키스타(Reconquista, 국토재정복운동)를 통해 15세기 중엽에 카스티야, 아라곤, 포르투갈 등 그리스도교 왕국이 성립되었고, 1492년 마침내 그라나다를 함락함으로써 마지막 이슬람 세력을 몰아냈던 것이다. 이를 주도한 것은 카스티야와 아라곤 왕국의 왕실 결혼으로 성립한 에스파냐 왕국이었다. 카스티야 지역에 속해 있다가 독립을 이룬 포르투갈도 15세기 후반에 이르러 중앙집권적 통일국가로 발전하였다.

그러나 중세 후기 강력한 왕권 지배를 이룩한 이들 왕권국가들과 달리 독일과 이탈리아는 이 무렵은 물론 이후에도 오랜 지방분권체제를 지속하였다. 독일 지역의 경우 상징적인 존재인 신성로마제국의 황제를 둘러싼 정치적 갈등이 봉합되지 않은 채 봉건 영주 중심의 여러 영방국가들이 서로 견제하는 상태를 지속하였고, 이탈리아도 교황령, 밀라노 공국, 나폴리 왕국 등 여러 제후국가와 도시국가로 분립하고 있었다. 스위스도 13주 연방을 조직하여 연방주에 기초한 공화국을 건설하였다.

중세는 무엇보다도 그리스도교의 가치관이 지배하는 그리스도교문화의 시대였다. 그래서 중세는 곧잘 이어지는 인간 중심의 르네상스시대에 대비하여 암흑시대로 표현되기도 한다. 모든 것을 신을 중심으로 설명하면서 그리스도교적 전통과 신의 권위만을 강조하는 사회적 분위기는 일부 성직자의 무분별한 타락과 함께 이를 못마땅하게 여긴 열성분자들로 인한 '이단'이라는 문제를 낳았다.

이단은 일부 그리스도교의 기본 교리를 부정하는 집단도 없지 않지만 대개는 기성 교단의 경직성을 타파하고 개방적이면서도 원리를 실천하는 신흥 세력에 대한 교회의 대응 과정에서 지목된 경우가 많았다. 이러한 이단의 척결을 위해 종교재판이 동원되었는데, 이 재판은 때로 성직자나 세속 권력자의 이해에 맞추어 자의적으로 남용하여 선의의 피해자가 속출하는 폐단을 낳았다. 1992년 교황 요한 바오로 2세는 로마 가톨릭교회가 역사적으로 저지른 몇 가지 실수에 대해 솔직

▲ 종교재판을 받는 갈릴레오. 종교재판은 수많은 무고한 희생자를 낳았다.

히 인정하였는데, 거기에는 로마 가톨릭교회가 1633년 갈릴레오를 이단자로 판정한 것 등 종교재판에 의한 무고한 사람들의 박해한 사실이 포함되어 있다.

중세의 그리스도교 중심의 사회 분위기는 또 고대 최고의 학문으로 자리했던 철학의 자리를 신학에 내주게 했고, 건축, 미술, 문학 등도 그리스도교의 영향을 벗어나지 못했다. 그러나 12세기 이후 사라센과 비잔틴을 통해서 아라비아 수하학과 기하학이 도입되고 고전에 대한 관심이 일면서 학문과 사상에 새로운 활기가 일었다.

특히 이러한 사회적 수요를 감당하기 위해 대학이 설립되기 시작하면서 그동안 교회와 수도원이 독점하던 학문 연구의 폭이 크게 확대되었다. 그동안의 3학4과 교과목 이외에 철학, 법학, 의학, 물리학 등의 분과 학문이 활발한 학문적 관심의 대상이 되었다. 대학은 12세기 후반에서 13세기 초 교수조합이나 학생조합의 형태로 시작되었는데, 군주나 교회의 간섭을 받지 않기 위해 노력했다. 오늘의 학문과 사상의 자유는 이러한 중세 대학의 전통에서 비롯된 것이다. 중세 말까지 유럽에는 약 80개의 대학이 설립되었는데, 그중 특히 볼로냐 대학(1088년에 설립된 유럽 최초의 대학)은 법학으로, 파리대학(1215년 설립)은 신학으로, 살레르노대학(1231년 설립)은 의학으로 유명했다.

중세의 대표적인 건축과 미술은 그리스도교 중심의 중세 사회를 반영하여 주로 교회와 수도원 건물, 그리고 이들의 그 장식물에 남아있다. 오늘날에도 오래된 교회건축물을 통해 그 면모를 살펴볼 수 있는 중세의 중심 건축 양식은 로마네스크 양식과 고딕 양식이다.

로마네스크 양식은 로마식 아치를 이용한 장중한 양식으로 10-12세기 중남부 유럽에서 유행하였다. 창문이 작아서 실내는 어둡지만 묵직하고 안정감이 있어서 종교적 장엄함을 잘 표현하고 있으며, 한결 넓어진 벽과 천정을 장식하는 프레스코화 같은 장식이 등장했다. 피사, 보름스 성당 등이 대표적인 건축물이다.

이어서 나타난 고딕 양식은 13-15세기 주로 유럽 북부에서 발달한 것이다. 로마네스크 양식을 보완하여 기둥은 가늘고 지붕은 높게 하고, 그 위에 첨탑을 올렸으며, 벽은 얇게 하고 창문은 넓혀서 화려한 색상의 스테인드글라스로 장식했다. 웅장하면서도 한층 밝고 명랑한 인상을 주는 고딕 양식의 건축물로는 쾰른 대성당, 파리의 노트르담 성당, 런던의 웨스트민스터, 밀라노 성당 등이 있다.

▲ 중세의 대표적인 건축 양식은 로마네스크와 고딕이다. 로마식 아치를 사용함으로써 건축의 규모와 내구성을 키운 로마네스크 양식을 발전시켰으며, 고딕 양식은 첨두아치와 스테인드글라스 등의 새로운 공법을 적용하였다. 사진은 로마네스크 양식의 성 클레멘트 교회 프레스코와 쾰른 성당의 스테인드글라스 모습.

중세에는 교회나 대학 등에서 라틴어가 공용어로 사용되었지만 지방의 일반 대중들 사이에는 지방어가 소통어로서 역할을 하였다. 그래서 교회의 설교나 대학의 강의와 저술 등의 공식적인 부문에서 활동된 라틴어 기록과 함께 지방어로 쓰인 문헌도 전해지고 있는데, 〈니벨룽엔의 노래〉, 〈롤랑의 노래〉, 〈아서왕의 이야기〉 등이 그것이다. 이밖에도 기사들의 사랑 이야기를 담은 다양한 서정시들도 전해지고 있다.

4 | 근대 유럽 1

(1) 르네상스, 종교개혁, 신항로 개척

14세기 무렵부터 중세사회는 경제적 기반이 동요하면서 그리스도교 중심의 그리스도교적 세계관이 허물어지는 모습을 보이기 시작하였다. 장원에 기초를 둔 분권적 봉건제도가 약화되고 중앙집권적 왕권국가로 발전하였고, 교회 내부의 부패와 타락으로 인해 그리스도교 중심의 정신적 기반도 영향력을 잃어가고 있었던 것이다.

중세의 기반이 붕괴되는 과정에는 이미 근대적인 여러 요인이 드러나기 시작하였는데, 특히 이를 주도한 것이 고대문화의 부활과 재생을 뜻하는 르네상스, 부패한 가톨릭교회에 대한 저항 개혁 운동으로서의 종교개혁, 그리고 새로운 항로의 개척으로 커져가는 대외 진출 야망 등이 그것이다.

14세기에서 16세기 전반에 걸쳐 이탈리아에서 출발하여 전 유럽에 파급된 르네상스는 그리스 로마문화의 부흥을 통해 신 중심의 중세적 세계관을 극복하고 인간 중심의 새로운 문화를 만들고자 하는 문화 운동이었다.

　신 중심의 중세적 세계관을 넘어 인간 중심의 고대 그리스 로마문화를 부흥하려는 르네상스가 이탈리아에서 시작된 것은 무엇보다도 십자군원정 이래 활발해진 동방 무역으로 경제적 번영을 이루었음은 물론 새롭게 형성된 시민계급에 의한 자유로운 분위기가 무르익어 있었기 때문이다. 이와 함께 이곳이 르네상스, 즉 부흥의 대상인 로마시대의 유적이 있는 곳인 데다가 이곳 사람들이 유난히 새롭게 지향하는 가치로서의 현실적이고 개인주의적인 생활 방식에 대한 이해가 깊었던 것도 중요한 요인이라고 할 수 있다.
　이들은 그리스 로마적 모범으로서 이성적이면서도 감성이 풍부한 조화로운 인간상을 추구하였는데, 이러한 경향을 휴머니즘, 즉 인문주의라고 부른다. 13세기의 단테(1265-1321)를 선구자로 레오나르도 다 빈치(1452-1519), 미켈란젤로(1475-1564), 라파엘로(1483-1520) 등이 르네상스시대의 거장으로 불린다. 이탈리아의 르네상스는 유력한 군주나 부유한 상인의 후원을 받아 발달하였는데, 이로 인해 이후 중북부 유럽의 르네상스에 비해 귀족적인 성격이 강하였다.

　16세기 이후 르네상스 운동은 중북부 유럽으로 전파되었다. 이 지역의 르네상스는 이탈리아의 그것과 달리 보다 사회 현실에 참여하는 개혁적 성향이 강하게 나타났다. 네덜란드의 에라스무스(1469-1536)는 성서를 그리스어로 번역하였으며, 이는 가톨릭교회가 사용하는 라틴어 성서의 정확성에 대한 불신을 바탕으로 한 것이었다.

성서 원전에 대한 관심과 연구는 독일의 인문주의자 로이힐린(1455-1522)에 의해서도 이루어졌는데, 이러한 태도와 정신은 이후 마르틴 루터(1483-1546)에게 계승되어 종교개혁의 동력이 되었다. 프랑스와 영국의 르네상스는 문학과 철학 분야에서 활발하였다. 몽테뉴(1533-1592)의 《수상록》, 토마스 모어(1478-1535)의 《유토피아》, 셰익스피어(1564-1616)의 명작들은 이러한 시대 배경에서 쓰인 것이다. 스페인의 작가 세르반테스(1547-1616)가 쓴 《돈키호테》도 중세 후기 봉건제도의 몰락과 기사의 위선을 풍자한 이 시대의 작품이다.

르네상스의 전개 양상은 시기와 지역에 따라 다양한 모습을 보였지만 각각 인간 중심의 합리주의를 지향하는 근대정신을 자극하여 인간과 자연을 관찰하고 분석하는 과학적 정신을 강화하는 계기가 되었다.

이러한 과학 정신을 바탕으로 이슬람 및 비잔틴 세계로부터 그동안 중세의 권위적 종교에 의해 배척받고 잊혔던 그리스 고전을 다시 도입하고, 아울러 아라비아와 인도, 중국의 선진문물을 받아들였다. 이른바 중국의 4대 발명품이라고 하는 종이, 인쇄술, 나침반, 화약 등이 유럽에 전래된 것도 이 시기이다. 특히 제지법과 인쇄술은 1450년경 구텐베르크에 의해 금속 활자를 이용한 인쇄술로 발전되면서 유럽문화사에 획기적인 전기가 주어졌다. 지금까지 소수 지배계층과 지식인에 의

▲ 스페인의 작가 세르반테스 상. 그의 '돈키호테'는 중세 봉건제도의 몰락과 기사의 위선을 풍자한 작품이다.

▲ 구텐베르크는 금속활자를 이용한 활판 인쇄를 도입하여 지식의 대중화를 위한 결정적 계기를 마련하였다. 구텐베르크와 활판인쇄의 모습을 그린 판화.

해 독점되었던 지식을 대중화하는 결정적 계기가 되었던 것이다.

르네상스와 함께 교회와 성직자의 권위보다 성서를 우선하는 종교개혁 운동도 근대를 여는 중요한 배경이 되었다. 종교개혁은 북부 유럽의 내향적인 인문주의 운동과 결부되어 나타난 개혁운동이었다.

종교개혁은 가톨릭교회 전반에 만연한 부정부패에 대한 저항의 의미가 있지만 직접적인 계기는 성 베드로 성당의 증축을 위한 이른바 면죄부의 판매였다. 비텐베르크대학의 신학 교수였던 마르틴 루터는 부당성을 지적하는 95개조의 반박문을 발표했다. 이에 교황은 루터를 파문하였고, 신성로마제국 의회를 통해 주장을 취소할 것을 강요하였다.

▲ 마르틴 루터(1483-1546). 루터에 의해 촉발된 종교개혁은 유럽의 근대가 시작되는 중요한 계기가 되었다.

이를 거부한 루터는 추방 처분을 받았으나 당시 황제의 정책에 반대하던 제후들의 보호를 받아 성서를 독일어로 번역하는 등의 업적을 이루면서 살아남을 수 있었다. 이후 루터파 교회는 유럽의 전 지역으로 퍼져나갔고, 독일 제후들은 가톨릭과 루터파로 나뉘어 대립하였다. 중세 천년을 이어온 서유럽 그리스도교의 통일성이 깨진 것이다.

프랑스 출신 종교개혁가 칼뱅(1509-1564)도 일찍이 츠빙글리 등에 의해 시작된 스위스 지역의 종교개혁 운동을 완성하였다. 그는 교회 의식을 간소화하고 신도들이 자율적으로 교회를 운영하도록 하면서 금욕적인 실천을 강조하였는데, 이러한 주장은 일찍이 상공업이 발달한 네덜란드, 영국, 프랑스 등에서 적극적으로 받아들여졌다. 잉글랜드의 청교도, 스코틀랜드의 장로교, 프랑스의 위그노 등은 모두 이 칼뱅파에서 비롯한 것이다.

루터나 칼뱅과 같은 선도적인 개혁가들에 의해 주도되던 유럽 대륙의 종교개혁과 달리 영국에서는 국왕 헨리 8세에 의해 개혁이 이루어졌다. 헨리 8세는 루터의 종교개혁을 비판함으로써 교황으로부터 신앙의 옹호자라는 칭호를 얻을 만큼 열렬한 신자였다.

하지만 교황이 아들을 낳지 못한 왕비와의 이혼을 허락하지 않자 가톨릭과 단절하고, 수도원을 해산하는 등의 개혁을 단행하며 스스로 종교적으로도 최고의 지위에 올랐다. 이후 종교와 세속 양쪽의 절대적 권위를 지니는 영국 국왕의 지위를 유지하면서 영국 국교회의 교리가 확립되었는데, 국왕이 교황을 대신하고 직접 주교를 임명하는 외에는 교리상 큰 차이를 보이지 않았다.

개혁이 진행되자 가톨릭교회 내부에서도 나름의 변화를 모색하였다.

각지에 학교를 짓고 대학을 창설하여 교리를 전달하고 옹호하였으며, 에스파냐와 포르투갈의 식민활동과 연계한 선교활동도 활발하게 전개하였다. 이러한 가톨릭의 변화를 반동 종교개혁이라고 한다.

그러면서 신구교의 대립과 갈등은 심화되어 갔고, 마침내 프랑스의 위그노전쟁, 네덜란드 독립전쟁, 독일의 30년 전쟁 등과 같은 종교전쟁이 이어졌다. 이들 종교전쟁은 실제에 있어서는 각국의 정치 경제적 이권과 밀접하게 연관된 국제전쟁의 성격을 지녔다. 그 결과 남부 유럽에는 구교 북부 유럽에는 신교가 우세한 양상을 보이게 되었다.

종교개혁과 그에 이은 종교전쟁을 통해 유럽에는 점차 종교적 관용이 자리 잡게 되었고, 또 시민 계급을 성장시켜 이후의 근대로의 이행을 위한 초석이 쌓였다. 중세 후반의 종교적 난맥상을 개혁하려는 운동이면서 동시에 이후의 근대 자본주의와 시민혁명을 가능하게 하는 사상운동의 의미를 보였던 것이다.

이렇듯 르네상스와 종교개혁이라는 내부 개혁과 더불어 중세는 점차 근대로의 이행을 가속화하는데, 이 무렵에 이루어진 신항로 개척에 따른 대항해시대의 시작도 근대의 개막에 결정적인 영향을 주었다. 13세기의 마르코 폴로 같은 상인의 여행기를 통해 이미 유럽인의 외부 세계에 대한 관심은 고조되어 있었는데, 이제 새롭게 등장한 나침반을 이용한 항해술은 새로운 세계에 대한 접근을 더욱 용이하게 하여 중세 유럽인의 시야를 넓히는 계기가 되었던 것이다.

신항로 개척에 나선 선도 국가는 포르투갈이었다. 지리적인 이점을 활용하여 15세기 전반부터 해외로 눈을 돌린 포르투갈은 1487년에 아프리카 남단의 희망봉을 개척하였고, 1498년에는 인도 서해안에 이르는 항로를 개척하였다. 뒤이어 에스파냐도 항로 개척에 나섰는데, 이탈리아 출신의 콜럼버스를 후원하여 이른바 신대륙을 발견하였다. 콜럼버스가 죽을 때까지 인도라고 생각했던 신대륙은 이후 아메리고 베스푸치에 의해 인도가 아님이 밝혀졌고, 그의 이름을 따서 아메리카가 되었다.

이후 영국, 프랑스, 네덜란드 등이 줄을 이어 북미 대륙으로 진출하였다. 에스파냐의 지원을 받은 포르투갈인 마젤란은 1520년에 항해를 시작하여 대서양과 태평양을 건너 필리핀에 도착하였는데, 그 자신은 이곳에서 목숨을 잃었지만 남은 일행이 인도양을 거쳐 에스파냐로 돌아옴으로써 최초의 세계 일주 기록을 세웠다.

‖ 대항해시대의 인물들

인물	국적	지원국	업적	년도
디아즈(Diaz(Dias), Bartolomeu) (1450-1500)	포르투갈	포르투갈	케이프타운 발견	1488
콜럼버스(Columbus, Christopher) (1451-1506)	이탈리아	스페인	신대륙 발견	1492
카보토(Caboto, Giovanni) (1450-1498)	이탈리아	영국	북아메리카 진출	1497
바스쿠 다 가마(Gama, Vasco da) (1469-1524)	포르투갈	포르투갈	인도항로 개척	1498
카브랄(Cabral, Pedro Alvars) (1467-1520)	포르투갈	포르투갈	브라질 발견	1500
베스푸치(Vespucci, Amerigo) (1454-1512)	이탈리아	스페인	신대륙이 인도가 아님을 밝힘	1507
마젤란(Magellan, Ferdinand) (1480-1521)	스페인	스페인	최초의 세계 일주	1521

신항로 개척은 유럽에 커다란 변화를 가져다주었다. 아시아와 아메리카에서 들어오기 시작한 새로운 물품들이 유럽인의 생활 방식을 크게 바꾸

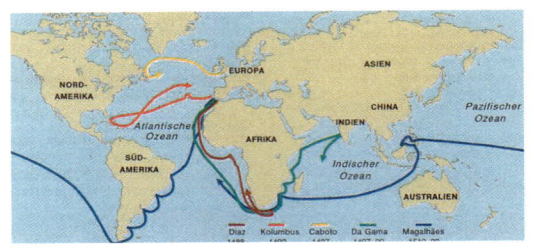
▲ 대항해시대의 탐험 항로와 그 업적.

어놓았을 뿐 아니라 새롭게 형성된 시장으로 인해 급속한 경제 발전이 이루어져 제한된 경제 규모에 의존하던 보수적인 봉건 영주와 기사계급은 몰락할 수밖에 없었다.

그러면서 유럽의 정치 경제적 주도권도 이동하게 되는데, 우선 항로 개척의 선두에 섰던 포르투갈과 에스파냐가 상업의 주도권을 행사하였고 뒤이어 영국, 프랑스, 네덜란드 등이 신흥 해상 강국들도 번성하여 점차 중심 세력으로 등장하였다.

(2) 절대왕정, 팽창과 경쟁

중세 후반 유럽사회의 여러 변화는 봉건 제후의 정치권력을 약화시키고 중앙집권적 절대 권력을 행사하는 절대군주의 등장을 가져왔다. 이들 절대군주는 관료와 상비군 조직을 갖추고 보다 강력한 중앙집권적 전제정치를 펼쳤는데, 이들 조직을 원활하게 운영할 자금을 확보하기 위해 무역을 장려하는 중상주의 정책을 펼쳤다. 16세기 이후 급성장하고 있던 상인, 금융가 등 신흥 시민계급의 경제활동을 지원하면서 이들의 세금을 통해 통치 비용을 조달하였던 것이다.

이러한 절대왕정은 근대 국민국가의 출발점이 되어, 에스파냐, 네덜란드, 영국, 프랑스, 프로이센, 오스트리아, 러시아 등의 성립과 발전의 초석이 되었다. 하지만 이들의 절대왕정은 동시에 외부적으로는 영토와 부를 둘러싼 끊임없는 전쟁이라는 참화를 불렀고, 안으로도 점차 영향력을 키워가는 시민계급의 크고 작은 저항에 부딪히게 된다.

절대왕정의 선두 주자는 에스파냐였다. 이슬람 세력을 몰아내는 전쟁을 치르면서 가장 먼저 중앙집권 체제를 이룩할 수 있었고, 일찍이 신항로 개척에 성공하면서 대양무역을 통해 막대한 경제적 이익을 누렸다. 16세기 에스파냐 왕실은 신성로마제국의 제위를 계승하고 있던 합스부르크 가와 혈연관계에 있었는데, 1519년 카를 5세(1500-1588)가 신성로마제국의 황제를 겸하면서 오스트리아를 포함한 광대한 영토를 지배하였다. 카를 5세는 1556년 신성로마제국의 제위는 동생에게, 에스파냐 왕위는 아들에게 물려주었다.

에스파냐의 실질적인 전성기는 이 필리페 2세의 통치 시기였다. 네덜란드와 신대륙의 식민지를 소유하고 있던 에스파냐는 1571년 레판토해전을 통해 오스만 투르크를 격파하여 지중해 패권을 장악하였고, 1580년에는 포르투갈을 병합하였다.

그러나 에스파냐의 우월적 지위는 오래가지 못했다. 에스파냐의 번영은 신대륙에서 유입되는 막대한 귀금속에 의존하고 있었는데, 이렇게 형성된 자본을 생산적인 부문에 투입하기보다는 관료제를 유지하고 궁중의 사치에 낭비하거나 대외 전쟁에 지출함으로써 국내 자본주의의 발전을 억제하는 부작용을 낳았다.

이는 곧 네덜란드와 영국 등 이미 자국 산업을 육성하며 대외무역을 추진하고 있던 경쟁국에 뒤처지는 결과로 이어졌다. 1588년 영국을 응징

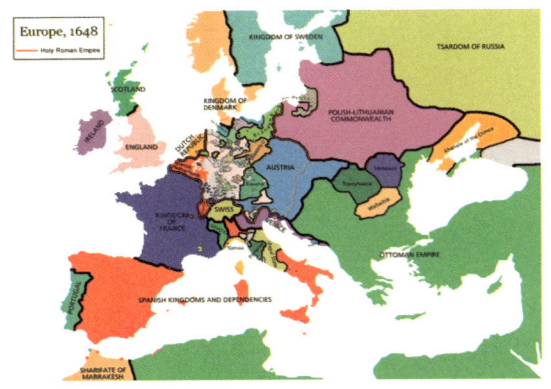
▲ 1648년의 유럽. 30년 전쟁의 결과 네덜란드와 스위스가 독립하는 등 현재 유럽의 국경의 바탕이 이 무렵 만들어졌다.

하기 위한 원정에서 소위 '무적함대'의 참패는 마침내 '해가 지지 않는 대제국' 에스파냐의 전성기를 끝내게 하는 사건이 되었고, 이후에는 네덜란드, 영국, 프랑스가 각축하는 시대가 전개되었다.

중세 말 근대 초의 네덜란드는 오늘날의 베네룩스 3국을 포괄하는 지역으로 일찍이 상공업이 발달하여 도시가 번영했다. 종교개혁 이후에는 북부 지역을 중심으로 칼뱅파의 신교가 득세하고 있었는데, 에스파냐의 필리페 2세가 이들 신교도를 탄압하여 반발을 불렀다. 특히 북부 7개 주는 1579년 유트레히트 동맹을 결성하여 저항하였으며, 1581년에는 북부 신교 지역의 7개 주가 동맹을 맺어 네덜란드 공화국을 수립하였다(네덜란드의 완전 독립이 국제적으로 승인된 것은 30년 전쟁이 끝난 1648년의 일이다).

이 무렵 네덜란드는 이미 국제무역의 중심세력으로 성장해 있었다. 1602년에는 동인도회사를 설립하여 영국과 경쟁했으며, 스페인과 싸우는 와중에도 해외 진출을 멈추지 않아 이 무렵 북방 무역의 70%를 장악하였을 뿐 아니라 뉴암스테르담(오늘의 뉴욕), 인도네시아 등지에 식민지도 건설했다.

네덜란드 발전의 특징은 특유의 자본주의와 프로테스탄티즘이 결합했기에 비교적 절대주의적 경향이 약했다는 점이다. 독립 후 형성된 지배 체제도 의회의 구속을 받는 제한 왕정의 성격을 유지했다.

　　영국의 절대왕정은 15세기 말 튜더왕조를 연 헨리 7세와 함께 시작했다. 정치적 주도권을 놓고 귀족 가문 전체가 두 편으로 나뉘어 싸웠던 장미전쟁(1455-1485) 이후 정치적 안정을 갈망하던 국민들의 소망을 업고 헨리 7세는 국왕 중심의 통치 체제를 강화하고 중상주의 정책을 펼쳤다.
　　이어 등장한 헨리 8세는 종교개혁을 단행하였고, 수도원을 해산하여 토지를 지지자들에게 분배하는 등의 정책으로 왕권을 더욱 강화하였다. 그의 딸 엘리자베스 1세도 영국 국교회를 확립하고 중상주의 정책을 취하면서 1588년에는 에스파냐의 무적함대를 무찔러 해상의 주도권을 장악했다. 동인도회사를 설립하여 아시아 지역에 진출하였고, 신대륙에도 식민지를 건설하여 해가 지지 않는 나라로 성장하는 바탕을 만들었다.

▲ 스페인 무적함대의 패배를 그린 P. J. Loutherbourg의 그림. 네덜란드에 대한 영국의 영향력을 차단하기 위해 파견한 무적함대가 패퇴하면서 스페인의 세력은 급속히 약화되었다.

　　프랑스의 절대왕정은 부르봉 왕가에 의해 주도되었다. 1589년 왕위에 오른 앙리 4세(1553-1610)는 종교의 자유를 인정하는 낭트칙령을 통해 갈등을 봉합하고, 산업 발전에 힘썼다. 이어 즉위한 루이 13세(1601-1643), 루이 14세(1638-1715)는 프랑스 절대왕정의 황금시대를 열었다. 중상주의 정책을 통해 산업을 보호 육성하였을 뿐 아니라 프랑스를 강력한 군대를 지닌 유럽 최고의 군사대국으로 이끌어나갔던 것이다.

특히 "짐이 국가다"라는 말로 유명한 루이 14세는 5세에 즉위하여 72년간 왕위에 있으면서 강력한 왕권을 행사하였다. 그는 호화로운 베르사유 궁전을 짓고, 관료, 군인은 물론이고 문인 예술가를 한데 모은 특유의 궁정문화를 만들어 유럽 각국에 전파하는 한편 적극적인 대외 정책으로 수많은 국제분쟁을 일으켰다. 루이 14세시대의 이러한 사치와 향락, 그리고 숱한 전쟁은 재정 부담을 늘려 결국 프랑스의 전반적인 국력을 약화시켰다. 이어 즉위한 루이 15세(1710-1774)를 거쳐 루이 16세(1754-1793)는 혁명에 의해 왕위에서 쫓겨나 처형당하고 말았다.

▲ 베르사유 습격을 그린 Jean-Pierre Houël의 그림. 프랑스혁명으로 인한 프랑스의 붕괴는 이후 여러 왕권 국가의 통치권을 위태롭게 했다.

중세 이래 수많은 영방으로 분열되어 있던 신성로마제국은 30년 전쟁 이후 맺어진 베스트팔렌 조약에 의해 프랑스와 스웨덴에게 많은 영토를 내주었을 뿐 아니라 스위스와 네덜란드의 독립을 승인하였고, 더불어 제국 내의 많은 제후국들의 주권도 인정하게 되어 중앙집권적 통치

기구를 형성하는 것은 더욱 어렵게 되었다.

그런 가운데 비교적 전쟁의 피해를 덜 입은 영방국가인 프로이센과 오스트리아가 서서히 강국으로 성장해갔다. 프로이센의 절대왕정의 기반을 확립한 프리드리히 빌헬름 1세(1688-1740)는 중상주의 정책을 펼치

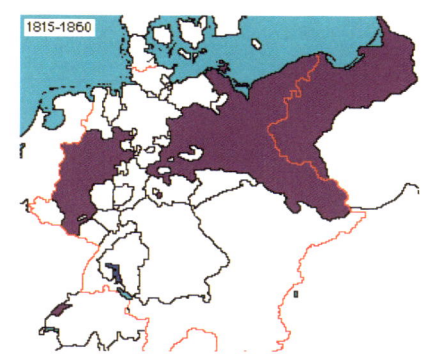
▲ 프로이센의 확장. 프로이센은 계몽군주 프리드리히 대왕의 치세를 지나면서 오스트리아와 패권을 다투는 신흥 강국이 되었다.

고, 관료제도를 정착시키는 한편 농민을 군사체제 속에 편입하여 군국주의의 기초를 다졌다. 이어 "군주는 국가 제1의 머슴"이라는 말로 유명한 프리드리히 대왕(1712-1786)이 즉위하여 계몽군주로서 국내정치를 안정시키고 오스트리아와 패권을 겨룸으로써 프로이센은 유럽의 신흥 강국으로 등장하였다.

오스트리아는 신성로마제국의 제위를 계승하던 유력 가문 합스부르크가의 지배를 받는 나라였는데, 게르만인, 보헤미아인, 헝가리인 등 다양한 민족으로 구성되어 있어서 통일 국가로서의 발전이 지체되었다. 카알 6세의 뒤를 이어 즉위한 여제 마리아 테레지아(1717-1780)시대에는 프로이센에게 굴욕적인 패배를 당하였다. 하지만 마리아 테레지아와 그녀의 아들 요제프 2세(1741-1790)는 국내 산업을 육성하고 각종 사회 개혁 정책을 펼치면서 중앙집권체제를 강화해 나갔다.

러시아는 오랜 몽고족 지배를 받다가 15세기 말에야 독립을 이루었고, 16세기에는 국가의 틀을 갖추었다. 러시아 절대주의를 완성자로 평가되는 표트르 대제(1672-1725)에 이르러 비약적인 발전을 이루었다. 그는 스웨덴과의 전쟁을 벌여 발트해로 진출하였고, 상트페테르부르크를 건설하여 새로운 수도로 삼는 등 적극적인 서구화 정책을 추진하였다.

표트르 대제가 죽은 후 37년 동안 6명의 황제가 교체되는 혼란을 거친 끝에 예카테리나 2세가 즉위하였다. 계몽군주라고 자처한 그녀의 내정개혁과 대외진출정책에 힘입어 러시아는 나름의 절대왕정 체제를 갖추게 되었다. 발트해와 흑해에 진출하여 유럽 여러 나라와 통상 관계를 맺었으며, 시베리아 방면으로 진출하여 청나라와 국경을 획정하였고, 프로이센, 오스트리아 등과 담합하여 폴란드를 분할지배하기도 했다.

(3) 산업혁명과 시민혁명

각국의 중상주의 정책의 지원을 받아 절대왕정시대 유럽의 산업은 비약적인 발전을 이룩했었다. 이 시대의 산업상의 대변혁을 산업혁명이라고 하는데, 구체적으로는 새로운 기계를 발명하고 기술을 혁신함으로써 생산력이 증가하여 근대 자본주의 체제를 성립시킨 격변의 과정을 가리킨다.

이 시기에는 또 새롭게 형성된 시민계급이 낡은 체제를 허물고 새로운 사회를 구축하려는 여러 민주적인 혁명이 일어났는데, 특히 18세기 말의 프랑스 시민혁명의 발발은 유럽 근대 시민사회의 기초를 마련하는 획기적인 사건이었다. 이러한 산업혁명과 시민혁명은 유럽의 역사뿐만 아니라 인류의 역사에 지대한 영향을 미쳐 이 둘을 묶어 2중 혁명이라고 부르기도 한다.

중상주의를 배경으로 진행된 산업혁명은 영국에서 가장 먼저 일어났다. 영국에서는 일찍이 발달한 농업 자본주의와 면직물 공업을 중심으로 한 공장제 수공업을 통해 기술 혁신을 위한 자본이 축적

▲ 산업혁명을 견인한 제임스 와트의 증기기관. 스페인 마드리드 고등기술학교 로비에 전시되어 있다.

되어 있었고, 성장한 시민 계층이 형성한 국내 시장은 물론 식민지 개척에 의한 해외 시장도 확대되고 있었으며, 인클로저 운동 등으로 인해 노동력도 풍부하여 자본, 시장, 노동력 등 이른바 산업화의 3대 조건이 잘 갖추어져 있었기 때문이다.

　　산업혁명은 우선 면직물공업에서 시작되었다. 생산비의 절감을 위한 기계화가 진행되었고, 이에 따라 석탄, 제철 공업 등 기초산업의 발전이 촉진되었을 뿐 아니라 보다 효율적으로 원료와 상품을 수송하기 위한 증기기관차와 같은 교통 기관, 나아가서 무선전신, 전화와 같은 통신 수단의 발달을 가져왔다.

　　영국에서 시작된 산업혁명은 이후 프랑스, 독일, 미국 등을 거쳐 러시아 일본 등으로 퍼져 인류에게 획기적인 변화를 가져왔다. 생산 방식의 발전으로 생산력이 비약적으로 발전했고, 이에 따라 전통적인 농업 중심의 사회는 급속히 도시 중심의 산업사회로 바뀌어갔다.

　　그러면서 오랜 가난과 굶주림에서 벗어나 풍요한 삶을 누리는 신흥 계

층의 형성이 촉진되었고, 이는 장기적으로 자본가와 노동자라는 대립된 사회계급의 형성을 가져왔다. 열악한 생활 조건으로 내몰린 노동자 계급은 기계파괴운동과 같은 미봉적 반응을 보였지만 이후 노동조합을 결성하는 등 자본가 계급과의 대결 국면을 형성해갔다. 이 문제는 결국 근대 이후 유럽 사회가 해결해야 할 중요한 과제의 하나로 떠오르게 된다.

유럽의 시민혁명은 중세 말 봉건제도가 붕괴되면서 성장한 시민계급이 절대왕권에 대항하여 점차 그 영향력을 확대해가는 과정에서 빚어진 정치적 충돌이다. 우선 영국에서는 청교도혁명과 명예혁명을 통해 시민계급이 새로운 시대의 주인공으로 성장하여 입헌주의와 자유주의의 전통을 확립하였다. 프랑스에서도 귀족혁명, 부르주아혁명, 도시대중혁명, 농민혁명 등 복합적인 성격의 시민혁명을 통해 절대왕정을 대신하여 시민계급이 권력을 장악하고 사회적 불평등을 타파해 보임으로써 자유, 평등, 박애를 지향하는 근대시민사회의 기초를 마련하였다.

▲ 독일의 1848년 3월 혁명. 유럽의 시민 혁명은 시민계급이 절대왕권에 대항하여 영향력을 확대해 가는 과정에서 빚어진 정치적 충돌이다.

그러나 이러한 시민혁명은 일관되게 성공의 길만 걸었던 것은 아니다. 영국은 정파의 대립에 의한 내전을 거치는가 하면 왕권과 의회의 갈등과 대립을 조정하는 과정을 거쳐야 했고, 프랑스도 국내의 계속된 혼란과 주변국의 반혁명적 결속, 그리고 영국의 견제 등으로 곧장 안정 국면에 진입하지 못하고 새로운 군사독재자인 나폴레옹의 등장을 가져왔다.

1804년 국민투표를 통해 황제로 즉위한 나폴레옹은 대외 전쟁을 계속하여 유럽의 7왕국, 30공국을 지배하는 거대세력을 형성하였는데, 1816년 워털루 전투에서 패하여 최종 실각하기까지 프랑스 혁명의 이념을 전 유럽에 전파함으로써 자유주의와 민족주의를 확산시키는 데에 결정적으로 기여했다.

이어지는 반복적인 혁명과 억압, 그리고 민족 통일과 제국주의 등장이라고 하는 19세기의 격랑은 이러한 자유주의와 민족주의라고 하는 새로운 이념과 지향의 실천과 좌절, 승화, 변질의 과정이었다.

(4) 궁정문화, 과학혁명과 사상의 발전

절대왕정시대 유럽에는 왕실 중심의 화려한 궁정문화가 꽃을 피웠다. 왕실의 권위를 과시하기 위한 화려한 궁전이 건축되고, 이를 장식하는 많은 예술 작품이 창작되었다. 이 시기의 예술적 경향을 일컬어 바로크 예술이라고 하는데, 이어지는 고전주의 예술의 등장을 위한 중요한 바탕이 되었다.

바로크 건축의 선구이자 모범이라고 할 수 있는 것이 루이 14세가 건축한 베르사

▲ 베르사유 궁전. 바로크 건축의 선구이자 모범이라고 할 수 있는 이 궁전은 루이 14세 때에 건축되었다.

유 궁전이다. 이후 전 유럽에서 베르사유를 모방한 많은 궁전이 건축되었고, 그 규모에 맞는 궁정문화가 발전하였다. 이와 함께 유명 건축가는 물론이고, 궁정화가와 작가, 음악가들이 각자의 예술 세계를 가지고 명성을 떨쳤는데 이들의 활동은 단정하고 조화로운 르네상스를 넘어 한층 완성도가 높은 고전주의 예술로 나아가는 활력을 제공하였다.

회화에서는 에스파냐의 벨라스케스, 플랑드르(네덜란드)의 루벤스가 유명하였고, 문학에서는 프랑스 고전주의 3대 작가로 불리는 코르네유, 몰리에르, 라신과 영국의 근대소설 작가 데포, 스위프트 등이 활약하였다. 비발디, 바흐 등의 음악도 이러한 경향을 대표하는 음악으로 이들에 이어 하이든, 모차르트 등의 고전음악의 시대가 열린다.

절대왕정시대에는 또 많은 위대한 과학자들이 나타나 과학혁명을 완성하였다. 일찍이 폴란드 출신의 신부이자 천문학자인 코페르니쿠스(1473-1543)는 지구 중심의 우주관을 부정하는 새로운 이론체계를 내놓은 바 있었고, 이후 이탈리아 천문학자 갈릴레오 갈릴레이(1564-1642)도 지동설을 주장하였으나 교황청의 권위에 눌려 자신의 학설을 포기한 바 있었는데, 마침내 1665년 영국의 뉴턴(1642-1727)이 만유인력의 법칙을 발표하여 신 중심의 전통적인 우주관에 종언을 고했다.

이로써 우주의 모든 현상에 대해 관찰과 실험을 통해 질서와 법칙을 밝히는 근대과학이 확립되었다. 이성의 세기라고 불리는 18세기를 거치면서 화학, 생물학, 의학 등 다른 자연과학 분야도 비약적인 발전을 이룩했다.

이렇게 마련된 과학적 법칙과 과학적 방법론은 인간과 사회의 문제를 연구하는 데에도 적용되어 근대 철학의 토대가 되었다. 영국에서는 프란시스 베이컨(1561-1626)을 선구자로 한 경험주의 철학이 발달하였고, 대륙에서는 데카르트(1596-1650)를 중심으로 합리주의 철학이 발달하였다. 경험주의는 일체의 선입관을 버리고 관찰과 실험에 입각한 인식방법을 내세우며 개별적인 현상에서 일반적인 법칙을 이끌어내는 귀납법적 방법론을 채택하는 반면, 합리주의는 전통적인 지식의 권위가 사라진 시대의 대안으로 회의론에 입각하여 일반적인 명제에서 개개의 현상을 설명하는 연역법적 방법론을 채택했다.

두 방법론 모두 기존 사회의 전통적인 권위와 편견을 벗어나 주체적으로 지식을 이해하려고 시도하였다는 점에서 근대적 의의를 지녔으나, 이후 독일의 칸트(1724-1804)는 모든 경험을 진리로 인식하는 경험론의 산만함과 경험에 기반을 두지 않은 합리론의 공허함을 비판하면서 이 둘을 통합한 철학을 강조하면서 관념론을 발전시켰다.

절대주의시대에는 또 왕권의 성립과 그 권한을 절대시하는 왕권신수설이 유행하였으나, 이를 보다 체계적으로 설명하는 왕권과 자연권의

▲ 러시아 칼리닌그라드의 칸트 동상. 칸트는 경험론과 합리론을 비판 통합한 관념론 철학을 발전시켰다. 옛 프로이센의 도시(쾨닉스베르크) 칼리닌그라드는 칸트가 평생을 살았던 곳이다.

관계에 대한 새로운 이론도 발전하였다. 특히 시민사회의 형성이 빨랐던 영국에서는 홉스(1588-1679)의 '사회계약설', 로크(1632-1704)의 '시민정부론' 등을 통해 왕권의 절대성은 인정하지만 그 근거를 평등한 인간의 권리를 보다 확실히 누리기 위한 계약에 의한 것으로 설명함으로써 향후의 혁명적 행동에 대한 사상적 바탕이 되었다.

네덜란드의 그로티우스(1583-1645)는 국제 사회에서 각국이 지켜야 할 법이 있어야 한다고 주장하여 국제법의 창시자가 되었다. 이들의 영향으로 프랑스에서는 많은 계몽사상가들이 등장하였는데, 이들은 자연적인 질서가 지배하는 이상적인 사회를 꿈꾸며 무지와 미신 등 이성에 어긋나는 권위적이고 비합리적인 관습의 타파에 힘썼다.

3권분립을 주창한 몽테스키외(1689-1755), 문명을 인간의 자연상태로부터의 타락이고 비판하며 "자연으로 돌아가라"고 말한 루소(1712-1778), 그리고 과학 지식과 계몽사상을 집대성한 〈백과사전〉을 편찬한 디드로(1713-1784), 달랑베르(1717-1783) 등의 백과전서파가 그들이다. 한편 프로이센, 오스트리아, 러시아 등지에서는 계몽사상의 영향을 받아 스스로 위로부터의 개혁을 시도한 계몽군주가 등장하기도 하였다.

정치사상과 함께 경제사상에서도 괄목할 성과가 나왔다. 초기 절대 군주들에 의한 중상주의 경제정책의 문제점이 노정되자. 국가의 통제와 간섭에 의한 경제 정책이 자연 질서에 어긋난다고 비판하는 중농주의적 자유방임정책이 주장되었다. 이러한 자유방임주의는 애덤 스미스(1723-1790)에 의해 더욱 체계화되었다. 〈국부론〉에서 제시한 그의 이론은 고전 경제학의 기초가 되었으며, 자유주의 이념의 형성에 기여하였다.

5 | 근대 유럽 2

(1) 자유주의, 민족주의, 제국주의

나폴레옹 몰락 이후 유럽의 열강은 오스트리아 빈에서 프랑스 혁명과 나폴레옹 전쟁으로 와해된 유럽의 질서를 재건하기 위한 회의를 개최하였다. 오스트리아 외무부장관 메테르니히가 주도한 이 회의를 통해 새로운 유럽 질서가 마련되었다.

그러나 복고주의와 세력균형을 근간으로 하는 비인 체제는 안팎의 저항을 피할 수가 없었다. 프랑스 혁명으로 고조된 각국의 자유주의와 민족주의 운동을 근본적으로 무력화할 수는 없었던 것이다.

부르봉 왕가의 루이 18세(1755-1824)에 의한 왕정복고 이후 샤를 10세(1757-1836) 집권기를 거치면서 프랑스 사회는 혁명과 나폴레옹 제정이 이룩한 정치 사회적 성과와 이를 부정하는 세력의 대립으로 인한 혼란이 극에 달했다. 1830년에 7월에는 시민들이 궐기한 혁명을 통해 샤를 10세를 축출하였다. 이 7월 혁명은 유럽 각국에 영향을 끼쳐 벨기에가 독립하였고, 독일, 이탈리아, 폴란드 등지에서도 민족주의 운동이 일어났

▲ 빈 회의. 이 회의에서 영국, 러시아, 프로이센, 오스트리아 등 4강이 나폴레옹 몰락 이후 유럽의 질서 재편을 주도하였다.

다. 그리고 1848년 2월 프랑스에서는 노동자들의 선거권 확대를 요구하는 시민들이 다시 봉기하여 공화정을 출범시켰다.

이 2월 혁명도 유럽 전역에 영향을 미쳐서 헝가리, 보헤미아 등이 독립운동을 벌였고, 독일에서는 프랑크푸르트 국민회의가 열려 통일 방안에 대해 논의하였으며, 이탈리아에서도 마치니(1805~1872)를 중심으로 통일운동이 일어났다. 이런 일련의 과정을 통해 비인체제는 완전히 붕괴되었다.

19세기 중반 이후 유럽의 여러 나라들은 자유주의 개혁에 박차를 가했다. 프랑스는 2월 혁명 이후의 제2공화정이 곧 나폴레옹 3세가 통치하는 제2제정에 자리를 내주었으나, 1875년 다시 새 헌법을 제정 제3공화정을 수립함으로써 1789년 혁명의 최종적인 완성을 이루었다.

영국은 대륙의 여러 나라들과 달리 의회의 점진적 개혁을 통해 자유주의를 발전시켰다. 선거법을 개정하여 참정권을 확대하고, 관세제도를 개혁하여 자유주의 경제 체제를 강화함으로써 영국 역사상 최고의 번영을 이룩했다.

독일에서의 자유주의 운동은 민족국가를 건설하려는 민족통일운동과 밀접하게 관련하여 진행되었다. 통일에 대한 논의가 본격화된 1848년의 프랑크푸르트 국민

▲ 1871년 프랑스와의 전쟁에서 승리한 독일 황제 빌헬름 1세는 베르사유 궁전에서 독일제국을 선포했다. Anton von Werner의 그림.

회의는 무산되었지만, 이후 프로이센의 재상 비스마르크(Otto von Bismarck, 1815-1898)의 이른바 철혈정책을 통해 1866년 프로이센 오스트리아 전쟁, 1870년 프로이센 프랑스 전쟁에 승리함으로써 1871년 마침내 통일 독일 제국을 출범시켰다.

이탈리아에서도 자유주의 운동은 민족국가를 건설하려는 민족주의적 노력과 밀접한 관련을 보이며 진행되었다. 오랫동안 여러 나라로 분열되어 있던 이탈리아의 통일 과정은 때로 외세의 협조를 받고 때로 간섭을 물리치는 지난한 투쟁 과정을 거친 것이었다. 1866년 프로이센 오스트리아 전쟁의 결과 베네치아를 되찾았고, 마침내 1870년 프로이센 프랑스 전쟁의 결과 프랑스가 철수한 로마를 점령함으로써 그 대미를 장식하였다.

19세기에 들어서도 정치 사회적 후진성을 벗지 못한 러시아에서도 나폴레옹 전쟁의 영향으로 자유주의 운동이 일어났다. 진보적인 성향의 군인과 귀족들이 1825년 농노 해방과 입헌 정치를 요구하는 데카브리스트의 난을 일으켰는데, 비록 니콜라이 1세에 의해 무력으로 진압되었지만 혁명의 기운은 러시아 사회에 많은 영향을 끼쳤다.

크림전쟁(1853-1856)에서 패한 후 러시아도 내정 개혁의 필요성을 느껴 농노를 해방하고, 입헌군주제를 받아들였다. 그리고 지식인들을 중심으로 러시아의 후진성을 극복하기 위하여 브나르도('브나르도'는 러시아어로 '민중 속으로'라는 의미) 운동이 전개되었다.

산업혁명 이후 자본주의가 고도로 발달하면서 유럽 여러 나라들은 자국 상품의 수출과 국내 잉여자본의 투자를 위한 대외 팽창 정책을 추진하

▲ 제국주의시대의 영국 영토. 그림에서 붉은 색으로 표시된 지역이 한때 영국의 영토였던 곳이다.

였다. 그러면서 점차 자국의 정치적 경제적 지배권을 다른 민족과 국가의 영토로 확대하려는 정책이 나타나는데, 특히 1870년부터 20세기 초에 걸쳐 나타난 이러한 과도한 독점자본주의적 흐름을 제국주의라고 한다.

이 시기는 또 뒤늦게 통일을 이룩하여 유럽 국가체제 속에 편입된 독일과 이탈리아, 그리고 러시아가 유럽의 세력 균형의 판도를 바꾸어 국가 간의 새로운 경쟁체제가 만들어진 시기이기도 하다. 제국주의시대 열강의 갈등은 주로 식민지 분할을 통해 드러났고, 그 과정에서 각국의 이해관계가 충돌하면서 복잡해진 국제정세가 폭발하여 마침내 1차 세계대전으로 이어졌다.

유럽의 식민지 개척은 15세기 대항해시대 동방무역의 개척과 함께 시작되었다고 볼 수 있지만, 제국주의시대에 이르러 식민지 개척의 양상은 사뭇 다른 양상에 접어들었다. 세계 각지에 자국의 식민지를 확보하려는 열강의 경쟁이 마침내 상호 군사적 충돌을 불사할 만큼 뜨거워졌고, 이런 경쟁은 소수의 제국주의 국가가 아프리카와 아시아, 그리고 태평양의 여러 섬들에 이르기까지 전 세계를 분할 통치하게 될 때까지 계속되었다.

식민지 쟁탈을 위한 열강들의 첫 각축장은 아프리카였다. 영국은 이미 인도를 지배하고 있던 여세를 몰아 수에즈 운하를 선점한 다음 이집트, 수단, 남아프리카 등으로 영토를 넓혀 갔고, 프랑스도 튀니지, 콩고 등의 서 아프리카 지역을 영유하는 성과를 거두었다. 후발 독일도 서남아프리카와 동부 아프리카 지역 일부를 획득했고, 벨기에, 포르투갈 등도 식민지를 소유했다.

유럽 열강의 아프리카 진출은 결국 에티오피아, 라이베리아를 제외한 전 아프리카를 식민지로 만들었다. 이 과정에 영국과 프랑스는 수단의 파쇼다에서 충돌하였고, 프랑스와 독일은 모로코에서 주도권 다툼을 보였으며, 영국과 독일도 이른바 3C정책(카이로, 케이프타운, 캘커타를 연결하는 영국의 식민지 확장 정책)과 3B정책(베를린, 비잔틴, 바그다드를 잇는 철도 부설과 지역 개발 이권을 얻으려는 독일의 정책)의 대립으로 갈등하였다.

아시아와 태평양 제도의 지배권을 획득하기 위한 열강의 진출도 활발하였다. 영국은 인도를 대영제국에 편입하고 네팔과 아프가니스탄을 점령했으며, 싱가포르와 말레이 반도를 중심으로 말레이연방을 조직하여 인도양과 태평양 무역을 독점했다. 태평양의 여러 섬에도 눈을 돌려 오스

▲ 1914년의 아프리카 대륙. 거의 전역이 유럽 국가의 식민지가 되어 있다.

형성과 변화 111

트레일리아와 뉴질랜드를 영국의 자치령으로 편입하고 피지 등을 차지했다.

　　인도에서 밀려난 프랑스는 베트남과 캄보디아로 세력을 확대하여 프랑스령 인도차이나를 지배했고, 네덜란드도 자바, 수마트라, 보르네오 등을 차지하였다. 후발 제국주의 국가 독일은 뉴기니의 일부와 비스마르크 제도, 마셜 제도 등의 섬들을 차지했다.

(2) 시민문화의 성숙, 학문과 예술의 발달

　　갈릴레이와 뉴턴에 의해 완성된 근대 과학혁명은 산업혁명과 함께한 자본주의 발전과 더불어 더욱 가속되었다. 특히 19세기에는 자연과학 전 분야에서 획기적인 진전이 이룩되었다. 물리학의 에너지 불변의 법칙, 화학의 원자설과 주기율표, 생물학의 진화론, 유전 법칙 등 고전적인 이론이 정립되었고, 이러한 성과를 응용한 혁신과 발명이 쏟아졌다. 교통 통신 기계뿐만 아니라 전등과 축음기, 다이너마이트 등 현대의 문명생활을 가능하게 하는 수많은 기술 개발과 발명이 이루어졌다.

　　자연과학의 발달은 또 인간과 자연에 대한 새로운 해석도 내놓았다. 독일의 관념론, 영국의 공리주의, 프랑스의 실증주의 등은 이 시대 철학, 역사학의 중요 경향이었다. 경제학에서는 애덤 스미스에서 시작된 고전 경제학이 맬서스(1766-1834), 리카르도(1772-1823)를 거쳐 더욱 보완되었으며, 밀(J. S. Mill 1806-1873)에 의해 자유주의 경제 이론이 일부 수정되기도 했다.

　　한편 자본주의의 발전에 따라 발생한 사회문제는 이상적인 사회를 구상하는 사회주의 사상을 낳았다. 초기 사회주의 사상은 주로 프랑스에서 꽃을 피웠는데 이는 일찍이 생산계급과 비생산계급이 투쟁 없이 협력하는 새로운 사회를 주창한 생시몽(1760-1825)의 영향이 컸다. 마르크스와 엥겔스는 이러한 초기 사회주의 사상을 공상적 사회주의라고 비판하고 자신들의 사회주의를 과학적 사회주의라 불렀다.

문학에 있어서는 낭만주의, 사실주의, 자연주의 등의 사조가 19세기를 풍미하였다. 인간의 본능과 감정을 강조하고 개별 민족의 과거와 전통을 중시하는 낭만주의가 이전의 합리적 이성의 가치를 강조하며 개인의 의지와 정열을 경시하던 계몽주의와 고전주의에 대한 반감의 발현이었다면, 현실사회를 있는 그대로 묘사하려는 사실주의는 낭만주의의 비현실적인 경향에 대한 반성의 실천이었다.

회화에서도 19세기 전반에 고야(1746-1828) 등 낭만파가 주류를 이루었으나 밀레(1814-1875) 등 사실파도 활약했고, 19세기 후반에는 마네(Édouard Manet, 1832-1883), 모네(1840-1926), 르누아르(1841-1919) 등 인상파와 세잔(1839-1906), 고흐(1853-1890), 고갱(1848-1903) 등의 후기인상파가 등장하여 현대 회화의 기초를 확립했다.

음악에서는 하이든(1732-1809), 모차르트(1756-1791) 등의 고전파의 뒤를 이어 슈베르트(1797-1828), 쇼팽(1810-1849), 리스트(1811-1886), 바그너(1813-1883) 등의 낭만파 음악이 꽃을 피웠다.

▲ 마네의 그림 〈풀밭 위의 점심 식사〉. 19세기 후반에 등장한 인상파 화가들은 현대 회화의 기초를 확립하였다.

6 | 현대 유럽

(1) 세계대전, 동서냉전, 그리고 유럽연합

제국주의 열강의 대립으로 국제적 긴장이 고조되면서 세계정세는 일촉즉발의 위기 상황을 이어갔다. 이런 긴장 상황에서 열강들은 자국의 안정과 영향력 확대를 위해 유리한 외교정책을 모색하였는데, 세기 전환기에는 특히 독일, 오스트리아, 이탈리아의 3국 동맹(Dreibund)과 영국, 프랑스, 러시아의 3국 협상(Triple Entente)이 대립하였다.

열강의 대립은 유럽의 화약고라고 불릴 만큼 정세가 복잡한 발칸 지역에서 폭발하여 1차 세계대전으로 이어졌다. 발칸 지역에서는 독일과 오스트리아의 범게르만주의와 러시아와 세르비아의 범슬라브주의가 대립하고 있었는데, 1908년 투르크에서의 청년투르크당 혁명을 계기로 두 차례의 발칸전쟁이 일어나는 등 복잡한 정세 변화를 겪었다.

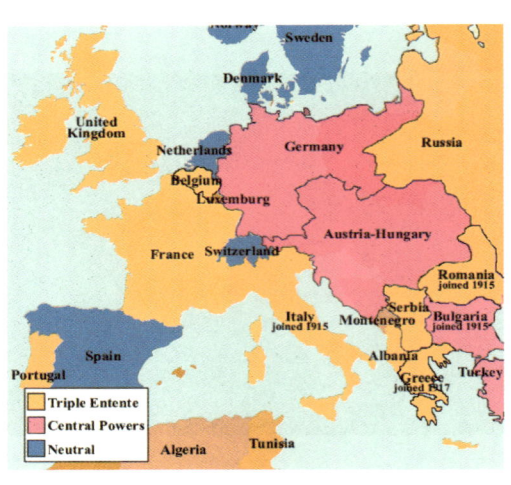

▲ 1차 세계대전이 발발한 1914년의 유럽 국가들의 동맹.

이런 가운데 1914년 보스니아의 수도 사라예보를 방문한 오스트리아의 황태자 부부가 프린치프라는 세르비아 청년에 의해 암살되는 사건이 발생했다. 이에 오스트리아가 세르비아를 공격하면서 시작된 전쟁은 독일,

오스트리아, 투르크, 불가리아 등 동맹국 측 4개국과 러시아, 프랑스, 영국, 이탈리아, 그리스, 미국, 일본 등 연합국 측 30여 개국이 참전하는 세계대전으로 확대되었다.

4년여에 걸쳐 전대미문의 총력전을 펼친 세계대전은 결국 동맹국의 패배로 끝이 났다. 전쟁의 뒤처리를 위한 파리 강화회의 결과 베르사유 조약이 체결되었는데, 이로써 서유럽과 미국 중심으로 세계 자본주의 체제를 재편하고 패전국 독일을 응징하는 한편, 국제연맹을 창설하여 평화 정착을 위한 국제적인 협조를 모색하였다. 더불어 패전국 오스트리아, 투르크, 그리고 사회주의 혁명으로 몰락한 러시아 등 붕괴된 제국의 지배를 받던 많은 나라들이 독립했다. 그러면서 많은 유럽 국가들은 나름의 민주주의 체제를 발전시켜나갔다.

그러나 패전으로 국력을 소진하고도 많은 전쟁 배상금을 요구받은 독일은 이러한 요구를 제대로 감당하지 못했을 뿐만 아니라, 마침 밀어닥친 세계공황으로 지불능력을 완전히 상실함으로써 정치 경제적 불안을 가중시키고 있었다. 전승국 이탈리아도 오랜 소망이었던 미수복 지역을 회복하는 등의 전과를 올렸지만 경제적 어려움으로 국민들의 불만이 높았다. 이런 사회적 혼란과 국민의 불안으로 후발 민주주의 체제는 위협을 받았고, 마침내 독일과 이탈리아에 전체주의 정권이 들어서게 되었다.

국제 평화의 위협세력이 된 히틀러의 독일과 무솔리니의 이탈리아는 멀리 아시의 군국주의 일본과 함께 또 한 번의 세계대전이라는 재앙의 주축이 되었다.

1939년 독일이 폴란드를 침공함으로써 시작된 2차 세계대전은 8개 동맹국과 49개 연합국이 참전한 역사상 최대의 세계전쟁으로 동원병력 1억 1,000만 명, 전사자 2,700만 명, 민간인 희생자 2,500만 명에 달하는 끔찍한 재앙을 가져왔다. 2차 세계대전에는 또 가공할 만한 신무기들이 등장하여 피해를 가중시켰는데, 특히 미국이 일본에 투하된 원자폭탄은 순식간에 20만 명 이상의 사망자를 발생시켰다.

2차 세계대전은 미국과 소련 등 연합국의 승리로 종결되었다. 전후 전쟁을 방지하고 평화를 유지하기 위한 국제협력 강화 방안이 적극적으로 논의되어 51개 회원국이 가입한 국제연합이 발족하였다. 국제연합은 국제평화의 유지뿐만 아니라 인권의 옹호와 각국의 사회 경제적 발전을 위한 포괄적인 협력을 위해 총회, 안전보장이사회, 경제사회이사회, 신탁통치이사회, 사무국 이외에 유네스코, 국제노동기구, 세계보건기구, 국제통화기금 등 산하 전문기구도 설치했다.

▲ 1945년 샌프란시스코에서 이루어진 유엔헌장 서명 모습. 유엔은 세계평화와 안전을 위해 안전보장이사회를 중심으로 강력한 권한을 행사할 수 있도록 했다.

국제연합은 그러면서 국제연맹의 실패를 거울삼아 미국, 영국, 소련, 프랑스, 중국 등 다섯 강대국이 거부권을 지닌 안전보장이사회 상임이사국이 되어 침략 행위에 대한 무역 제재를 하는 등 세계 평화와 안전에 대한 강력한 실권을 행사하도록 하였다.

그러나 자본주의와 공산주의의 대표자로서 미국과 소련이 자국 중심의 세계 질서를 수립해 나가면서 냉전이라는 새로운 갈등 상황이 초래되었다. 이러한 상황은 유럽도 예외가 아니어서 동서로 나뉘어 대결하는 냉전체제가 성립되었다. 나토와 유럽공동체를 중심으로 한 영국, 프랑스, 서독 등 서방 유럽이 바르샤바 조약기구를 중심으로 한 소련과 그 위성국들과 대립한 것이다.

▲ 동서 냉전의 상징 베를린 장벽. 1961년 세워졌다가 1989년 동독 주민들의 시위로 개방되면서 독일 통일의 계기가 되었다.

냉전 초기 공산 진영은 자본주의 진영보다 유리한 조건이었으나 체제의 경직성으로 인한 비효율과 미국의 강력한 지원에 힘입은 서방세계의 발전으로 경쟁에서 밀리게 되었다. 마침내 1980년대 말 소련과 동유럽 국가 체제가 붕괴되면서 냉전은 역사 속으로 사라졌다.

냉전시대가 끝나면서 유럽은 일찍부터 서유럽이 꿈꾸어오던 유럽 통합의 비전을 더욱 적극적으로 실천에 옮겼다. 1993년 마스트리히트 조약을 통해 기존의 유럽공동체를 확대한 유럽연합이 출범하게 되었는데, 2001년에는 공통 화폐인 유로화를 통용시키기 시작했고, 단계적으로 회원국도 확대하여 2018년 현재 28개 회원국이 가입해 있다.

(2) 기술 진보의 명암, 다원일체 지향의 문화

20세기에 이룩된 과학과 기술의 발전은 인간의 삶을 획기적으로 바꾸어놓았다. 과학기술의 발달에는 특히 두 차례의 세계대전이 크게 영향을 끼쳤다. 라디오, 텔레비전, 인터넷은 물론이고 자동차와 비행기, 우주선 등의 등장과 발전은 군사적인 목적과 밀접하게 관련되어 있었는데, 이들을 통해 인간은 시간과 공간의 한계를 넘어섰고, 또 생물학, 의학, 생명공학 등의 발달로 생명에 의한 이해도 바뀌었다.

과학 기술의 발달이 가져다준 편리하고 풍요로운 삶은 다른 한편 핵 문제와 지구 환경의 오염, 국가 간의 경제적 격차 등 새로운 문제를 낳기도 했다.

▲ 20세기 과학기술의 발달은 인류의 삶을 풍요롭게 하였을 뿐 아니라 지구 밖 우주에 대한 관심과 연구를 보다 적극적으로 실천하기에 이르렀다.

아울러 현대 사회에서는 대중의 힘이 커져서 정치, 경제, 사회, 문화 등의 모든 분야에서 절대적인 영향력을 행사하게 되었다. 참정권의 확대를 통해 실질적인 민주주의가 실현되었고, 신분이나 혈연에 의한 계급이나 계층의 구별이 타파되었으며 매스미디어에 의한 정보의 공개와 개방이 이루어졌다. 그러면서 거대한 사회 체제 안에서 점차 대중의 가치관이 획일화되고, 개성이 상실되어 가면서 개인의 목소리는 점차 왜소해지고 무력화되는 문제를 낳기도 했다.

이런 시대 상황을 반영하듯 20세기에는 사회적 불합리, 인간성 상실 등을 강조하는 문화적 경향이 널리 유행하였다. 모순과 부조리 속에서 인간의 주체성을 탐구하는 실존주의, 무의식을 연구하는 정신분석학, 무의식의 세계나 꿈의 세계를 표현하려는 초현실주의, 화성을 따르지 않는 무조음악 등 전통적인 세계관이나 미의식을 뛰어넘으려는 새로운 경향이 그것이다.

더불어 경제학에서는 영국의 케인즈가 기존의 자유방임주의 이론을 대신하여 수정자본주의 이론을 제시하였고, 사회학에서는 현대 사회를 설명하려는 다양한 비판적 분석을 내놓았다. 역사학에서는 유럽문명의 몰락을 예언하는가 하면, 기왕의 정치사 연구 중심에서 사회사 연구로 중심을 이동하는 등 다양화의 경향을 보이고 있다.

유럽의 현대문화는 이런 시대적 변화와 모색을 주도하는 중심적 위치에 자리해왔다. 가속화되고 있는 세계화의 흐름 속에서 점점 그 영향력을 확대하는 '글로벌 스탠더드'의 가치와 이를 이끌어낸 바탕으로서 다양한 원조문화의 의미를 함께 지키는 문화권으로서 유럽은 앞으로도 변화 발전해 나갈 것이다.

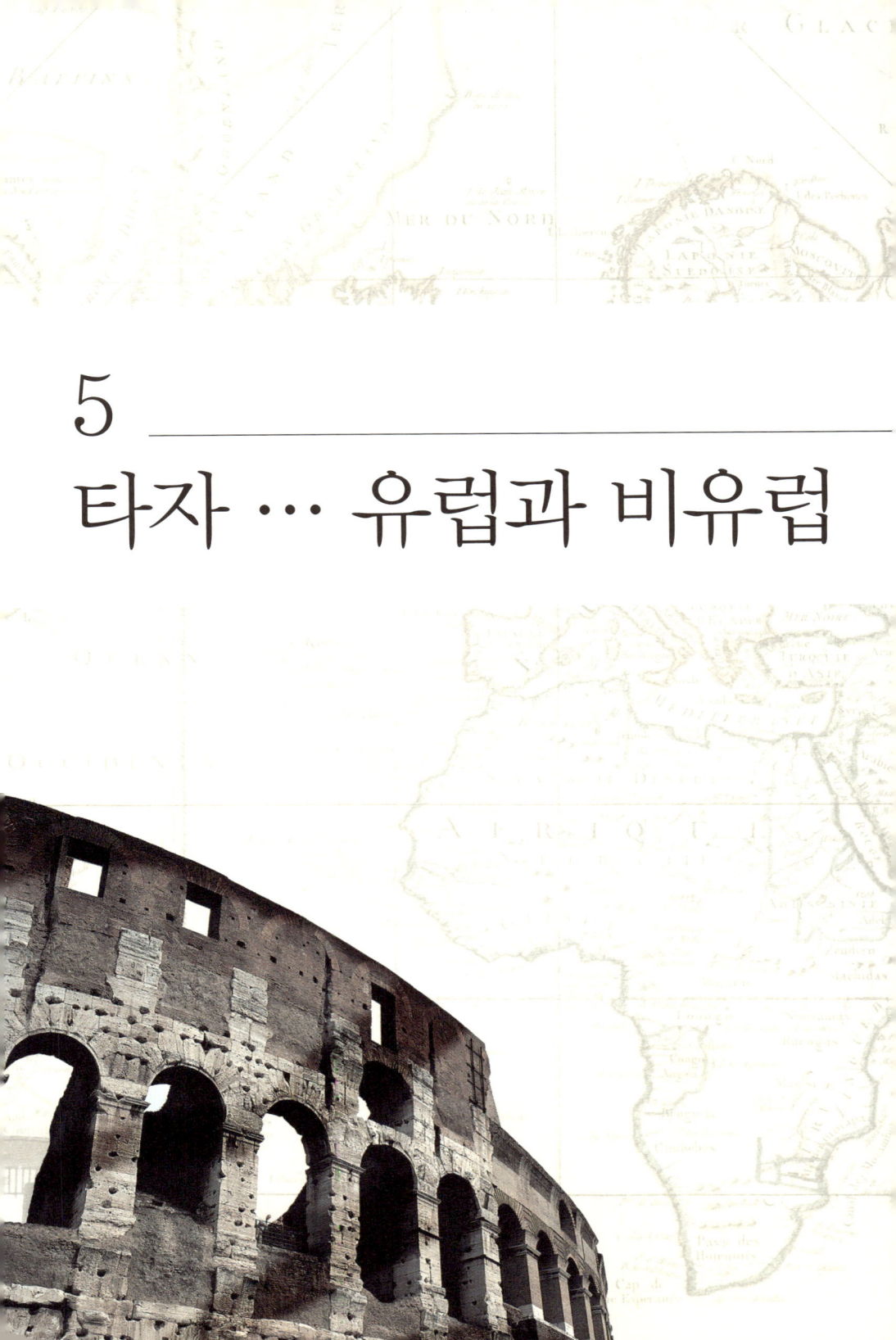

5
타자 … 유럽과 비유럽

1 | 유럽의 문화다양성
2 | 이슬람과 유럽
3 | 인도와 유럽
4 | 중국과 유럽
5 | 일본과 유럽

1 | 유럽의 문화다양성

인간이 사회적 존재이듯 인간의 활동 양상이자 결과로서 인류의 문화도 타자와의 관계에 의해 변화하고 또 그에 상응하여 규정되는 사회적 특징을 지닌다. 고대 그리스의 문화가 메소포타미아와 이집트 문명과의 관계 속에서 형성되고 발전하였고, 이후 중세와 근대의 유럽도 이런 타자와의 지속적인 관계 속에서 변화 발전하여 오늘에 이르고 있다.

현재 유럽이 품고 있는 다양한 인종, 언어, 종교와 같은 문화적 다양성은 바로 유럽이 겪어온 타자와의 다양한 관계를 반영하는 것이다.

유럽인의 중심 인종은 크게 세 가지 종으로 분류된다. 북방형, 알프스형, 지중해형 등이 그것이다. 북방형은 스칸디나비아 반도의 중남부와 영국, 아이슬란드 등 북부 유럽에 분포한 피부색이 희고, 키가 크고, 알프스형은 스위스와 남부 독일, 프랑스 중부, 북부 이탈리아 등지에 분포하는 키가 작고 팔다리가 짧은 갈색 또는 밤색 모발의 장두형 인종이다. 지중해형은 이탈리아 남부와 지중해 도서 지방, 발칸 반도 등지에 분포하는 얼굴

1. Nordisch:
E. v. Müller-Emden.

4. Alpinisch, ostisch:
H. Kiepert.

3. Mediterran, westisch:
Korse.

2. Dinarisch: Tirolerin.

▲ 유럽인을 구성하는 중심 인종은 북방형, 알프스형, 지중해형으로 외관상 약간의 차이를 보인다. 위로부터 북방형, 알프스형, 지중해형, 그리고 동유럽 중남부 지역에 주로 분포하는 디나르형 얼굴 모습이다.

이 달걀형이고 곱슬머리에 키가 작은 편이다.

그밖에 디나르형, 동유럽형 등도 유럽인을 구성하는 중요 인종이다. 디나르형은 옛 유고슬라비아와 알바니아의 디나르 알프스산지에 거주하는 키가 크고, 마른 편인 단두형의 인종이다. 동유럽형은 주로 동부 유럽과 시베리아 등지에 분포하는 피부색이 희고, 광대뼈가 나오고 키가 작은 단두형 인종을 가리킨다. 아시아 인종 계통인 마자르족과 핀족 등도 헝가리 핀란드 등에 분포한다.

오늘의 유럽인은 오랜 세월에 걸친 인종 간의 상호 교류로 인해 확실한 민족적 정체성을 찾을 수 없는 경우가 적지 않다. 특히 중동 지역과 여러 식민지에서 유입한 비유럽계 이주민들의 수가 급격하게 증가하고 있어서 인종적 통일성은 점점 더 의미를 상실하고 있다.

유럽은 인종적 다양성에 못지않게 언어적 다양성도 보인다. 공식 소통어로 상용되는 언어만 40개 이상이다. 언어 계통으로 보면 유럽인의 90% 이상은 인도 게르만어를 사용한다. 게르만어, 로망스어, 슬라브어 등으로 분류되는 유력 언어 외에 이 분류에서 배제되는 그리스어, 알바니아어, 켈트어, 집시어 등도 넓게는 인도게르만어에 속한다. 이밖에 핀우그르어족에 속하는 핀란드어, 에스토니아어, 헝가리어 등이 사용되고 있으며, 특정 언어군에 분류하기 어려운 언어인 바스크어가 스페인과 프랑스 변방 지역에서 사용된다. 유럽인들이 사용하는 문자는 라틴어 문자가 대종을 이루지만 러시아와 구소련의 영향권 아래 있었던 일부 지역에서는 키릴문자가 사용된다.

▲ 유럽의 언어지도. 유럽에는 40개 이상의 언어가 공식 소통어로 사용되고 있다.

▲ 유럽의 종교지도. 유럽인의 75%가 그리스도교도이며, 가톨릭, 개신교, 정교회가 지역적으로 각각 남서 및 중부 유럽, 중북부 유럽, 동유럽 등에서 우세를 보인다.

종교적으로도 유럽은 역사적 배경에 기초한 특징을 보인다. 전체 유럽인의 75%가 그리스도교도이지만 이들은 또 가톨릭, 개신교, 정교회 등의 종파로 나뉘는데, 가톨릭은 남서부 유럽, 개신교는 중북부 유럽, 정교회는 동부 유럽에서 우세하다. 그리고 8% 정도의 이슬람교도가 유럽에 거주하고 있는데, 이들은 발칸 반도 남부 지역과 러시아 일부 주민, 그리고 최근 이슬람권에서 프랑스, 독일, 영국 등으로 이주해온 사람들이다.

이러한 인종적, 언어적, 종교적 다양성은 오랜 문화적 교류의 과정에서 형성 변화해 온 것으로 특히 멀고 가까운 이질문화권과의 교류를 거치면서 변화 고착된 것이다. 고대의 메소포타미아와 이집트 문명을 비롯하여, 중세의 이슬람권 문명, 그리고 근대 이후 인도와 중국, 그리고 일본에 이르기까지 문화적 타자는 항상 새로운 자극 요인이 되어 새로운 문화적 전회의 계기가 되어 유럽문화를 변화 발전시켜 왔던 것이다.

이 장에서는 이러한 타자로서 비유럽문화권이 유럽과 어떤 관계를 맺어왔고, 또 관계 맺고 있는지를 다루어보고자 한다. 신화시대 내지 선사시대적인 의미를 지니는 메소포타미아와 이집트 문명과의 관계는 생략하고 이슬람, 인도, 그리고 중국과 일본과의 관계를 살펴볼 것이다.

2 | 이슬람과 유럽

(1) 신문명의 유입 통로

유럽문화의 형성과 발전, 그리고 현재에 이르기까지 근동 및 중동 지역만큼 깊은 영향을 주고받은 지역은 없을 것이다. 선사시대는 물론이고, 고대 문명시대에서부터 이 지역은 유럽 문명의 형성에 절대적인 영향을 주었고, 후대에도 끊임없이 교류와 갈등을 거듭하며 관계를 맺어왔던 것이다.

특히 7세기 이후 이 지역은 이슬람이라는 새로운 종교문화권을 형성하고 유럽문화에 대립해 왔는데, 유럽문화의 부침은 이들과의 관계에 크게 영향을 미쳤고, 때로 이들의 영향이 유럽문화의 향배를 바꾸기도 했다.

이슬람교는 창시자 무함마드(570-632)가 천사 가브리엘의 계시를 통해 전해들은 알라의 가르침이다. 이슬람이라는 말은 히브리어 살롬에서 파생된 아랍어로 '최고신 알라에 대한 복종과 헌신'을 의미한다. 평화와 안전을 지향하며 알라에 헌신, 순종할 것을 가르치는 것이다. 그래서 이슬람은 종교, 철학, 윤리적인 면뿐 아니라 정치, 사회, 문화 등 삶의 전 영역을 포괄

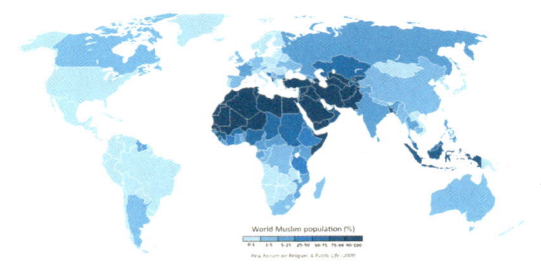

▲ 세계의 무슬림 인구 분포 지역. 무슬림은 중동 지역과 북아프리카, 그리고 동남아시아에 주로 분포하고 있다.

하는 사회제도이기도 하다.

일부에서는 창시자의 이름을 따서 무함마드교, 혹은 마호메트교라고 부르기도 하지만 이는 창시자와 숭배 대상이 일치하는 여타 종교의 관행을 따른 잘못된 명명이다. 이슬람교는 창시자가 아닌 이념을 명칭으로 하는 몇 안 되는 종교이다. 중국에서는 '회회교(回回敎)'라고 부르기도 하는데, 이는 이 종교가 위구르족(回紇族)을 통하여 전래된 데에 유래한다. 이에 따라 우리나라에서도 회교(回敎)로 불리기도 한다.

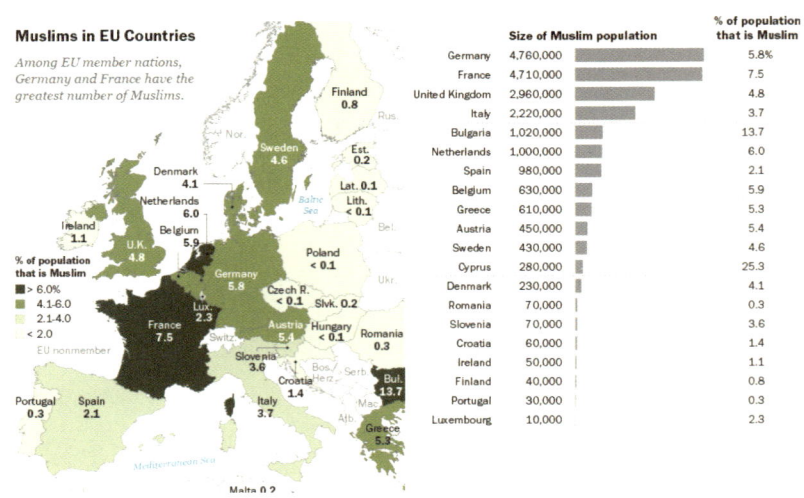

▲ 유럽의 무슬림. 중부 유럽 국가들의 무슬림은 이미 인구의 10%에 육박하고 있다.

이슬람교도의 수는 대략 16억 정도로 추산되는데, 이는 전 세계 인구의 23%를 차지하는 규모로 20억 교인(세계 인구의 31%)의 그리스도교의 뒤를 잇는 두 번째 규모이다.

이슬람교는 그 창시에서부터 현재에 이르기까지 유럽과는 불가분의 관계를 맺으면서 발전해왔다. 8세기 초반에 이미 유럽의 일부가 이슬람화하면서 갈등을 겪었고, 이후 십자군 원정, 이베리아 반도의 회복전쟁과 같은 직접적인 대결을 거쳤으며, 현대에도 유럽 내 1천 5백만 무슬림들은 유럽 곳곳에서 종교와 문화 차이에 따른 갈등 요인이 되고 있다.

그러나 역사적으로 인접문화권으로서 이슬람권은 유럽문화의 발전에 적지 않은 영향을 끼쳤다. 특히 이슬람교의 창시 시기에 중세 유럽은 그리스도교적 유일신 세계관에 갇혀 상대적으로 인간중심적 다양성을 보였던 고대 그리스 로마의 유산에 대해서는 소홀했는데, 유럽이 그런 단절을 넘어 고대문화를 전승받을 수 있었던 것은 전적으로 이슬람권의 도움 덕분이었다. 근대의 꽃을 피우는 결정적인 계기가 되었던 르네상스도 이들의 도움이 없었다면 불가능한 일이었던 것이다.

이슬람권은 지리적으로 여러 문화권의 사람들이 모여드는 곳이었다. 덕분에 다양한 문화도 흘러들어와 이 지역의 문화를 살찌웠는데, 특히 고대 그리스의 학문은 이

▲ 바그다드의 '지혜의 집'. 9세기에 이미 다양한 번역 저술 등의 학술적 활동이 이루어졌던 지혜의 집은 중세 유럽 대학의 모델이 되었다.

슬람권 여러 도시에 철학과 과학 등 학문의 꽃을 피웠다. 특히 칼리프 마문(786-833)은 바그다드에 '지혜의 집'을 설립하고 철학, 의학, 자연과학 분야의 그리스 저술들을 번역 정리하도록 하였다.

이들의 번역을 통해 후대까지 전해지게 된 고대의 저술은 프톨레마이오스, 유클리드의 수학 지식, 히포크라테스와 갈레노스(129-199)의 의학 지식, 플라톤과 아리스토텔레스의 철학사상 등 방대한 양이었다. 이렇게 전승된 고대 그리스의 논리학은 당장 이들이 코란을 이해하고 설명하는 데에도 도움이 되었지만, 중세 후기 유럽인이 그동안 잊고 있던 그리스 로마의 사상과 학문을 부흥시키는 데에도 결정적인 도움이 되었다.

칼리프 마문(786-833)의 '지혜의 집'은 그 자체 중세 유럽 곳곳에서 설립된 유럽 대학의 모델이 되기도 했고, 이곳을 중심으로 이룩한 이슬람의 학문적 성과는 유럽의 학문 발전에 큰 영향을 끼쳤다. 실제로 13세기에 이르면 많은 아랍어 서적들이 라틴어로 번역 출간되면서 이슬람의 지리학이나 천문학, 의학이나 수학 등이 유럽대학의 교재로 사용되기도 했다.

이슬람문화권의 학문이 유럽으로 전래되는 데에는 8세기 초부터 1492년까지 700여 년 동안 이슬람 지역으로 있었던 에스파냐의 학자들이 역할을 하였다. 특히 오늘날 안달루시아 지방으로 불리는 에스파냐 남부 지방은 높은 생활 수준을 유지하면서 학문을 연구 전승하고 있었는데, 피레네 산맥 이북 지역에도 영향을 끼쳤던 것이다. 이탈리아 남부의 시칠리아섬도 유럽의 이슬람문화 수입에 기여하였다. 지리적인 조건으로 여러 인접 국가의 지배를 번갈아 받아야 했던 시칠리아는 오랜 이슬람 지배의 역사도 지니고 있다.

후에 신성로마제국의 황제가 된 프리드리히 2세(1195-1250)는 어린 시절 시칠리아의 왕으로서 그곳의 이슬람문화의 영향을 받으면서 성장하였다. 그는 십자군 원정의 광기를 비판하고 평화를 열망하였는데, 이로써 3차례 교황으로부터 파문을 당하기도 했다. 그러나 프리드리히 2세는 이슬람 왕조인 아이유브 왕조의 술탄 알 카밀(1180-1248)과 협상하여 평화적으로 예루살렘을 탈환하는 데에 성공하는 주역이 되었다.

한편 십자군 원정에는 유럽 전역에서 원정군을 파견하여 이슬람문화권과 접촉하였기 때문에 이슬람문화가 유럽에 전파되는 결정적인 계기가 되었다. 십자군 원정은 성지 회복이라는 목표 수행과는 다른 부수적인 사회문화적 교류를 통해 두 문화권이 발전에 크게 기여하였던 것이다.

이슬람문화권은 또 인도와 중국, 일본 등 동방의 선진 문물을 적극 수용 발전시켜 유럽에 전파하는 역할을 담당하였다. 스스로 외국의 선진문화를 받아들여 개선 발전시킬 뿐 아니라 이를 유럽에 전파함으로써 현대의 문명적 발전의 발판을 마련하였던 것이다.

유럽에서는 13세기까지 로마숫자를 수의 기록 방식으로 사용하였다. 우리가 아라비아 숫자라고 부르는 숫자는 십진법에 기초한 간편한 기록 방식으로 읽고 쓰기에 편할 뿐 아니라 복잡한 계산도 효과적으로

▲ 마젤란의 항해선. 대항해시대의 모험은 13세기 말 이슬람권을 통해 유럽에 전해진 중국의 항해용 나침반이 있었기에 가능한 일이었다.

소화할 수 있는 획기적인 대안이었다.

　이를 아라비아 숫자라고 부르는 것은 인도에서 만들어져서 아라비아를 거쳐 유럽에 전해진 데에서 유래하는데, 때로는 인도숫자, 아라비아숫자, 인도-아라비아숫자 등으로 불리기도 한다. 아라비아 숫자의 장점은 0의 발견과 사용에 있다. 0을 이용함으로써 큰 수의 표기를 단순화시켰을 뿐 아니라 복잡한 연산을 쉽게 해결할 수 된 것이다.

　이밖에 이른바 중국의 4대 발명품이라고 하는 제지, 인쇄, 화약, 나침반 등도 모두 이슬람권을 거쳐 유럽에 전래되었다. 이슬람권에서는 이미 8세기 말 중국의 제지술을 받아들여 종이를 제작 수출하였고, 오늘의 이란이 몽골제국의 지배를 받을 때에는 중국의 목판 인쇄술을 받아들였다. 화약과 화기 제조법도 몽골군의 서방 정벌을 계기로 이슬람 세계에 도입되어 아랍식 화포가 제작되었다. 대항해시대의 모험을 감행할 수 있게 해주었던 항해용 나침반도 13세기 말 중국으로부터 이슬람권에 전해졌다.

　이들 신기술은 다시 아랍인의 손을 거쳐 다시 유럽으로 전해지게 되는데, 문화적으로 르네상스, 종교적으로 종교개혁, 정치 사회적으로 대항해시대의 도래와 같은 굵직한 변화는 이러한 이슬람권을 매개로 한 신기술의 도입을 바탕으로 한 것이었다.

　이런 변화는 더불어 많은 이슬람권 문화를 유럽이 받아들이는 결과를 낳았다. 언급한 대학의 등장이나 학문과 사상의 발달 이외에도 커피라는 음료를 매개로 한 카페문화가 생겨 보다 활기차고 지적인 문화를 키워나갈 수 있었다. 에티오피아 원산지의 커피가 페르시아, 시리아를 거쳐 유럽에 전해진 것은 16세기 무렵으로 추정된다.

이탈리아에서 처음 커피가 들어왔을 때 대부분의 성직자들은 이교도가 보내온 '악마의 검은 음료'라고 하며 커피를 추방하려고 했다. 그러나 교황 클레멘트 8세(1592~1605)가 커피 맛을 호평하고, 그리스도교의 음료로 만들어야 한다고 선언하면서 많은 사람들이 찾는 음료가 되었다. 원래 술을 마시는 것을 금지하는 이슬람권에서 커피는 인기 있는 음료였고, 곳곳에 커피하우스, 즉 카페가 성업 중이었다.

유럽 최초의 카페는 1645년 베네치아에서 문을 열었다. 이후 커피는 유럽인의 대중 음료가 되었고, 곳곳에 생겨난 커피하우스는 예술가, 사상가들의 열띤 토론의 장이 되었다.

중세 유럽의 문학은 대체로 성직자에 의해 쓰인 성자전이나 역사 작품, 찬가 등 금욕적이고 현세 부정적인 라틴어문학과 기사들의 연애시 등이 대종을 이루었다. 이런 중세문학이 르네상스 이후 새로운 양식과 내용의 근대문학으로 발전하는 데에 이슬람문학의 영향이 컸다.

특히 이슬람 문학의 대표작으로 꼽히는 〈천야일야(Alf Layla wa Layla, 천일야화, 아라비안나이트 등으로 번역)〉는 '틀소설(액자소설)'이라는 새로운 형식과 다양하고 분방한 내용

▲ 베네치아의 명소 '플로리안' 커피하우스. 이디오피아 원산의 커피가 17세기 중반 이슬람권을 통해 들어오자 유럽에는 카페, 커피하우스 등의 새로운 문화 공간이 생겨났다.

▲ 아랍문자. 이슬람교의 경전인 꾸란의 표기 문자인 아랍문자는 이슬람교의 전파와 함께 널리 퍼져 다른 여러 언어에서도 쓰이게 되었다.

을 통해 유럽 근대문학의 발달에 많은 영향을 끼쳤다. 보카치오(1313-1375)의 데카메론은 이런 형식을 빌린 전형적인 작품으로 숱한 모작을 탄생시켰다.

미술, 건축, 음악 등에서도 이슬람문화의 영향은 발견된다. 아라비아풍이라는 뜻의 아라베스크 무늬는 모스크(회교사원)의 벽면 장식이나 건축, 공예품 장식 등에 사용되었는데, 우상 숭배를 금지하여 조각이나 동물상을 만들 수 없었던 이슬람의 종교적 제약에 따라 초목과 같은 모티브를 사용하여 추상적인 도안을 만들어냈던 것이다. 아라베스크는 또 화려한 장식과 함께 악상을 전개하는 악곡을 가리키며 슈만, 드뷔시 등 음악가의 작품 이름에도 남아 있다.

한편 오늘날 전 세계 20여 개국이 공용어로 사용하고 있는 아랍어가 사막의 일개 부족언어에서 중동, 북아프리카 등지 이슬람 국가들이 광범하게 사용하는 중요 언어로 통일된 데에는 이슬람교, 특히 코란의 힘이 컸다.

코란은 알라의 계시를 모은 것으로 무함마드의 말을 그가 죽은 후 신도들이 수집 정리한 것이다. 코란은 무슬림들이 독송하면서 감격의 눈물을 흘릴 만큼 아름답고 힘 있는 문장으로 이루어져 있는데, 그 진가는 아랍어로 된 원전을 따르지 않고는 느끼기 힘들다고 한다. 그래서 현재 이슬람 세계에 관심을 가진 이교도문화권에서 내놓은 다양한 번역이 있지만 무슬림은 번역이 아닌 원전 코란을 직접 이해하는 것을 원칙으로 한다. 코란을 중심으로 한 이슬람권의 유대는 소통어로서 아랍어의 지위를 더욱 공고히 하고 있는 것이다.

(2) 차이와 충돌

유럽과 이슬람권은 이렇게 상호 영향을 주고받으면서 발전해 왔지만 다른 한편에서는 끊임없이 상호 대립 갈등하는 모습을 보여 왔다. 중세 십자군 전쟁에서부터 오늘의 팔레스타인 사태나 이라크 전쟁에 이르기까지 전쟁을 무릅쓰는 대립과 증오의 관계를 맺기도 한 두 문화권의 관계는 오늘의 유럽문화에서는 전혀 다른 양상의 문제를 낳는다.

유럽에 살고 있는 무슬림은 대략 2천 9백만 명으로 추산된다. 프랑스, 독일, 영국 등에 많은 무슬림이 거주하고 있는데, 이는 1950년대 전후 복구와 경제 재건을 하느라 알제리와 모로코(프랑스), 파키스탄(영국), 그리고 터키(독일)에서 많은 이주 노동자를 받아들인 결과다. 유럽의 무슬림은 현재 그 인구의 상당수가 16세 이하인 만큼 향후 왕성한 출산으로 2030년이면 5,000만 명, 즉 EU 인구의 10%에 다가설 기세다. 이슬람 사원도 6000곳을 넘어섰다.

이러한 무슬림의 증가와 이들이 일으키는 그리스도교문화와의 갈등은 무슬림과 이슬람교에 대한 극도의 혐오와 공포를 드러내는 이른바 이슬람포비아(Islamphobia)를 낳고, 그에 맞서는 저항이 반복되는 악순환을 겪고 있다. 2004년의 마드리드 열차 폭파 사건, 네덜란드 영화감독 테오 반 고흐 암살 사건, 2005년의

▲ 파리의 이슬람 사원. 유럽에는 6,000곳이 넘는 이슬람 사원이 있다.

프랑스 이슬람 이민자들의 소요사태 등 무슬림에 의한 폭력사건이 일어났고, 이는 다시 이슬람 이민자들을 대상으로 하는 또 다른 폭력으로 이어졌다.

무슬림에 대한 사회적 차별 분위기로 인해 프랑스 등 일부 국가의 경우 무슬림들이 스스로 출생지, 종교 등을 드러내지 않아 정확한 통계를 낼 수 없는 문제가 나타나기도 한다. 실제 이런 통계자료 부족으로 인해 2004년 한 해 동안의 인종 차별 및 외국인 혐오 사건 건수가 영국과 독일의 경우 각각 5만 3천 건과 6천 건이었던 데 비해 유럽 내 최대 이민자 국가인 프랑스에서는 1천 5백여 건에 불과했던 것으로 집계되는 왜곡상을 보인 바 있다.

2010년에 시작한 이른바 '아랍의 봄'으로 불리는 중동과 북아프리카에서의 반정부 시위, 그리고 그 연장선에서 벌어진 시리아 내전에 따른 이슬람권의 대변혁도 유럽에서 무슬림이 야기하는 사회적 혼란을 증폭시키고 있다. 내전으로 시리아는 곧 미국, 러시아 등이 개입한 국제적 전쟁터가 되었고, 수많은 난민을 양산하여 인접한 유럽 지역에 큰 사회적 혼란을 야기하고 있는 것이다.

특히 2015년 지중해와 남동유럽을 통해 유럽으로 망명하려는 난민이 급증하면서 이들의 처리문제로 유럽연합 회원국들 간에 첨예한 이견 대립이 일기도 했다. 갑작스러운 난민 유입으로 인한 사회 경제적 혼란에 대한 우려로 모든 나라가 선뜻 이들을 받아들여 줄 수는 없었던 것이다.

그런 가운데 난민선이 난파되어 한꺼번에 천 명 이상이 사망하는 등의 이들과 관련한 참사가 잇달아 전해지면서 인도적인 차원에서 이들을 외면

할 수 없다는 동정론이 커져 2014년 한 해에만 62만 6천 명의 난민을 수용하게 되었다.

이들 난민 문제와 함께 중동의 이슬람 내부 갈등에 연계된 유럽

▲ 2016년 브뤼셀 폭탄테러 현장. 이 사건으로 34명이 죽고 250명이 다쳤다.

내 무슬림 테러도 중요한 사회 문제가 되었다. '이슬람국가(IS)'라는 조직에 연계된 것으로 알려진 이들 테러는 이라크와 시리아 내전에 참여하는 국가에 대한 보복으로 볼 수 있는데, 2015년의 파리 테러, 2016년의 니스 테러, 브뤼셀 폭탄 테러, 베를린 테러 등으로 인해 이슬람에 대한 유럽인의 불신과 갈등은 증폭되고 있다.

사실 이슬람교와의 문화 갈등은 유럽에서 순조롭게 진행되던 유럽 연합의 안정적 발전을 좌절시킨 핵심 요인이기도 했다. 유럽연합은 2006년 11월 유럽연합헌법을 채택하여 실질적인 정치 통합을 완성할 예정으로 각 회원국의 비준을 받고 있었는데, 프랑스와 네덜란드가 2005년 5월과 6월 국민투표를 통해 비준을 거부하였다. 유럽 내에서 비교적 많은 무슬림 거주 국가인 이들 두 나라가 유럽헌법의 비준을 거부한 데에는 이슬람권인 터키의 유럽연합 가입이 예정되어 있는 데에 대한 거부감도 큰 몫을 하였던 것으로 분석된다.

유럽과 아시아에 걸쳐 있는 터키는 영토의 3.6%만 유럽에 속해 있지만 1959년 오늘날 EU의 전신이라고 할 수 있는 유럽경제공동체(EEC)

에 가입을 신청한 이래 계속해서 유럽권에 편입되기를 원해 왔고, 마침내 1999년 유럽연합 회원국 후보의 지위를 공식적으로 부여받았다. 유럽 통합이 순조롭게 진행되면 현재 회원국 가입 협상을 벌이고 있는 터키의 유럽연합 가입에도 속도가 붙을 것으로 예상되고 있다.

인구 8천만에 가까운 거대 시장이면서 중동과 중앙아시아로 진출하기 위한 관문의 의미를 지닌 터키는 세력의 확장을 꿈꾸는 유럽연합으로서 대단히 중요한 정치 경제적 파트너이다. 그럼에도 불구하고 국민의 98%가 이슬람교도라고 하는 종교문화적인 괴리에서 오는 거리감이 유럽연합의 주류 국가 국민들에게 부정적인 영향을 드리우고 있는 것이다.

이슬람권에 대한 종교적 반목이 낳은 대립과 갈등을 극복하고 역사 속에서 주고받은 상호 영향의 의미를 긍정적으로 받아들이며 공존 공영하는 선린관계를 만들어 나가는 것이야말로 유럽의 미래를 위해 반드시 이루어야 할 과제라 하겠다.

터키의 지속적인 유럽화 노력	
1923년	공화국 출범 때부터 탈중동, 서구화 노선 견지
1952년	북대서양조약기구(나토) 가입
1960년	유럽경제공동체(EEC) 가입
1987년	유럽공동체(EC)에 정회원 가입 신청(나중에 EC에서 거부)
1996년	유럽연합(EU)과 관세동맹 체결
1999년	EU 가입 신청…EU는 미온적
2015년	56년 만에 EU와 정상회담 갖고 EU 가입 의지 재천명
2016년 3월	EU와 시리아 난민 처리 협조 대가로 EU 가입 협상 신속화하기로 합의
4월	반정부 성향 언론사 탄압에 EU 내 터키 가입 반대 목소리 본격화
5월	온건 친EU 성향 아흐메트 다우토을루 총리 퇴진. 데이비드 캐머런 영국 총리 "터키 EU 가입은 (서기)3000년은 돼야 가능할 것" 비난

▲ 이슬람 문화권의 터키는 꾸준히 유럽연합 가입을 위해 노력하고 있으나 아직 전망이 불투명하다.

3 | 인도와 유럽

아메리카 대륙에 진출한 유럽인들은 한참 동안 그들이 도착한 곳을 인도라고 생각했다. 이들의 모험적인 여행의 목적지가 인도였으니 당연한 오해라 하겠다.

이들은 왜 인도에 가려고 했을까. 유럽인들의 인도 동경은 오랜 뿌리를 가지고 있다. 고대는 물론 중세에 이르기까지 유럽인들에게 인도는 부와 영광, 그리고 행운을 대변하는 환상적인 장소를 의미했다. 중세 때 독일 마인츠의 한 주교가 남긴 기록에는 인도를 "황금의 산이 있는데, 그곳에는 용, 그리핀, 괴물 등이 있어서 접근하는 것이 불가능한" 곳으로, "그곳의 지혜로운 자는 황금을, 웅변가는 은을, 그리고 도덕군자는 모두 보석을 양껏 소유하고 있다"고 그리고 있다. 그리하여 수많은 동화, 전설, 여행기 등에서 황금과 보석이 가득한 마법의 땅, 그리고 고행하는 수행자의 가르침이 넘치는 곳이자 낭만적인 곳으로 미화되고 있다.

이런 환상을 배경으로 오랫동안 보석, 실크, 향신료 등의 귀중품이 인도로부터 비잔티움이나 베네치아 등지를 거쳐 유럽으로 공급되어왔다. 당시 향신료는 황금에 비길 만한 귀중품이었다. 맛을 내는 첨가제로서는 물론이고 냉장 보관이 어려웠던 시절 식품을 보관하는 용도로도 향신료는 사용되었는데, 수요에 비해 도입되는 양이 많지 않았던 탓에 부유층에서나 차지할 수 있는 귀한 물건이 되었다.

향신료의 주공급원은 인도였다. 2003-4년의 통계에 따르면 전 세계 향신료의 86%가 인도에서 생산되었고, 2011년에도 여전히 73%로 높게 나타나고 있다.

‖ 세계 향신료 생산량 2011년

(단위=톤)

국가	생산량	비율
인도	152만 5천	72.7%
방글라데시	13만 9천	6.7%
터키	11만 4천	5.4%
중국	9만 6천	4.6%
파키스탄	5만 4천	2.6%
기타	17만	8.0%
합계	209만 8천	100%

아메리카 대륙 진출로 이어진 대항해시대의 시작은 이런 향신료 무역의 어려움을 배경으로 한 것이었다. 오스만 투르크에 의해 동로마제국이 망하자 그동안 동서무역의 거점 노릇을 하던 콘스탄티노플의 기능이 약화되면서 향신료는 더욱 귀하게 되었고, 향신료 무역을 통해 경제적 이득을 취하려는 사람들의 다양한 노력이 시작되었던 것이다. 실제 1498년 아프리카 대륙을 돌아 뱃길로 처음 인도에 다다른 바스쿠 다 가마는 소량의 향신료 무역을 통해 큰 이익을 얻어 인도무역에 대한 관심을 촉발시켰다.

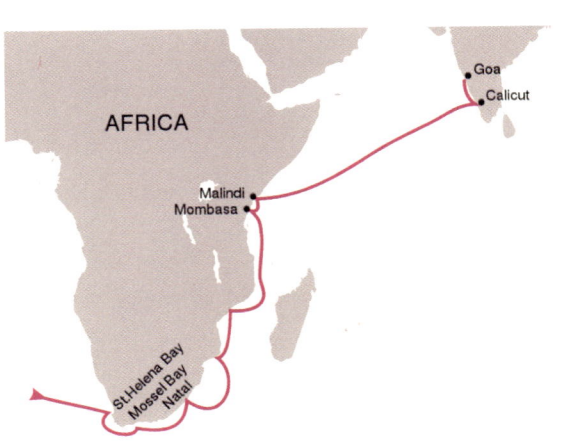

▲ 바스쿠 다 가마의 항로. 1498년 아프리카 대륙을 돌아 뱃길로 처음 인도에 다다른 그는 소량의 향신료 무역으로 큰 이익을 얻었다.

이후 유럽 각

국, 특히 영국, 네덜란드, 프랑스 등은 아시아 지역에 대한 독점무역을 위해 각각의 동인도회사를 설립하여 경쟁을 계속하였다. 영국의 동인도회사는 특히 네덜란드 동인도회사와 치열하게 경쟁하였는데, 17세기 후반 영국 동인도회사는 스스로의 활동 영역을 인도 반도에 집중하면서 본격적인 인도 경영에 나섰다. 마침내 18세기 중반 벵골지방의 조세징수권을 양도받았고, 수차례의 전쟁을 거쳐 1858년에는 전 인도를 식민지화하기에 이르렀다.

이후 인도는 영국으로부터 독립하려는 장구한 투쟁을 전개하였고, 1947년 독립하여 면적 329만㎢, 인구 12억 8천(2016년)의 잠재력이 큰 대국으로 발전하여 왔다.

■ 동인도회사

동인도회사는 17세기 초 영국·프랑스·네덜란드 등이 동양에 대한 독점무역권을 부여받아 동인도에 설립한 회사이다. 각국의 동인도회사는 인도 동쪽 지역의 특산품에 대한 무역을 독점하기 위해 경쟁하였는데, 각각 영국의 인도 지배, 네덜란드의 아시아권 무역을 통해 자국의 이익을 확대해 나갔다. 프랑스 동인도회사는 영국 동인도회사와 인도에서 경쟁에 패하면서 영향력이 약해졌다.

◀ 런던의 동인도회사. 네덜란드, 동양에 대한 독점 무역권을 부여받아 네덜란드, 프랑스 등과 경쟁하였다.

인도에 대한 유럽인의 동경은 또 우파니샤드로 대변되는 인도의 철학에 심취한 지식인들의 역할도 컸다. 고대 인도의 철학서이자 바라문교의 성전인 우파니샤드에 담긴 범아일여와 윤회사상의 신비주의적인 인도 철학은 현세적이고 합리적인 그리스 로마적 고전에 매인 서구 지식인들에게 새로운 활로를 제공하면서 또 다른 고전으로서 역할을 하였다. 흄, 괴테, 마르크스, 헤세 등 사상과 문학의 거장은 물론이고 숱한 음악가, 화가, 그리고 사회적 실천가들이 새로운 학문과 예술의 세계를 열어갔던 것이다.

■ **대항해시대 우리나라에 온 유럽인들**

네덜란드 동인도회사의 식민지 경영과 무역 활동은 우리나라를 유럽에 알리는 계기를 만들기도 했다. 일본 무역을 독점하고 있던 네덜란드 동인도회사 상선이 1653년 제주도 근해에서 조난을 당해 생존 선원 36명이 제주도에 기착하였다. 이들 조난 선원은 이후 13년간 조선에 억류되었다가 1666년 일본으로 탈출하였고, 그중 한 명인 하멜이 1688년 자신의 경험을 기록한 책을 발간함으로써 유럽에 처음 한국이 소개되었던 것이다.

하지만 실제 한국에 발을 디딘 유럽인은 이전에도 있었다. 하멜 일행의 통역을 맡았던 박연은 1627년에 제주도에 표류해 온 네덜란드인 벨테브레였고, 이보다 앞선 1604년에는 후안 멘데스라는 포르투갈 상인이 49명의 일행과 함께 통영 해안에 표류하여 왔다가 4개월간 억류되었다 중국을 통해 송환되었다는 기록이 있다. 이 밖에도 임진왜란 때 일본군의 종군신부로 스페인인 그레고리오 세스페데스가 1593년 웅천포(진해)의 왜성에 1년간 머물렀다는 일본 기록이 있고, 최근에는 정탁(鄭琢 1526-1605)이라는 관리가 1582년에 난파선에서 살아남은 포르투갈인 마리이(마링예레이 Marinheiro)를 중국으로 송환했다는 기록을 남긴 것이 그의 문집을 통해 확인된 바 있다.

▲ 제주도 서귀포의 하멜기념비. 17세기 일본 무역을 독점하고 있던 네덜란드 동인도회사의 선원이었던 헨드릭 하멜은 제주도에 표류하여 13년간 우리나라에 머물렀다. 귀국 후 자신의 체험을 기록한 책을 발간하여 유럽에 처음 한국이 소개되었다.

그러기에 "인도와 셰익스피어를 바꾸지 않겠다"는 말은 엘리자베스 여왕이 셰익스피어의 문화적 가치를 강조하기 위한 과장이었던 바, 인도의 의미와 가치를 드러내는 역설로 읽어도 좋을 것이다.

4 | 중국과 유럽

실크로드를 통해 동서 교류가 시작된 것은 B.C. 2세기 후반이었던 것을 알려져 있다. 한나라 무제(B.C. 156-B.C. 87)의 명을 받은 장건(?-B.C. 114)이 서역을 여행하였는데, 이를 통해 서역의 지리, 민속, 산물 등이 전해지면서 동서 간의 교역과 문화교류가 이루어지기 시작했다고 보는 것이다.

이는 공식 기록에 남은 교류의 시초일 뿐 실제 동서 문화교류는 이보다 앞서 이루어졌을 것으로 추정되며, 이를 뒷받침하는 증거도 있다. 중국을 가리키는 영어 China가 진(秦)나라(B.C. 221-B.C. 206)에서 유래한 것이라는 사실도 그중의 하나라고 할 수 있을 것이다.

산발적으로 이루어지던 동서교류는 양쪽에 각각 로마와 한(漢)이라는 강력한 제국이 성립한 이후 활발해졌다. 특히 로마에서 중국 실크의 수요가 폭발적으로 늘어난 것이 교류 확대의 중요한 계기였다. 로마의 철학자 세네카(Seneca B.C. 4-A.D. 65)가 이런 실크 유행 때문에 로마제국의 재정이 바닥날 것이라고 경고할 만큼 로마 귀족들에게 중국 실크의 인기는 높았다고 한다. 실크로드라는 말은 이런 루트 개설의 계기에 주목한 독일의 지리학자 리히트호펜(Ferdinand von Richthofen, 1833-1905)이 처음 사용한 말이다.

하지만 이런 동서교류는 페르시아, 아라비아, 인도 등의 중간 지대를 거치는 간접적인 것이었다.

동서 간의 직접 교류는 몽골의 서방원정에서 이루어졌다. 13세기 중반 몽고는 두 차례에 걸쳐 서방원정에 나섰다. 최고 권력자의 급서로 원정의 결말이 흐지부지되었지만 두 차례 모두 유럽인들에게는 로마 후기 훈족의 침입에 비견되는 대단한 공포의 체험이었다. 그러면서도 동서 간의 교류가 적잖게 이루어졌는데, 특히 중세 기사계급 몰락의 계기가 되는 화약무기가 서방에 전래되었다.

이후 칭기즈 칸의 후계자인 쿠빌라이 칸은 계속해서 서방과의 교류를 이어가기를 원했고, 이를 위해 그리스도교에 대해서도 우호적인 태도를 견지하였다. 유럽인들은 이러한 몽골과 우호관계를 지속하면서 이들을 그리스도교로 개종시키기 위해 노력하는가 하면, 실크 로드를 통해 전설 속 중국의 보물을 얻으려고 했다.

후대 유럽인에게 동방에 대한 환상을 심어준 《동방견문록》을 쓴 마르코 폴로가 중국을 여행한 것도 이 무렵이다. 베네치아의 상인이었던 그는 1271년 보석상인인 아버지 니콜로 폴로와 숙부인 마테오 폴로를 따라 동방여행을 떠났다. 예수의 무덤으로 추정되는 곳의 성유와 선교를 위한 가톨릭 수도사들을 데려오라는 쿠빌라이 칸의 요청을 수행하는 행렬이었다. 오늘날 내몽고자치구의 돌론노르에 있던 쿠빌라이 칸의 여름 궁전에서 쿠빌라이를 알현한 마르코 폴로는 원나라의 관직에 올라 이후 17년간 중국에 머물렀다.

마르코 폴로는 이후 이란 지역을 지배하던 몽골왕조인 일한국 왕비로 출가하는 원의 공주를 수행하게 되었는데, 그는 일한국을 거쳐 베네치아로 귀향하였다. 베네치아에 도착한 마르코 폴로는 제노바전쟁에 말려들어 포로로 투옥되었다. 그는 옥중에서 자신의 경험을 작가 루스티켈로에게 구술하여 《동방견문록》(원제 《세계 경이의 책》)을 출간토록 하였다.

이 책은 새로운 세계에 대해 호기심을 가진 유럽인들의 자극제가 되었고, 특히 아시아에 관심을 가진 사람들의 필독서가 되었다. 막연하게 먼 곳의 황금의 나라로 인식하고 있던 중국에 대한 구체적인 서술은 이들의 관심을 끌기에 충분했던 것이다. 아메리카 대륙 발견의 쾌거를 이룬 콜럼버스도 항해 시에는 항상 마르코 폴로의 《동방견문록》을 지니고 있었다고 한다.

이후 유럽으로 전해진 중국의 선진 문물, 특히 종이, 인쇄술, 화약, 나침반과 같은

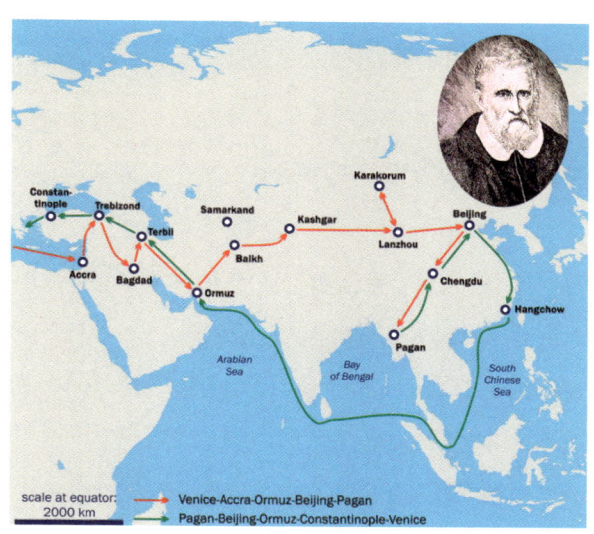

▲ 마르코 폴로(원안)와 그의 여행로. 17년간 중국에 머물렀던 마르코 폴로는 귀국 후 자신의 경험을 구술하여 《동방견문록》을 출간하여 유럽인들에게 중국과 일본에 대한 환상을 심어 주었다.

4대 발명품의 전래는 유럽 근대화의 결정적인 계기가 되었다.

특히 제지법과 인쇄술은 15세기 중반 독일의 사업가 구텐베르크(Johanes Gutenberg, 1397-1468)에 의해 금속 활판에 의한 인쇄술로 발전하면서 유럽문화사에 획기적인 전기가 주어졌다. 지금까지 필사에 의존해야 했던 서적 제작 방식으로 인해 소수 지배계층과 지식인에 의해 독점되었던 지식을 대중화하는 결정적 계기가 마련되었던 것이다.

화약을 사용한 총포류의 등장도 중세 기사계급의 지위가 흔들어 놓았고, 나침반을 응용한 원양 항해술이 발달도 대항해시대를 열어가는 결정적 계기가 되었다. 유럽 근대화가 곧 중국의 선진문물 전래와 무관하지 않았던 것이다.

이밖에 중국의 도자기도 유럽인의 삶에 적지 않은 영향을 끼쳤다. 도자기를 뜻하는 영어단어가 차이나(china)인 것은 도자기와 중국을 밀접하게 연결하여 이해하고 있었음을 보여준다. 기능이나 외양이 탁월한 최고의 그릇으로서 도자기는 유럽 귀족들이 자신의 부와 식견을 과시하는 수단이기도 했다.

그러면서 중국풍의 별궁을 짓고 거기에 중국풍 가구와 도자기 등을 전시하며 자신의 중국 취향을 과시하는 이른바 '시누아즈리(chinoiserie)'가 유행하기도 했다. 이와 함께 식탁의 풍경이나 식사 습관 등 생활문화 전반에 큰 변화가 주어졌음은 물론이다.

18세기 초 독일의 연금술사 뵈트거(J. F. Böttger, 1682-1729)에 의해 유럽 최초의 도자기를 제작할 때까지 유럽에 유입되는 도자기는 모두 중국과 일본에서 만들어진 것이었다. 따라서 생산지의 형편에 따른 생산량과 품질의 변화가 컸고, 이런 상황을 벗어나 스스로 도자기를 제작하여 부와 명성을 얻으려는 유럽 여러 지역 간의 경쟁도 치열하였다.

▲ 독일 드레스덴 츠빙어 궁전의 도자기 전시실과 유럽 최초로 도자기를 제작한 뵈트거(원안). 당시 유럽인들에게 도자기는 부와 권력의 상징이었다.

작센의 영주 아우구스트의 명을 받아 마이센 도자기를 빚어낸 뵈트거 이후 얼마지 않아 오스트리아, 프랑스, 네덜란드, 덴마크 등지에서도 독자적인 도자기를 생산했다. 하지만 최초의 개발자 뵈트거는 기술이 유출되는 것을 막으려는 영주에 의해 마이센 성에 유폐된 채 불행한 말년을 보내야 했다.

차의 전래도 유럽과 중국을 이어주는 매개가 되었다. 세계적으로 차를 뜻하는 말은 영어, 독일어, 프랑스어 등에서처럼 테(tee, tea)로 발음되거나 포르투갈, 터키, 러시아, 한국 등에서처럼 차(cha)나, 차이(chai)로 발음된다. 이들이 중국으로부터 차를 소개받은 중국 지역의 발음이 상이한 탓에 나타난 현상인데, 아무튼 유럽에 전래된 차가 중국에서 유래한 것임을 보여주는 증거이다.

유럽에 중국의 차가 본격적으로 전해지는 것은 16세기이다. 17세기에 들어서면서 동인도회사를 통한 차 무역이 발달하였다. 특히 동아시아의 무역을 주도하던 네덜란드 동인도회사는 중국차는 물론 일본차도 선적하여 영국, 독일, 프랑스와 북유럽 여러 나라에 수출하였다.

처음 유럽에 차가 들어왔을 때 사람들은 음료보다는 약으로 소개되었다. 당연히 차는 고가의 상품이었고, 중국은 차가 주는 경제적인 이득을 지키기 위해 차의 재배법이 외국으로 나가는 것을 엄격히 제한하였다.

차의 종자와 재배법이 중국 밖으로 유출된 것은 19세기 초였다. 네덜란드인에 의해 자바섬에 최초의 유럽이 경영하는 차 농장이 만들어졌는데, 이후 영국도 차나무 재배에 나서 인도 실론 등지에 대규모 차 농장을 만들었다.

이제 차는 유럽 여러 나라 사람들이 선호하는 중요 기호품으로 자리를 잡았고, 이를 도입하는 과정에서 많은 국부가 유출되는 문제점이 생겼다. 특히 차 소비가 많았던 영국은 이런 문제를 해결하기 위해 중국에 아편을 퍼뜨리고 이를 공급하는 것으로 막대한 차 대금 지불 부담을 줄이고자 하였는데, 중국은 이로 인한 아편 중독자가 늘어나는 등의 사회문제를 해결하기 위해 무력을 동원하여 영국 상인에 맞섬으로써 양국 사이에 군사적 충돌이 일어났다.

▲ 인도 남부 지역에 있는 차 농장. 16세기 중국의 차가 유럽에 전해진 후 폭발적으로 수요가 늘어나 19세기에는 자바, 인도, 실론 등지에 대규모 차 농장이 만들어졌다.

청조 말의 중국은 결국 영국의 힘에 굴복하였다.

1842년 홍콩을 할양하고, 광저우, 상하이 등 5개 항을 개항하고, 막대한 배상금을 지불하는 등의 굴욕적인 난징 조약을 체결하였고, 이후 유럽 여러 나라의 비슷한 요구에도 굴복함으로써 열강의 침략에 굴복하는 길을 걷게 되었다.

중국에서 전래된 차는 이렇게 유럽의 군사 경제적 세력을 확대하는 계기와 수단이 되었지만 내부적으로 많은 새로운 문화를 형성하기도 했다.

중동 지역에서 전래된 커피가 남부 유럽의 중심 음료로 자리 잡았다면, 차는 주로 북부 유럽에서 인기를 얻었다. 어느 쪽이든 이전의 맥주나 와인이 아닌 커피와 차를 매개로 한 사교문화가 활성화되는 계기가 되었다. 티타임, 티가든, 커피하우스와 같은 사교 공간과 문화가 자리를 잡았다. 이런 문화는 또 정보의 교환은 물론이고, 대화의 소재로서 문화예술에 대한 관심을 높이는 계기가 되었다.

대항해시대 이후 활발해진 유럽과 중국의 교류는 결국 제국주의적 야망의 실현과 일방적인 희생이라는 불평등한 결산에 이르고 말았지만, 그 과정에서 이루어진 문화적 영향 관계는 이후 각각의 역사 전개에서 또 다른 성찰과 발전의 계기로 작용하였다. 유럽의 정치 군사적 대결과 불행, 중국의 이념 갈등과 새로운 정권의 출범 등에는 두 문화권의 상호 영향이 작용하고 있다고 보아야 할 것이다.

5 | 일본과 유럽

일본이 처음 유럽에 소개된 것도 마르코 폴로에 의해서였다. 《동방견문록》에서 마르코 폴로는 일본을 '지팡구(chipango)'라고 부르면서 스스로 이곳을 여행한 것으로 서술하고 있다. 그러나 실제 그가 일본을 다녀간 사실은 없는 것으로 알려지고 있다. 아무튼 그의 '황금이 빛나는 땅'이라는 뜻의 지팡구 명명은 일본에 대한 서양식 이름 Japan의 어원이 되었으며, 일본에 대한 막연한 동경과 선망을 키우는 계기가 되었다.

르네상스시대 유럽인들에게 일본은 특히 경이의 땅으로 다가왔다. 마르코 폴로에 의해 황금으로 지어진 사원과 궁전이 있는 각종 보석의 나라에 대한 동경이 더욱 확산되었던 것이다. 실제 이 무렵의 일본은 은과 구리의 중요한 수출국이었다.

일본과 유럽이 처음 직접적인 접촉을 가진 것은 1543년이었다. 규슈 남쪽의 섬 타네가시마에 포르투갈인을 태운 중국 상선이 표류하였는데, 이 포르투갈인이 유럽인으로서 처음 일본에 상륙하여 현지인과 접촉하고 돌아갔던 것이다. 이들은 일본에 화승총과 흉갑 등의 무기를 소개하였고, 이후 일본은 이들 신무기를 발판으로 전국시대의 혼란을 넘어 조선을 침략하는 등의 엄청난 변화를 겪게 된다.

첫 접촉이 있은 후 얼마지 않아 포르투갈 상선이 일본에 입항했다. 포르투갈은 1498년 바스쿠 다 가마가 인도항로를 개척한 이후 점차 그 활동 무대를 아시아 전역으로 확대해 나갔는데, 동아시아에서 이들의 무역은 주로 중국의 면화와 향료, 그리고 비단과 도자기 등을 구입하는 것이었다.

포르투갈 상선이 실어 나르는 이런 물건은 일본에서도 상품가치가 있는 것이었지만 왜구의 해적 활동에 대한 중국의 응징으로 인해 일본과의 교역은 금지되어 있었다. 포르투갈은 이런 상황을 중계무역의 기회로 활용하고자 했고, 1600년 네덜란드 상선이 처음 일본에 입항할 때까지 독점적인 무역을 이끌 수 있었다.

▲ 17세기 일본의 포르투갈인들. 포르투갈 선교사 하비에르는 특히 일본의 그리스도교 선교활동과 서구와의 교류에 힘썼다.

포르투갈인들은 무역 활동 못지않게 선교활동도 활발하게 전개했다. 예수회 소속 선교사 하비에르(St. Francis Xavier, 1506-1552)는 1549년 인도에서 일본으로 건너왔다. 후일 가톨릭 성인이 된 하비에르 선교사는 자신이 말라카에서 만났던 안지로라는 일본인의 집에 머물면서 선교활동에 나섰다. 그러면서 일본과 일본인에 대한 감탄과 칭송을 담은 많은 정보를 유럽에 전하였는데, 이는 유럽인들의 일본에 대한 오랜 호감의 바탕이 되었다.

같은 예수회 소속의 선교사 발리냐노(Alessandro Valignano, 1539-1606)도 포교에 열중하였다. 1579년 처음 일본에 도착한 그는 일본인 성직자 양성을 위해 노력하였으며, 특히 1582년에는 이토 만치오(1570-1612) 등 개종한 귀족 4명을 로마로 보내 일본인 최초의 공적인 유럽 방문이 이루어졌다. 8년에 걸친 유럽 방문 기간 동안 이들 4명의 일본인은 스페인, 메디치, 토스카나의 왕과 교황을 만나 환대를 받았으며, 귀국 후에는 일본인 최초의 예

▲ 네덜란드가 독점 무역권을 행사하던 나가사키의 인공섬 데지마(出島) 모습. 에도시대 일본이 유럽과의 교류를 이어가는 숨통 구실을 했다.

수회 신부가 되었다.

그러나 17세기 초 일본은 그리스도교를 금지하였을 뿐 아니라 그리스도교의 선교를 막기 위해 포르투갈 선박의 입항도 금지했다. 이후 1854년 미국에 의해 강제로 개방할 때까지 일본은 서양에 대한 쇄국정책을 펼쳤다.

그런데 일본의 쇄국정책은 유럽과의 통로를 전면 차단하는 것은 아니었다. 포르투갈에 이어 일본을 드나들기 시작한 네덜란드인들에게 독점 무역권을 주고 이들이 나가사키의 인공섬 데지마에 머물면서 무역 활동을 계속하는 것을 허용함으로써 서방 세계와의 필요한 교류를 이어갈 수 있도록 했던 것이다.

이렇게 해서 나가사키에 머물던 네덜란드인들에 의해 서양 학문에 대한 관심이 높아졌고, 곧 난학(蘭學)이라는 새로운 학문이 생겨났다. 네덜란드인들의 일본에 대한 관심도 체계화하면서 네덜란드의 일본학도 정립되어 네덜란드와 일본은 이후 동서문화 교류의 선봉으로서의 역할을 수행하였다.

일본의 문화 가운데 특히 차문화는 네덜란드인들의 관심을 끌었다. 차의 효용은 물론이고 일본의 엄격한 다도도 서양인의 시각에 신비롭게 여겨졌다. 그러면서 차의 소비가 폭발적으로 늘어났고, 특히 영국에서는 차가 중요한 생활문화로 자리 잡게 되었다.

일본은 또 유럽에 도자기를 수출하는 나라였다. 중국으로부터 도자기를 수입하던 유럽이 중국 명 말, 청 초기의 혼란으로 도자기 생산에 차질을 빚자 새로운 도자기 생산국인 일본에 주목하게 되었고, 이후 일본은 한동안 거의 독점적인 수출을 통해 큰 수익을 올릴 수 있었다.

일본 도자기가 이런 관심을 받게 된 것은 임진왜란 때에 납치한 조선 도공의 역할이 컸다. 이미 고려시대부터 훌륭한 도자기를 생산하고 있던 이들 조선 도공의 힘을 빌어 일본도 마침내 도자기 생산 국가가 될 수 있었던 것이다. 당시 유럽으로 수출되던 일본 도자기는 이마리항에서 선적이 이루어졌는데, 그 이름을 따서 통칭 이마리 자기로 불렸다.

이렇게 초기 포르투갈인을 통하다가 나중에는 주로 네덜란드인에 의해 유럽에 소개된 일본문화와 도자기 등은 전 유럽인들의 환영을 받았다. 유럽에 유행한 중국풍을 가리키는 말인 시누아즈리에 비견되어 일본풍에 대한 자패니스, 자패네스크, 혹은 자포니즘이라는 말도 통용되었다. 그러면서 차

▲ 일본식 칠기(漆器)를 가리키는 영어 명사 재팬(japan)은 일본의 발달한 칠 공예품이 유럽에 소개되면서 생긴 말이다.

이나가 도자기를 가리키는 보통명사가 되었듯이 재팬이라는 고유명사도 일본의 발달한 칠공예를 배경으로 옻칠 가구 내지 칠기의 의미를 갖게 되었다.

유럽과 일본의 교류는 각각의 문화적 발전에 큰 영향을 주었다. 초기 난학에서 시작한 유럽에 대한 일본의 관심은 서양 학문 전체로 확대되어 이후의 일본 근대화의 중요한 바탕이 되었고, 일본의 독특한 문화도 서양의 예술 발달에 적지 않은 영향을 끼쳤다.

예를 들면 19세기 후반 일본에서 수입된 도자기나 일본도의 포장을 위해 사용된 우키요에(浮世畵) 판화가 모네를 비롯한 당시의 젊은 화가들에게 자극을 주어 새로운 유파로서의 인상파의 등장을 견인했고, 이런 이국 취향의 분위기를 타고 푸치니의 〈나비부인〉과 같은 파격적인 소재의 소설과 오페라의 출현이 가능했던 것이다.

6
생활문화

1 | 음식문화
2 | 건축문화
3 | 축일과 축제
4 | 여가문화와 관광

1 | 음식문화

　식생활문화는 인류가 숱한 시행착오를 거쳐 만들어낸 역사적 산물이다. 먹을 수 있는 것과 먹을 수 없는 것의 구분, 주식과 부식의 설정은 엄혹한 자연 속에서 종족의 생명을 지키고, 또 종족적 유대를 지켜온 인류의 오랜 체험의 결과물이다. 그러기에 식생활은 특정 지역의 문화 전반을 가장 잘 반영하는 생활문화의 하나이다. 생존 조건으로서 자연환경은 물론, 존재 양식으로서의 종교, 관습, 미의식을 반영하고 있을 뿐 아니라 그렇게 살아온 과정에서 만난 타 문화권과의 충돌과 교류의 흔적도 음식문화는 고스란히 담아내고 있다.

　유럽의 음식문화도 예외는 아니다. 남부 유럽과 북부 유럽의 음식문화 차이, 그리고 개별 국가마다 자랑하는 향토 음식의 특성은 이러한 음식문화의 전방위 문화적 성격을 잘 드러내 보이고 있다.

　고대부터 유럽의 음식은 남북, 특히 그리스 로마 지역과 켈트 게르만 지역이 서로 다른 모습을 보였다. 기후와 지형 등 상이한 자연조건에 적응한 생활양식이 서로 다른 음식문화의 형성으로 이어졌던 것이다.

　고대 그리스 로마시대에서는 일찍이 경작지와 비경작지에 대한 구분이 엄격했다. 비경작지, 즉 살투스(saltus)는 인간 세계에 대한 반대 개념으로 이해되어 생산 활동의 영역에서 아예 배제되어 있었다. 그러면서 아게르(ager)라 불리는 경작지에서 생산되는 밀, 포도, 올리브를 중심으로 한, 오늘날 '지중해식'이라고 불리는 음식문화의 유형이 발달해왔다. 곡물을 재료로 한 빵, 포도주, 그리고 기름과 채소에 약간의 육류, 특히 치즈를 곁들이는 방식이 그것이다.

그에 비해 중북부 유럽의 켈트족과 게르만족은 사냥과 어로, 채집과 방목 등 비경작지와 처녀지를 이용하는 생산 양식을 따르는 서로 다른 음식문화를 만들어냈다. 빵보다는 육류를 먹고, 포도주가 아닌 발효유나 과일 발효주, 혹은 맥주를 마셨고, 또 기름도 올리브가 아니라 버터나 라드가 사용되었다.

이런 모습을 처음 본 로마인들은 그 차이에 주목하면서 자신들의 음식문화에 긍지를 가졌던 것으로 보인다. 카이사르는 《갈리아 전기》에서 게르만족은 농사에 열의가 없어 음식의 대부분이 우유, 치즈, 고기라고 적고 있고, 타키투스도 《게르마니아》에서 보리나 다른 곡물을 발효시켜 만든 액체, 즉 맥주에 주목하면서 이를 포도주에 비교하여 서술했다.

지중해와 중부 유럽의 이런 음식문화 차이와 구분은 오늘날에도 완전히 극복되었다고 보기 어렵다. 그러나 5-6세기부터 시작된 오랜 공통의 역사를 통해 두 세계의 음식문화는 상당한 융합을 이루었다.

▲ 뮌헨의 맥주 축제 옥토버페스트 광경. 중북부 유럽의 맥주는 남부 유럽의 포도주에 비견되는 대표 음료이다.

▲ 크로아티아 달마티아 지방의 지중해식 요리. 흰 빵과 포도주를 근간으로 한 고대 유럽의 음식문화 전통을 보여준다.

융합은 우선 게르만문화와 심성이 전 유럽으로 유포되는 과정을 통해 이루어졌다. 게르만족의 대이동과 서로마의 멸망 이후 게르만족이 곳곳에서 새로운 유럽의 지배 계급으로 등장하면서 이들의 문화와 심성이 유럽을 주도하게 되었다. 특히 비경작지와 야생 상태의 자연에 대한 새로운 시각이 정립되었다. 비경작지도 이제 인간이 사용해야 하는 공간으로 바뀌었는데, 특히 숲도 토지와 함께 생산 공간이 되었다. 이 시대의 문서에 곧장 등장하는 '테라 에 실바(terra et silva)', 즉 토지와 숲이라는 생산 공간을 가리키는 관용구는 이런 인식의 변화를 잘 보여준다.

그러면서 생산 공간에 대한 측량의 단위도 거기에 합당한 생산물과 연계시키는 새로운 문화도 생겼다. 밀 생산량으로 밭의 크기를, 포도주의 생산량으로 포도밭의 크기를, 건초의 생산량으로 초지를, 돼지의 방목 마릿수로 숲의 크기를 재는 등이 그것이다.

실제 음식문화에서도 변화가 있었다. 빵에서 고기로 중심 음식의 이동이 이루어진 것이다. 야만의 음식으로 치부되었던 육식의 가치에 대한 재평가가 이루어지면서 고기는 권력의 상징이자 기력, 육체적 에너지, 전쟁 수행의 능력 등을 만들어내는 지표가 되었다. 그럼에도 불구하고 빵이 문명의 상징으로서 위치를 완전히 상실하지 않은 것은 빵과 포도주를 중심 상징으로 삼고 있는 그리스도교 신념을 저버릴 수 없었기 때문이었을 것이다.

이후에도 맥주와 포도주로 대변되는 두 음식문화 사이의 상이한 양상은 서로 갈등 융합하면서 새로운 음식문화를 만들어갔다. 이 과정에서 음식은 물론 음식의 생산 방식에도 위계가 형성되는데, 고귀한 수도원에서는 사육과 경작을 주로 한 반면, 세속 귀족들은 수렵과 채집을 마다하지 않았다.

좋은 빵과 그렇지 못한 빵은 재료나 색깔로 구분이 되었다. 또 좋은 고기와 그렇지 못한 고기, 심지어 과일과 야채에도 위계를 두었다고 한다. 이를테면 육류는 조류, 사냥물, 가축 등의 순으로 좋은 음식이었으며, 과일과 야채는 높은 곳에서 수확하는 과일은 훌륭한 것이고 뿌리채소는 특히 좋지 못한 평가를 받았다고 한다.

이후에도 인구 증가와 기근, 해외 원정 등의 변수에 의해 유럽의 음식문화는 크고 작은 변화를 겪어야 했다. 일시적인 인구의 증가와 갑작스러운 기근에 의한 인구 감소가 반복되는 양상은 사실 역사의 과정이었다. 인구 변화 내지 음식문화의 변화에 결정적인 변수가 되는 이런 정례적인 기근은 시대별로 차이가 있지만 여러 기록을 종합해보면 중세의 경우 평균 12년에 1번꼴의 대기근이 있었다고 한다.

양호한 기후조건이 지속되어 인구가 증가한 시기에는 경작지를 넓혀 식량의 증산에 힘써야 했고, 거꾸로 가뭄이나 홍수와 같은 이상기후에 의한 기근이나 유행병으로 인구가 격감하였을 때에는 오히려 여유가 생겨 육류 소비를 늘리기도 했다. 일시적이긴 했지만 이러한 여유에서 비롯한 소비의 증가는 육류를 비롯한 고급 음식의 수요를 확대하였는데, 실제로 이런 과정을 거쳐 14세기 후반이 되면 육류 소비가 유럽의 하층민에까지 보편화될 수 있었다고 한다.

유럽의 음식문화에 또 하나의 변화를 가져온 것은 십자군 원정 시기에 도입된 향신료였다. 중세부터 부유층에서 조금씩 사용하던 향신료는 십자군 원정을 통해 서유럽과 동방 세계의 교류가 잦아지면서 유입이 확대되었다. 특히 베네치아 상인들은 이 향신료 무역을 독점하여 큰 이득을 보았다.

향신료는 일부에서 음식의 장기 보관하거나 부패한 음식의 맛을 보완하기 위해 사용한 것으로 보지만 실제 그렇지는 않았다고 한다. 향신료는 음식물을 요리한 후에 넣는 것으로 처음에는 약학적, 영양학적 계기에서 사용되던 향신료가 이제 식도락을 위한 보조제가 된 것이다. 향신료는 또 그 만만찮은 가격으로 인해 사치와 과시의 수단이 되기도 했다.

대항해시대 새로운 작물의 전래도 유럽의 음식문화에 중대한 변화의 계기가 되었다. 무슬림에 의해 이베리아 반도에 도입된 벼 재배가 15세기 후반 스페인, 프랑스 등지로 확대되었고, 16세기 초와 후반에 각각 카리브해와 안데스산지에서 유럽으로 도입된 옥수수, 감자 등도 작물로서의 가능성을 보여주었다.

▲ 후추 수확 광경(프랑스어판 마르코 폴로 여행기의 삽화). 향신료는 중세 무역의 핵심 상품이었다.

▲ 리히텐슈타인의 옥수수밭. 16세기 유럽으로 들어온 옥수수, 감자 등 새로운 작물은 이후 기근기의 구황식물로 자리를 잡았다.

이들은 도입 후 곧장 유럽인의 주목을 받는 작물이 되었던 것은 아니다. 일부 농민의 텃밭 작물로, 그리고 기근 시기의 구황작물로 재배되다가 18세기에 연달아 닥친 혹독한 기근을 견디기 위해 지주나 권력자가 정책적으로 강권하여 그 재배 면적을 확대하게 되었다. 이들은 이후 급증하는 유럽의 인구를 먹여 살리는 새로운 양식 역할을 하였다. 특히 감자는 북유럽의 척박한 토양에서도 많은 수확을 냄으로써 중심 식량으로 자리 잡았다. 한편 늘어난 우유 및 육류 소비를 감당하기 위한 축산업도 발달하였다.

17세기에는 또 유럽인들이 마시는 음료에도 큰 변화가 나타났다. 당시 유럽인들은 포도주와 맥주를 주 음료로 마셨는데, 그 양이 현대인의 상상을 넘어섰다. 중세 유럽인들의 포도주 소비량은 지역별로 차이가 있었지만 1인당 하루 소비량이 1리터 이상이었을 것으로 추정된다. 일부에서는 2-3리터, 심지어 4리터에 이를 정도로 높은 수준이었다. 맥주 소비 지역에서의 맥주 소비량도 엄청나서 영국 가정에서는 1인당 평균 3리터를 마셨다고 한다.

이런 엄청난 알코올음료 소비량은 음식의 보관을 위해 소금을 많이 사용하는 당시의 음식문화와 관계된 것이었다. 하지만 이런 과도한 음주는 나름의 사회적이고 의식(儀式)적인 성격을 띠면서 이들의 문화적 특징으로 자리 잡고 있었다.

포도주와 맥주 중심의 음료문화에 변화가 나타난 것은 17세기 이후였다. 커피와 차 등의 새로운 음료가 등장하고, 알코올음료도 브랜디, 위스키, 보드카 등의 증류주가 보급되면서 음료문화도 한결 다양해졌던 것이다.

에티오피아 고산지대가 원산지인 커피는 13-14세기 남서아라비아에 전해졌고, 이집트와 터키를 거쳐 16세기 후반 베네치아를 시작으로 유럽으로 퍼졌다. 당시 베네치아는 북아프리카, 이집트, 중동 지역 등과 활발한 무역을 벌이고 있었는데, 거래 품목에 커피를 포함시켰던 것이다. 베네치

▲ 17세기 이후 대중화된 커피와 차는 유럽인의 음식문화뿐 아니라 생활문화 전반에 획기적인 변화를 가져왔다. 사진은 커피의 원산지인 에티오피아에서 커피를 수확하는 소녀의 모습.

아에서 유럽으로 퍼져나간 커피는 특히 1600년 교황 클레멘트 8세(1592-1605)에 의해 '그리스도교도의 음료'로 인정받은 후 유럽 전역에서 폭넓게 받아들여졌다.

당시 아라비아 상인들은 커피 무역을 독점하면서 커피나무와 종자의 반출을 엄하게 금지하고 있었는데, 이를 어기고 네덜란드에서 처음 유럽으로 묘목을 들여왔다. 이후 네덜란드는 자바와 실론 등지에 대규모 커피 농장을 경영하면서 여기서 생산된 커피를 대량 수입해 이익을 올렸다. 이후 영국의 동인도회사도 커피 보급과 확산에 기여했다.

이로써 17세기 후반 커피는 전 유럽에서 소비되는 중요한 음료가 되었다. 커피의 유행은 또 커피하우스라는 새로운 문화공간을 만들었다. 1645년 베네치아에 처음 문을 연 커피하우스는 1650년과 52년에 옥스퍼드와 런던, 1659년 마르세유, 1672년 파리, 1683년 빈, 1687년 함부르크 등 유럽 전역으로 퍼져나갔다.

이 무렵에는 또 커피와 함께 차도 중요 음료로 자리 잡았다. 차가 유럽에 도입된 시기는 17세기 초엽이었다. 1610년 네덜란드 동인도회사는 처음으로 중국의 녹차를 암스테르담 항에 내려놓았다. 아직 중국과의 직항로를 갖지 않았던 이들은 자바를 경유하여 차를 수송하였는데, 1637년부터는 자카르타를 출항하는 모든 네덜란드 선박이 중국과 일본의 차를 선적하고 있을 만큼 수송 물량이 늘어났다. 1669년에는 이 독점무역이 영국 동인도회사로 넘어갔고, 이는 1833년까지 유지되었다.

　당시 아시아에서 영국까지의 항해는 대개 6개월에서 9개월이 걸렸기 때문에 장기간 습기 찬 선실에 두어도 맛을 잃지 않는 홍차(black tea)가 주로 선적되었다. 녹차는 시간이 지나면 그 향이 줄어드는 데 비해, 홍차는 시간이 지나도 그 맛을 유지할 수 있었다. 오늘날 유럽인의 차문화가 홍차 중심으로 형성된 배경에는 이런 역사가 숨어있다.

　17세기 유럽에서 차가 곧바로 대중적인 음료가 된 것은 아니었다. 초기에는 네덜란드 해안 지역 일부에서만 음용되었을 뿐 여타 지역에서는 별 관심을 끌지 못했고, 독일 일부 지역에서는 약제로나 사용될 만큼 대중적이지 않은 특별한 음료로 인식되었다.

　유럽에서 차가 대중 음료로 음용되기 시작한 것은 영국에서였다. 1650년대 커피하우스를 통해 차가 소개되었는데, 이후 차 수입을 독점하고 있던 영국 동인도회사의 이해관계에 따

▲ 차가 유럽인의 중심 음료가 되면서 보다 많은 차를 빨리 수송하여 수익을 올리는 것이 중요하였다. 사진은 19세기 후반 차 수송에 사용되었던 범선 커티 샤크(Cutty Sark). 95일 만에 중국 광둥에서 런던까지 주파하는 기록을 세웠다. 런던 그리니치에 전시되었다가 2007년 화재로 소실되었다. 2011년 재개관하였다.

생활문화 161

라 점차 커피보다는 차를 마시게 되어 차가 대중적인 음료로 자리 잡게 되었던 것이다.

　이렇게 17세기 이래 포도주와 맥주를 대체하거나 이들에 덧붙여진 새로운 음료로서 커피와 차의 대중화는 음식문화뿐 아니라 생활문화 전반에도 많은 변화를 가져왔다. 차와 커피를 사이에 두고 진지한 대화를 이끌어 가는 이른바 살롱문화의 형성은 이후 인간의 지성과 이성을 중심으로 자연과 인간, 나아가 사회의 여러 문제를 관찰하고 합리적으로 해결하려는 계몽주의의 등장으로 이어졌다. 자연과 인간에 대한 지적 호기심과 그 해소가 주는 즐거움, 그리고 축적된 지식의 정리와 활용과 같은 근대적인 생활문화의 틀이 정착된 것이다.

▲ 인구 팽창에 따른 식량 부족을 해결하기 위한 경작지 확대 작업은 늪지대 물을 퍼내 농지를 확보하려는 노력으로 이어졌다. 사진은 저지대 물을 퍼내는 용도로 만들었던 네덜란드의 풍차.

　18세기에 접어들어 유럽은 인구의 팽창과 식량의 부족이라는 생존의 문제를 극복하면서 식량 생산의 방식과 재배 작물에 근본적인 변화를 이룩했다. 당시 유럽의 인구는 1700년 1억 2천 500만에서 1750년에는 1억 4천 500만, 1800년에는 1억 9천 500만으로 급격히 늘어나고 있었다. 갑작스러운 인구의 증가는 필경 늘어난 인구를 부양하기 위해 경작지를 확대하고, 생산 기술이나 재배 작물에 변화를 주어 수확량을 늘리는 등의 조치를 요구했다.

숲을 개간하고, 늪지대의 물을 빼내어 농지를 간척하는 등의 경작지 확대 작업이 이루어졌고, 벼, 메밀, 옥수수, 감자 등의 재배 작물도 경작 면적을 넓혔다. 이들 가운데 옥수수와 감자는 대항해시대 이래 유럽에서 적응하여 재배되던 작물이었는데, 이 시기 기근이 닥쳤을 때 결정적으로 부족한 식량을 채워주는 중요 작물로 재탄생하였다.

두 작물 각각의 생육 조건에 맞는 남부와 북부에는 옥수수와 감자가 대규모로 재배되면서 이들 작물을 이용한 다양한 요리도 개발되었다. 옥수수죽으로 만든 폴렌타와 감자를 재료로 한 다양한 요리는 물론 면을 말려 보관했다가 먹는 파스타 등 오늘날 유럽인들이 일상적으로 먹는 음식들의 대중화가 이루어졌다.

그러나 19세기를 지나면서도 일부 지역에서는 여전히 특정 작물에 절대적으로 의존하는 식량 공급 방식에 따른 문제는 반복되었다. 특정 작물의 흉작은 곧 전면적인 기근으로 이어지고, 그에 따른 생산력 저하로 상당 기간 후유증을 겪어야 하는 일련의 과정이 되풀이해서 나타날 수밖에 없었던 것이다.

그런 사례 가운데 특히 비극적인 경우가 1845년-46년의 아일랜드 감자 기근 사태였다. 16세기 초 남미에서 유럽으로 전해진 감자는 특히 18세기를 지나면서 유럽인의 중요 식품으로 자리를 잡았다. 이 시기 유럽의 여러 영주들이 감자 재배를 장려하였는데, 단위 면적당 수확량이 많은 이점과 함께 땅속에서 자라는 탓에 전쟁에 의한 약탈을 벗어날 수 있다는 장점도 고려한 조치였다. 그러면서 감자는 독일, 프랑스, 네덜란드, 영국 등 전 유럽으로 보급되었고, 아일랜드에서는 특히 농민들의 호감을 사서 핵심적

▲ 아일랜드 대기근은 의존도가 높았던 감자의 갑작스러운 흉작에 따른 비극적 재앙이었다. 그림은 대기근 시기 아일랜드를 떠나 미국으로 이주하는 광경을 묘사한 판화.

인 식단으로 등장했다.

그런 아일랜드에 1845년부터 2년 연속 감자 흉작이 몰아닥쳤다. 감자에 대한 의존도가 높았던 아일랜드 농민들에게는 비극적인 결과를 가져올 수밖에 없었다. 밀, 돼지, 가금류 등의 음식물은 영국인 지주들에 의해 외부시장으로 유출되는 구조 속에서 감자 흉작이 계속되고, 영국 정부마저 무관심으로 일관하자 아일랜드 인구의 3분의 1 이상이 굶어 죽거나 이민을 갈 수밖에 없는 사태로 이어졌다.

1841년 무렵 8백만 명이 넘었던 아일랜드 인구는 이후 5백만 명으로 급감하였고, 생존을 위해 미국 이민 길에 올랐다. 1840년대 후반 당시 미국으로 이주하는 사람의 절반을 차지했던 이들은 한동안 미국 대도시의 하층민으로 전락하여 근근이 목숨을 이어가야 했지만 강인한 민족성을 바탕으로 고난을 극복해 갔다. 이들이 현재 미국 인구의 12%를 차지하는 3천 5백만 명 아일랜드계 미국인의 뿌리이다.

중세 이후의 남북 유럽 음식문화의 부분적 융화, 그리고 근대 대항해 시대 새로운 작물의 도입과 확산 등으로 유럽은 비교적 공통의 음식문화를 이루어갔다. 물론 경제적인 능력의 차이에 따른 계급적 위화는 있었지만 작물의 종류와 가공 방식, 식사 예절 등에서 어느 정도의 공통문화는 확보되었다고 할 수 있다.

이런 유럽 공통의 음식문화로서 식사 도구 사용 및 식사 의례는 중세 비잔틴을 거쳐 유럽으로 유입된 오리엔트 및 동아시아 등 외래문화의 영향이 컸다.

근대 이전 대부분의 유럽인은 손가락으로 음식을 먹었다. 유럽에서 음식을 먹는 데에 처음 포크를 사용하는 것은 11세기 베네치아 총독과 결혼한 비잔틴의 공주였다. 공주는 시동들이 잘라준 고기 조각을 두 갈래 황금 포크로 찍어서 음식을 먹었는데, 이를 본 사람들은 놀라워하면서 공주를 비웃거나 비난했다고 한다. 도구를 사용하지 않는 당시의 식사 관습에 대해 성직자들은 "신의 선물인 음식을 손으로 만지기를 거부하는 것은 신에 대한 모욕"이라며 이를 옹호했다.

하지만 처음에는 예의 없는 행동으로 비난받던 포크의 사용도 시간이 지나면서 점차 이탈리아 곳곳에서 받아들여졌다. 우선 설탕을 녹여서 과일이나 견과류에 입힌 당과가 대부분인 후식을 먹을 때 손가락 끈적거리지 않도록 포크를 사용하기 시작했고, 점차 다른 음식을 먹을 때

▲ 유럽에 포크가 사용되기 시작한 것은 16세기 후반 이후였다. 그림은 1413년 랭부르 형제가 그린 〈베리공작의 호화로운 기도서〉 중 1월의 그림. 고기를 썰어 주는 보조자의 모습이 있을 뿐 포크는 보이지 않는다.

도 사용되었다.

　포크 사용이 이탈리아 밖으로 퍼져나간 것은 1533년 메디치가의 여인 카트린 드 메디치가 나중에 프랑스 왕이 되는 앙리 2세와 결혼하면서였다. 음식을 보다 깨끗하게 먹을 수 있고, 또 천천히 먹음으로써 음식문화 전반에 큰 변화를 가져오게 될 포크 사용은 이후 지역적으로는 남쪽에서 북쪽으로, 계층적으로는 상류층에서 하층민에게로 퍼져나갔다. 물론 새로운 도구 사용에 적응하기를 거부하는 사람들이 없지 않았지만 세월이 지나면서 포크 사용은 점차 교양 있는 행동의 지표로 정착되었다.
　사실 유럽인들이 오랫동안 그랬듯이 음식을 손으로 먹는 것은 세계 곳곳에서 아직도 유력한 식사 방식으로 지켜지고 있다. 아프리카, 인도, 아라비아 등지에서 많은 사람들이 여전히 손으로 음식을 먹고 있으며, 포크로 먹는 것을 오히려 교양이 없는 반미식적 행동이라고 여긴다. 포크 등 도구의 사용 여부에 대해 미개와 야만의 잣대를 적용하기에는 이들 손가락으로 음식을 먹는 사람들의 전통의 뿌리가 깊고, 나름의 논리가 분명하며, 또 야만으로 매도할 근거도 빈약하다. 그러기에 그저 다양한 문화 차이의 한 사례로 받아들여야 할 것이다.

　유럽의 음식문화는 상차림에 있어서 여러 단계의 코스로 이루어진 특징을 보인다. 우리의 음식문화가 상다리가 휘어지도록 한꺼번에 차려내는 이른바 공간병렬형인 반면 유럽의 그것은 순차적으로 진행되는 시간나열형인 것이다.
　이런 차림 방식의 뿌리는 중세까지 거슬러 올라간다. 유럽의 상차림은 축제나 연회에서의 식사에서 비롯한 것이다. 지위와 신분에 따라 자리를 잡고 여러 보조자들의 시중을 받아가며 식사를 하는 이 시대의 식사에는 많게는 수백 명의 식사 보조 인원이 있었다고 한다. 이 가운데에서도 '식탁을 차리는 사람', '술을 따르는 사람', '고기를 잘라 나누어주는 사람' 등은 '주방장'과 함께 중요한 직책에 해당되어서 하인이나 하녀가 아닌 귀족인 경우가 많았다고 한다. 이들은 특별한 임무로서 식사 시중을 들 수 있는 측근이 되는 셈인데, 이들이 하는 일의 규모와 중요성이 절차를 갖추면서 오늘날의 상차림문화로 정착되었다.

오늘날도 통용되는 유럽 음식문화의 상차림 모형은 모두 전채 요리와 주요리, 그리고 후식의 기본형을 적절히 확대 재구성한 것이다. 대표적으로 '차가운 전채 요리', '수프', '따뜻한 전채 요리', '생선', '주 요리', '후식' 등으로 이루어진 여섯 단계의 코스가 있다.

주 요리에는 야채나 샐러드가 함께 곁들여지고, 후식으로는 달콤한 음식이나 설탕에 절인 과일, 치즈 혹은 신선한 과일이 등장한다. 물론 지역에 따라 이런 방식이나 순서가 변형되는 경우도 다양하게 있다. 예를 들면 이탈리아 식단은 일반적으로 전채(antipasti), 제1요리(primi piatti), 제2요리(secondi piatti), 후식(dolci)의 4코스로 이루어져 있다. 현대적인 메뉴와 달리 고전적인 메뉴에서는 13개 이상의 더 많은 코스로 이루어진 경우도 있었다.

이런 코스에 따른 식사 패턴을 초월한 뷔페 역시 유럽의 식사 방식이다. 뷔페는 17세기 이후 프랑스에서 전 유럽으로 보급된 것으로 알려져 있다. 뷔페의 보급과 일반화에는 나폴레옹의 기여가 컸다고 한다. 격식을 차린 연회를 좋아하지 않은 나폴레옹 덕분에 입식 연회의 전통이 활발해졌고, 그러면서 손님이 자신의 음식을 준비해서 나누는 관습도 생겨났다는 것이다.

이와는 달리 뷔페는 바이킹의 전통에서 비롯되었다고 보는 견해도 있다. '스뫼르고스보르드(smorgasbord)'라고 부르는 스웨덴의 풍습이 그것인데, 이 식사 방식은 집에서 만든 여러 가지 음식을 펼쳐 놓고 손님과 함께 먹는 것이다. 옛 바이킹들이 오랜 항해에서 돌아와 그동안 먹지 못했던 가족이 준비해놓은 여러 가지 신선한 음식을 함께 나누어 먹던 데에서 비롯한 것으로 뷔페는 바로 여기서 생겨난 문화라는 것이다.

유럽의 식사문화에서 하루에 세 끼를 먹는 문화가 정착된 시기도 일정하지 않다. 독일 지방에서 세 끼 식사 패턴이 정착한 것은 중세 때였다고 한다. 그러면서 평민들은 대체로 새벽 4-6시에 아침을 먹고, 10-11시에 점심, 그리고 오후 6-7시에 저녁을 먹었는데, 귀족들은 이후에도 여전히 두 끼를 먹는 경우가 많았다고 한다. 이런 경우 아침 기도를 마친 후 아침 식사를 하고, 오후 3-4시에 아주 양이 많은 정찬을 들었다. 독일에서 상류

▲ 뷔페문화는 세계적으로 유행하는 식사 방식이 되었지만 그 어원에 대해서는 설이 다양하다. 사진은 뷔페문화의 한 유형으로 설명되는 스웨덴의 식사문화 스뫼르고스보르드(smörgåsbord).

층도 세 끼 식사를 하게 된 것은 18세기 초반 이후였다고 한다.

하지만 영국의 귀족들은 근대 이후 네 끼 내지 다섯 끼를 먹었다고 한다. 아침, 점심, 저녁 이외에 오후에 간단한 빵과 차를 마시는 티타임, 그리고 늦은 저녁에도 간단한 간식 시간이 있었던 것이다.

오늘날 프랑스의 경우 영국과 마찬가지로 오후에 티타임을 가지는 풍습이 일반화되어 있으나, 시골과 달리 도시에서는 바쁜 현대생활에 맞추어 전반적으로 식사시간이 줄어들고 섭취하는 음식의 양도 적어지는 추세다. 또 설탕과 소금 등의 양을 줄이는 대신 야채와 과일 등을 이용해 시각적 효과와 건강상의 고려를 극대화한 새로운 형태의 요리법이 등장했다. 이런 형태의 새 요리를 프랑스어로 '누벨 퀴진(nouvelle cuisine)'이라 부른다.

2 | 건축문화

유럽의 주거 건축문화에는 유럽인들의 삶의 조건, 그리고 그에 적응하면서 만들어 낸 삶의 양식이 반영되어있다. 고대에서 현대에 이르기까지 유럽의 주거문화는 유럽인의 그런 삶의 궤적을 그 속에 담아내고 있는 것이다.

주거의 일차적인 목표는 자연환경에 적응하는 것이다. 자연이 가져올 수 있는 여러 위해 요소로부터 자신을 지키고, 이웃과의 적정한 관계를 맺으면서 살아가기 위해 차단과 개방을 안배하여 만든 공간 시설물이 곧 주거이자 건축인 것이다. 그러기에 주거 및 건축문화는 기후, 지형 등의 자연환경은 물론 개별문화권의 내부적 특징과 인접문화권과의 관계 등 인문적 변수도 그 속에 고스란히 반영하고 있다.

(1) 고전시대

고대 그리스의 건축은 에게해를 중심을 한 유럽 최초의 문명을 이룩한 고대인들의 자부심과 생활문화를 반영하고 있다.

독일인 하인리히 슐리만(1822-1890)이 발굴한 뮈케네의 산성은 그러한 고대 그리스의 주거문화를 잘 보여준다. 몇 개의 언덕 위에 자리한 뮈케네에는 내성과 외성, 그리고 왕궁과 묘지가 자리해 있다. 취락은 주거지가 묘지와 함께 낮은 언덕에 있고, 왕궁은 높은 지역의 아크로폴리스에 자리 잡고 있었다. 뮈케네는 1킬로미터 정도의 거대한 성벽으로 둘러싸여 있는데, 이 성벽은 이민족의 침입을 막는 방벽이자 아크로폴리스를 받쳐주는 옹벽의 구실을 하고 있다.

뮈케네에는 또 석기시대의 네모난 오두막이나 나란히 이어진 공간에 칸막이를 친 공동 주거와 달리 메가론이라는 원룸 형태의 새로운 주거 형태가 나타난다. 메가론은 길쭉한 직사각형의 한 켠에 개방된 공간을 두고 몇 개의 기둥을 세워 현관 홀로 사용하는 것에서 점차 다양한 공간 형태로 발전하였다. 그리스 신전 양식은 이 메가론이 발전하여 성립된 건축 양식이다.

▲ 뮈케네의 메가론 유적. 길쭉한 직사각형의 한 켠에 개방된 공간을 두고 몇 개의 기둥을 세워 현관 홀로 사용하는 양식으로 그리스 신전 양식의 원형이다.

그리스 신전은 그 규모와 형태가 다양하지만 모두 질서 있고 짜임새 있는 대칭 구조로 되어있다. 기둥과 들보로 이루어진 가구물(架構物) 구조로 지어진 그리스 신전은 특히 착시 현상을 보정하기 위한 몇 가지 기교를 채택하고 있다. 기둥의 중앙부를 부풀게 하고 위쪽으로 갈수록 가늘게 하여 기둥에 인간의 근육 같은 특성을 부여해 주는 배흘림(entasis)기둥이 그 하나이다. 모서리 쪽의 기둥 간격을 좁히거나 기둥을 위쪽으로 가면서 안쪽으로 기울어지게 하는 등의 기교도 보여주고 있는데, 시각적으로 안정감을 부여하기 위한 이러한 보정 기법은 고전시대에 그 절정에 이른다.

그리스 신전은 또 시대와 지역에 따라 상이한 기둥양식을 보여준다. 그리스 본토에서 주로 사용된 초기 양식인 도리스식, 에게해의 섬들과 소아시아에서 발달한 이오니아식, 그리고 기원전 5세기 이후 발달한 코린토스식이 그것이다. 도리스식은 별다른 장식이 없는 주두(capital)로 인해 육중하고 남성적인 느낌을 주며, 이오니아식은 소용돌이 형태의 나선형 장식이 있는 주두를 하고 있다. 코린토스식은 소용돌이무늬가 아닌 거꾸로 세운 종 모양에 화려한 아칸서스 잎 무늬를 한 것으로 이오니아식의 변형이다. 도리스식에 비해 이오니아식과 코린토스식은 한결 여성적으로 보인다.

▲ 파르테논 신전. 완성도 높은 그리스 신전 건축의 절정을 보여준다

▲ 그리스 신전의 다양한 기둥양식. 왼쪽부터 도리아, 이오니아, 코린토스 양식.

로마시대 중요 건축물의 양

상은 그리스의 그것과 다른 모습을 보인다. 신전이 없지는 않았지만 그리스와 달리 로마에서는 실용적인 면을 고려한 건축물이 많이 지어졌다.

최고 권력이 원로원, 집정관, 민회 등의 기구에 주어져 있었기 때문에 건축물도 이제 신을 위한 전당이 아니라 공회당, 목욕탕, 교량, 도로, 수로 등의 공공시설에 중점이 주어졌던 것이다. 그리스와 에트루리아 요소들을 혼합한 새로운 건축 기술은 이들이 고대 그리스 건축물을 압도하는 대담하고 새로운 구조물을 건설하는 데에 기여하였다.

에트루리아인은 일찍이 소아시아에서 이탈리아 반도로 이동해 온 종족으로 추정되는데 한때 이탈리아 북부와 중부 지역 대부분을 지배하기도 했으나 결국 로마인에게 정복당했다. 고대 로마인은 이들 에트루리아인으로부터 아치 공법을 배웠다.

아치 공법은 이미 메소포타미아인, 이집트인도 알고 있었지만, 이를 가다듬어 지상 건축물에 완벽하게 적용해낸 것은 로마인이었다. 먼 곳에서 도시로 물을 끌어들이기 위한 대규모 수로를 건설하고, 콜로세움과 같은 고층으로 된 공공 건축물도 지을 수 있었던 것은 전적으로 아치 공법이라는 새로운 기술의 힘이었다. 이밖에도 로마인들은 개선문을 비롯한 대형 관문과 다리 등 수많은 아치 구조물을 건설했다.

▲ 아치 공법은 건축물의 안정성을 확보하여 고층의 건축물을 가능하게 해주었다. 사진은 로마시대에 건설된 수로.

이렇게 만들어진 공공시설

들은 로마의 지배하에 있는 여러 종족들로 하여금 로마를 당대 최고의 문화 중심지로 인정하고 추종하게 함으로써 팍스 로마나, 즉 로마를 중심을 한 평화 체제를 공고히 하는 역할을 하였다.

(2) 로마네스크시대

그리스도교의 전래 이후 고대세계는 점진적으로 와해되어갔다. 세계관의 격렬한 충돌로 인한 혼란을 겪으면서 고대 세계는 점차 고대 로마 문명을 이어가는 서로마와 그리스 헬레니즘과 동방문화의 영향을 받은 동로마로 분열하면서 그리스도교 중심의 새로운 세계를 구축해나갔다. 이들 초기 그리스도교문화에서는 특별한 그리스도교 건축물을 만들지 않았지만 점차 종교 집회의 규모가 커지고 정례화하면서 그에 필요한 건축물이 지어지기 시작했다.

특이한 것은 이들이 고대 그리스와 로마시대의 신전을 교회 건축의 모델로 삼지 않았다는 점이다. 그리스도교의 교회는 고대의 신전과 같은 신의 거처가 아니고, 신을 믿는 사람들의 집을 의미했다. 그래서 초기 그리스도교인들은 로마의 바실리카 같은 집회용 건물로 설계된 건물 유형에 눈을 돌렸다. 곧 그리스도교 건축의 근원은 신전과 같은 종교적 건축물이 아니라 공회당과 같은 세속적인 건물에 있었다.

이렇게 바실리카식 교회에서 발전하기 시작한 그리스도교 건축은 이후 중세와 르네상스를 거치면서 유럽 건축의 역사를 주도하였으며 남부 독일과 오스트리아의 바로크 교회에서 그 절정을 이루었다. 중세 유럽 문명의 중심은 지중해 연안에서 알프스 이북으로 옮겨졌다. 그리스도교로 개종한 게르만인들을 중심으로 한 새로운 유럽의 체제가 만들어진 것이다.

그러면서 영적인 힘과 세속적인 힘, 즉 교권과 왕권 사이의 갈등 양상이 전개되었다. 중세 초기의 교회 건축에는 곧잘 이런 양상이 보인다. 교권과 왕권을 상징하는 공간이 시대 상황에 따라 균형을 유지하기도 하고 한쪽으로 기울기도 한다.

11세기 중엽에 이르면 유럽은 비교적 안정적인 질서를 확립한다. 봉건제도라고 하는 사회 경제적 체제가 정립되고, 교황에서 주교, 하급 성직자를 거쳐 일반 평신도에 이르는 위계질서가 확립되었다. 강력해진 교황의 권위로 인한 권력 다툼은 지속되었지만, 그리스도교 중심의 이런 시대적 배경을 담아낸 새로운 건축문화가 꽃을 피웠다. 로마네스크 양식이 그것이다.

로마네스크란 말은 로마 건축의 특성을 띤 건물을 가리키는 것으로 19세기에 처음 사용되었다. 일부에서는 이어서 나타나는 고딕이라는 완벽한 양식으로 발전해가는 과도적인 것으로 생각하기도 하지만 로마네스크 양식은 그 자체 유럽 건축 역사의 전환점을 이루는 완전한 양식으로 평가된다.

▲ 로마네스크 건축물은 로마 건축의 특징을 계승한 중세 건축 양식이다. 사진은 독일의 슈파이어 성당 외관.

로마네스크의 특징은 건축물 중앙의 회중석에 보다 많은 빛을 들일 수 있는 궁륭식 천정이 도입되었다는 점이다. 내부 공간이 2차원이 아닌 3차원적 논의의 대상이 된 것이다. 물론 아직 완전한 문화적 통일을 이룩하지 못한 당시 유럽의 특징을 반영하듯 지역별로 적지 않은 차이가 있긴 하지만 이 시대 건축물은 대개 육중한 벽, 개방 벽면부의 반원 아치, 건물과 탑의 조화 등 공통적인 특징을 보여준다.

(3) 고딕시대

중세 후기에 오면 고딕 양식이 꽃을 피운다. 고딕(Gothic)이라는 말은 비평가들이 이 시대의 건축이 고전적인 그리스 로마의 표준에서 벗어나 있다고 비웃으면서 고트(Goths)족의 양식으로 폄하하여 부른 것이다. 그러나 고딕 양식이 구현된 종합예술작품으로서 고딕식 성당들은 그리스 신전을 능가할 만큼 건축, 조각, 회화의 놀라운 종합을 이룩하고 있다.

고딕 양식의 특징은 첨두아치, 플라잉 버트레스, 리브 볼트 첨탑 등으로 압축된다. 첨두아치는 로마네스크 교회의 무거운 벽을 사각기둥으로 대체하면서 그 사이에 스테인드글라스와 무늬 장식을 한 창과 같은 얇은 벽을 넣었는데 그 상부를 보다 우아하게 장식할 뿐만 아니라 여타 아치에서도 끝을 뾰족하게 한 구조를 가리킨다. 플라잉 버트레스는 주벽(主壁)과 떨어진 독립된 벽으로 아치 모양의 팔을 통해 주벽의 횡압력을 지탱하는 부벽(扶壁)을 가리키는데, 건축물의 무게를 분산함으로써 보다 높은 건축물을 가능하게 한 공법이다. 리브 볼트는 아치형의 곡선을 한 변으로 하는 다각형의 서까래가 만나 천정의 골조를 구성하는 서까래형 궁륭이다.

이들 각각을 모두 고딕 건축가들이 발명해낸 것은 아니다. 하지만 이들은 이를 결합하여 신선하고 새로운 건축물을 창조해냈다.

건축물이 높아지면서 고딕문화의 초월적 성격도 구현되었다. 신적인

▲ 하늘로 솟고자 하는 욕망은 천정을 높이는 것은 물론 외부 첨탑의 높이도 올렸다. 사진은 첨탑의 높이가 157m에 이르는 고딕 양식의 쾰른 대성당.

세계 내지 보다 높은 수직적 초월적 공간으로의 지향과 그 성취의 성과를 높은 천정과 첨탑이 보여주고 있다. 하늘로 솟고자 하는 욕망은 파리 노트르담대성당(35m), 쾰른대성당(47m)에서처럼 내부의 천정을 높이는 것은 물론 첨탑 역시 쾰른대성당(157m), 밀라노대성당(106m) 등과 같이 한껏 끌어올렸다.

고딕 건축물은 또 무수한 조각 작품과 함께한다. 수많은 조각들이 건물과 조화를 이루면서 자리할 뿐 아니라, 기둥, 벽면, 창틀 등의 대부분도 새기거나 빚어서 만든 조각으로 장식되어 있다. 여기에 스테인드글라스의 그림을 더하면 고딕 성당은 명실상부한 종합예술작품이다. 오늘날 유럽의 대표적인 문화유산이나 명승유적의 상당수가 이 시대에 건축된 고딕식 성당인 것은 고딕 양식이 지닌 이런 종합성의 힘이다.

(4) 르네상스시대

르네상스는 부활이라는 어의(語義) 그대로 고대의 부흥이자 근대를 알리는 새로운 시작이었다. 중세 '암흑시대'를 벗어나기 위해 고대로 돌아가야 했고, 고대의 찬란한 문화를 다시 배워야 했다. 르네상스의 이상은 인간의 능력에 대한 이해를 높이고, 그 능력의 범위와 실질을 넓히는 것이었다. 진리의 탐구를 위해서는 기존의 가치와 신념을 가차 없이 비판하였고, 때로 그리스도교의 교리도 의심과 질문의 대상이 되었다. 이런 의심과 탐구는 근대 과학과 기술의 기초를 마련해 주었고, 건축에 있어서도 수학적 비례를 고려한 규범과 법칙에 의한 조화와 질서, 균형과 통일의 형태미를 추구하였다.

▲ 르네상스 건축은 수학적 비례를 고려한 규범과 법칙에 의한 조화와 질서, 균형과 통일의 형태미를 추구하였다. 사진은 이탈리아 북부 비센차에 있는 르네상스식 별장 '로톤다'.

중세의 신 중심 세계관에서 벗어나 인간 중심의 건축물, 즉 교회 이외에 공공건물, 궁전, 주책 등 다양한 분야의 건축이 시도되었다. 15세기 초 이탈리아에서 시작된 르네상스 건축은 당대 최고의 상공업 도시인 피렌체를 중심으로 전개되었는데, 시간이 지나면서 박공, 아치, 아케이드 등 다양한 고전적 요소들을 수용 변화 발전시킨 독창적인 건축물을 지었다. 르네상스 건축은 이후 15, 16세기를 거치면서 프랑스, 영국, 스페인, 독일, 네덜란드 등 전 유럽으로 파급되어 오늘날까지 전해지는 걸작들을 남겼다.

(5) 바로크, 로코코시대

바로크 건축은 로마를 중심으로 한 이탈리아에서 시작되었지만 파리에서 꽃을 피운 후 전 유럽으로 확산되어 대중화되었다. 당대의 전제 군주들이 채택한 바로크 양식은 각 지방의 특색을 덧붙이면서 급속히 발전하였다. 바로크 양식은 대개 절대 권력을 가진 독재자가 통치하는 중앙집권적 국가에서 유행하던 양식이어서 절대왕정의 양식이라고 부르기도 한다. 사실 절대왕정의 절정이라고 할 수 있는 루이 14세의 치세를 상징하는 베르사유 궁전은 바로크 건축의 상징이기도 하다.

'바로크(Baroque)'라는 말은 '찌그러진 진주'를 뜻하는 포르투갈어에서 비롯한 것으로 고전적인 건축과 대조되는 비정형적이고 기괴한 것을 폄하하여 부르는 말이었다고 한다. 19세기 후반 예술사가들에 의해 17, 18세기의 서양 예술 사조를 가리키는 명칭으로 자리 잡으면서 경멸적인 의미는 사라지고 웅장하고, 역동적이며, 화려하고, 열정적이고, 감각적이며, 사치스러운 풍모를 지닌 한 시대의 경향을 가리키는 말로 정착하였다.

루이 14세(1638~1715)의 절대적인 권력과 권위의 상징으로서 이후 전 유럽의 궁전 건축의 모범이 되었던 베르사유 궁전은 바로크 양식의 대표적인 건축물이다. 태양왕이라는 호칭을 좋아했던 루이 14세의 취향을 반영하듯 방사선으로 이어진 길들이 모두 궁전으로 수렴되고, 왕의 침실에서 교차한다. 왕의 침대가 전체 배치의 절정이 되는 셈이다.

▲ 바로크 건축은 고전적인 건축과 대조되는 비정형적이고 화려하며 현세적인 특징을 보인다. 사진은 바로크 건축의 상징으로 꼽히는 베르사유 궁전.

베르사유 궁전은 또 자연을 정복하려는 바로크적 의지를 나타낸다. 그러면서 왕의 절대적 권위가 교황의 종교적 권위를 능가하는 것을 보여준다. 근대 이후 시도된 유럽문화의 실질적인 세속화가 제대로 시작되는 것이다. 베르사유 궁전의 건축 이후 합스부르크가의 쇤브룬 궁, 프로이센의 포츠담 상수시궁, 러시아의 상트페테르부르크 여름정원 등 여러 왕실의 바로크 양식 궁전이 연달아 신축 또는 개축되었다.

바로크 양식은 일부에서 보다 개인적인 취향의 사적인 공간을 중심으로 하는 로코코 양식을 발전시켰다. 절대왕권을 배경으로 공적 생활공간 위주로 전개되던 바로크와 달리 로코코는 섬세하고 우아한 개인적 쾌락 위주의 사적인 소규모 공간 창조에 주력하는 모습을 보였다.

(6) 철강 및 유리 건축시대

통일된 하나의 문화를 향유하던 시대는 18세기 중반을 기점으로 종언을 고하고, 유럽 사회는 산업적, 사회적 혁명을 통해 분열되기 시작했다.

과학의 발전과 계몽주의 정신에 바탕을 둔 진보에 대한 확신은 이후 제국주의의 발흥과 양차 세계대전으로 이어지는 파괴와 공포의 역사도 가져왔지만 이전 시대에는 체험하지 못한 새로운 차원의 예술과 건축을 가능하게 했다.

이 시대 새로운 건축은 특히 18세기 후반 철과 강철이라는 새로운 건축 재료를 이용할 수 있었기 때문에 가능했다. 현대건축을 향한 길을 열어가는 이 새로운 자재는 1713년 석탄 광산에서 캐낸 코크스(cokes)를 통해 대량 생산이 가능해지면서 일약 건축 산업의 면모를 바꾸어 놓았다. 철을 용광로에 녹이는 것은 14세기에 이미 개발되었지만 양이 제한적이었던 숯을 사용함으로 대량생산이 가능하지 못했던 것이다. 1767년 최초의 철제

레일이 제조되었고, 1775년 처음 교량 건설에 철제가 사용되었다.

19세기 중반 산업의 급속한 팽창은 산업박람회를 통한 산업의 진흥과 상품 홍보의 필요성을 제기하고 이를 실천하기에 이르렀는데, 1851년의 런던박람회와 1889년의 파리박람회는 특히 획기적인 건축물을 선보여 건축사에 전환점이 되었다.

1851년 런던박람회를 맞아 건축된 수정궁은 과거의 양식으로부터 자유로운 최초의 위대한 공공건물로 평가된다. 1936년 화재로 전소된 이 건물은 공장에서 생산된 주철과 유리 등의 부재로 지어졌는데, 건물 디자인은 당시 이용할 수 있었던 가장 큰 유리판의 길이인 1.2m 단위로 마련되었다고 한다.

1855년 이후 파리에서 몇 차례 박람회가 열렸지만, 1889년 박람회에서는 특히 기념비적 건축물을 통해 세계인의 이목을 집중시켰다. 거대한 철제 건축으로 이루어진 기계 전시관은 민주주의 건축을 예시해보이면서 우주시대를 예고하고 있다는 평을 받는다.

이와 함께 파격적인 형태와 높이로 건축 당시에는 파리의 경관을 해친다는 이유로 건축을 반대하는 목소리가 많았던 에펠탑은 오늘날 파리의 랜드 마크로 세계인의 사랑을 받고 있다.

▲ 1851년 런던박람회를 맞아 건축된 수정궁. 주철과 유리를 사용한 당시로는 아주 새로운 형식의 건축물이었다.

모파상 같은 작가가 에펠탑 건설을 폄하했던 대표적인 인물이다. 에펠탑은 이집트의 오벨리스크, 로마의 개선문 아치, 중세의 고딕 첨탑과 같은 인간이 이룩한 높은 성취를 통합한 건축물이다. 그러면서 에펠탑은 자연을 정복하고 복종시키고 통제할 수 있다는 인간의 자신감을 전달하고 있다.

(7) 현대

19세기 후반 등장하기 시작한 현대 예술은 점차 자연을 모방하거나 자연을 착상의 출발점으로 삼는 전통적인 예술의 태도를 포기하는 경향을 보이기 시작한다. 예술은 이제 자연을 모사하는 대신 현실에 대한 주관적 해석을 내놓으려 한다. 자연에 대한 보다 정확한 묘사를 가능하게 한 과학과 기술의 발달도 이런 변화의 원인이 되었을 것이다.

예술은 이제 심미적 아름다움의 표현이 아니라 정서적 차원의 의사소통을 위한 것이 된다. 인상파, 입체파, 미래파, 표현주의, 초현실주의 등의 새로운 사조를 표방한 예술 작품은 때로 대중의 취향을 거슬러 불쾌감을 불러일으키기도 하면서 주관적인 해석과 전망을 제시해 보였다.

이런 새로운 예술적 전망을 받아들여 20세기 이후 새롭게 틀을 잡아가는 유럽의 현대건축은 기능을 강조하면서 전통적인 장식 모티프를 거부하는 특징을 보인다. 국제주의 양식, 기능주의 등으로 불리는 이런 경향은 정육면체의 벽면이나 유리면에 의한 구성을 즐겨 평활지붕, 평활벽면, 규격화한 유리창 등과 같은 단순한 기하형태나 기하 공간 속에 과학기술을 담아 넣었다.

이런 양식의 형성에 중심적인 역할을 한 인물로 발터 그로피우스(Walter Gropius, 1883-1969)를 들 수 있다. 베를린 출신으로 초기에는 공장이나 사무실을 설계하였던 그는 1차 세계대전 이후 '바우하우스(Bauhaus)'라는 미술, 공예, 디자인, 건축학교의 교장이 되면서 현대 건축 및 디자인 운동의 중요인물이 되었다. 바우하우스 교장을 사임한 이후에도 도시문제를 해결하는 새로운 집단 주거 건축 모델로서 고층아파트를 제안하고, 대규모 주택단지도 건설하였다. 나치정권이 들어서면서 독일을 떠나 영국과 미국으로 건너가서도 현대 건축의 발달에 지대한 공헌을 하였다.

▲ "형식은 기능에서 나온다"는 바우하우스의 슬로건은 현대의 건축과 디자인의 실용적 특징을 잘 반영하는 말이다. 사진은 독일 데사우에 있는 바우하우스 건물로 그로피우스가 설계하였다.

현대건축과 산업디자인의 특징을 가장 잘 반영하는 슬로건은 "형식은 기능에서 나온다(Form follows function)"는 말이다. 19세기 후반 미국의 고층건물 건설의 길을 연 루이스 설리번(Louis Henri Sullivan, 1856-1924)이 발언한 것으로 알려진 이 표현은 건축과 디자인에서 장식의 의미를 근본적으로 성찰하게 하는 말이다. 바우하우스 운동은 물론이고, 다양한 자재와 복잡한 기술을 활용하는 현대 건축은 물론이고, 수많은 공산품을 생산하는 산업계에서 이 말의 의미는 여전히 성찰의 화두가 되고 있는 것이다.

3 | 축일과 축제

축제를 뜻하는 페스티벌(Festival)은 라틴어 festum에서 유래한 것으로, 그 어원인 형용사 festus, 즉 '종교의식에 들어간, 경건한'의 의미를 활용한 말이다. 곧 페스티벌에는 종교적 숭배, 봉행의 의미가 들어가 있다. 공휴일을 의미하는 홀리데이(holiday)에도 '신성한(holy)'의 의미가 담겨 있어서 그 근원에 종교적인 경건함이 들어있음을 짐작할 수 있다.

축제나 축일은 신앙과 밀접한 관련을 맺고 있다. 오늘날의 일부 상업적인 성격이 강한 축제들 외에는 대부분의 축제와 축일은 그 발생과 발전 과정에 종교 내지 종교적인 심성이 깊이 연관되어 있다. 유럽의 축제문화가 그리스도교와 밀접하게 결합되어 있는 것도 이런 축제와 종교의 직접적인 상관성에서 연유한다. 오랜 기간 그리스도교의 영향하에 있었던 유럽으로서는 축제와 축일도 그리스도교의 중요 일정과 연계되어 마련될 수밖에 없었던 것이다.

그리스도교를 중심으로 한 유럽의 축일은 모두 예수의 일생과 관련되어 마련되었다. 특히 성탄절과 부활절이 중요한 축일 산정의 기준이 된다.

성탄절은 12월 25일이다. 그 전날인 크리스마스이브도 중요한 축일인데, 이는 초대 그리스도교에서 하루를 일몰에서 다

▲ 16세기 그레고리우스 13세 교황은 율리우스력의 문제점을 보완한 새로운 달력을 공포하였다. 사진은 베드로 성당의 그레고리우스 13세 무덤 장식. 그레고리우스력의 채택을 축하하는 모습이 새겨져 있다.

생활문화 183

음 일몰까지로 계산했던 관습 탓이다. 예수 크리스트의 탄생일에 대한 자세한 기록은 없다. 탄생일을 축하하는 의식도 3세기 이후부터 행해진 것으로 보이는데, 그 날짜도 일정하지 않았다.

로마 교회가 성탄절을 12월 25일로 정한 것은 4세기 중반이며, 뒤이어 동방정교회도 이를 따랐다. 그러나 1582년 교황 그레고리우스 13세가 개정 공포한 이후에도 율리우스력을 그대로 사용하는 동방정교회에서는 우리가 사용하는 그레고리우스력의 12월 25일보다 13일이 늦은 1월 7일이 성탄절이다.

그런데 이 성탄절의 제정이 실제 크리스트의 탄생과 무관한 이교도의 전통에서 비롯된 것으로 알려지고 있다. 로마에서 기독교가 공인되고, 국교로 되는 과정에 로마인들이 행하던 전래의 동지(冬至) 축일, 혹은 '사투르날리아(Saturnalia)'라는 농신제 날을 크리스트의 탄생일로 기념하게 되었다는 것이다. 사투르날리아는 로마의 농경신이자 그리스 신화의 크로노스와 동일시되는 사투른을 기리는 제의이다. 이 기간 중인 12월 25일은 특히 동지가 지나고 태양이 소생하는 날이라고 하여 기념하였다. 로마 신화적 세계관에 뿌리를 둔 토속 신상과 결부된 이러한 민속을 초기 그리스도교인들이 성탄일에 결합시켰던 것이다.

크리스마스 직전 4주간은 예수의 탄생과 부활을 기리는 대림절(待臨節) 절기이다. 교회력에서 바로 이 대림절(또는 강림절)로 한 해가 시작된다. 이 기간에는 크리스마스까지 며칠이 남았는지 계산해 주는 대림절 달력을 만들어 기다림의 의미와 재미를 더한다.

크리스마스에는 또 가정이나 교회, 혹은 여러 기관에서 독특하게 장식한 크리스마스트리를 만드는 관습이 정착되어 있다. 크리스마스트리는 분명한 기원이 있는 것은 아니고, 문화권별로 다양한 선행 관습이 발전 정착한 것이다.

상록 식물이 지닌 생명력을 기려서 집안으로 이런 녹색 식물을 들이면서 건강을 기원하는 풍습은 로마시대에도 있었다고 한다. 당시 로마에서는 특히 월계수 가지를 많이 사용하였는데, 북부 유럽 지역에서는 전나무 가지를 집안에 걸어 악귀를 막고 봄을 기다리는 희망의 마음을 표현하였다고 한다.

크리스마스트리가 처음 나타난 것은 15세기 초반 독일이었다고 알려져 있다. 프라이부르크의 한 제빵업자가 신년을 기념해서 여러 가지 간식과 과일, 호두 등을 단 나무를 세워 아이들이 가져가서 나눠 먹도록 했다고 전해지는데, 이후 귀족들 사이에서 집 앞에 크리스마스 장식으로 나무를 세우는 풍습이 생겼다는 것이다. 실제 1539년 스트라스부르 대성당에 크리스마스트리가 세워졌다는 기록이 남아있고, 1605년에 나온 책에는 크리스마스트리의 그림도 발견된다.

크리스마스트리를 만드는 관습이 일반 가정으로 확대된 것은 17세기쯤이었던 것으로 보인다. 그러면서 촛불 등 다양한 장식을 한 크리스마스트리가 나타났다.

크리스마스와 관련한 관습 가운데 산타클로스를 중심으로 한 이벤트는 이보다 훨씬 후대에 보편화되었다. 4세기 소아시아의 대주교였던 성 니콜라스는 어린이들의 수호자로서 많은 선행을 베풀었다고 한다. 가톨릭에서는 그를 성인으로 숭배하였는데, 그에 대한 이야기가 유럽으로 전해져

▲ 종교적 관습도 우연히 만들어진 것이 많다. 크리스마스트리는 15세기 초반 독일의 한 제빵업자의 선행에서 비롯된 것으로 알려져 있다. 붉은 옷에 장화를 신고 흰 수염을 단 산타클로스의 모습도 20세기 코카콜라 광고에서 비롯된 것이다.

사람들 사이에 회자되었다.

그런데 라틴어로 상투스 니콜라우스인 그의 이름을 네덜란드 사람들은 산 니콜라우스라고 불렀고, 신대륙에 이주한 이들 네덜란드인 후손들이 다시 산테 콜라스라고 부르다가 산타클로스가 되었다고 전해진다. 아무튼 자선을 베푸는 전형으로 산타클로스는 이후 전 세계에서 착한 어린이에게 선물을 전하는 상상의 인물이 되었다.

산타클로스가 굴뚝을 타고 들어와 걸어둔 양말에 선물을 전한다고 믿는 관습은 성 니콜라우스가 어느 가난한 세 자매를 돕기 위해 굴뚝으로 황금을 넣어 집안의 양말 속으로 들어가게 했다는 전설에서 비롯한 것이다.

한편 붉은 옷에 장화를 신은 흰 수염의 산타클로스 복장은 1931년 코카콜라 광고에서 시작되었다고 한다. 이렇게 해서 순록이 끄는 썰매를 타고 큰 자루를 메고 굴뚝을 타고 들어와 아이들의 양말 주머니에 선물을 넣어준다는 이야기와 그에 따른 이벤트가 자리 잡게 되었던 것이다. 순록과 눈썰매의 전설은 또 핀란드의 북서부 오지 마을 로바니에미라는 곳을 산타클로스의 고향 마을로 만들어 오늘날까지 관광 명소가 되어 있다.

크리스마스와 함께 또 하나의 그리스도교 최대의 축일은 부활절이다.

부활절은 봄철의 축일이며, 이를 기준으로 다양한 행사가 연계되어 치러진다. 부활주일의 기원은 분명하지 않다. 현재의 부활절은 325년의 제1회 니케아공의회에서 결정된 것으로 '춘분 후 첫 보름달이 뜬 이후 일요일'로 정해져 있다. 부활절의 날짜는 예수가 유월절 이후 첫 안식일에 부활했다는 유대력에 기초한 것이지만 부활절을 가리키는 게르만어(easter, osten)를 볼 때 비그리스도교권의 봄맞이 관습과의 연계성도 읽을 수 있다.

부활절 특유의 관습에는 부활절 토끼와 부활절 계란이 있다. 크리스마스의 산타클로스 선물과 비슷한 맥락을 지니는 이 관습에 등장하는 토끼와 계란은 비그리스도교 전통에서 비롯한 것으로 추정되는데, 이때의 토끼와 계란은 모두 다산과 풍요, 그리고 부활을 상징한다. 부활절이 되면 아이들은 부활절 토끼가 착한 어린이에게 선물로 가져다준 색칠한 계란을 받거나 찾아다닌다.

부활절은 또 이날의 의미와 상관된 여러 축일을 지정하는 기준이 된다. 부활절 46일(일요일 제외하면 40일) 이전의 날, 즉 부활절 7주 전의 수요일을 재의 수요일로 지정하고, 이 날부터 부활절까지의 기간을 사순절이라고 하여 예수 크리스트의 고난을 기리며 죄를 고백하고 금식 금욕한다.

또 부활절 이후 40일째 되는 날, 즉 부활절 후 7주째 목요일은 예수승천일이며, 예수 승

▲ 부활절 계란. 부활절에 착한 아이들에 주는 선물인 색칠한 계란도 비기독교 전통에서 유래한 것으로 보인다.

천일 이후 10일째이자 부활절 이후 8주째 일요일은 예수의 제자들이 모신 곳에 성령이 내려 성령에 충만한 제자들이 전도활동에 나서게 되었다는 성신강림절이다. 이러한 축일 이외에도 그리스도교에 기반을 둔 여러 성인을 기리는 다양한 축일들이 있는데, 이들은 지역에 따라 축하의 방식과 정도에 약간의 차이를 보이기도 한다.

한편 부활절 축일과 관련하여 그리스도교문화권에는 독특한 축제가 만들어져 있는데, 카니발이 그것이다. 지역에 따라 상이한 이름으로 발전한 이 카니발은 예수의 고난을 기리기 위해 금식과 금욕의 규율을 따라야 하는 경건한 사순절 기간이 시작되기 전에 자유롭게 열정을 발산하며 축제를 벌이는 사육제(謝肉祭)이다. 카니발의 어원인 carne vale(고기여 그만), canem lavare(고기를 먹지 않다)에서 이 축제의 형성 배경을 짐작할 수 있다.

지역에 따라 3일에서 7일간 계속되는 이 축제 기간에는 가장행렬을 벌이는 등 다채로운 행사를 통해 사람들은 경건한 사순절 기간의 금욕과 금식의 고통을 보상받는 유흥과 일탈의 즐거움을 누린다.

▲ 카니발은 금식과 금욕의 사순절에 들어가기 전에 자유롭게 열정을 발산하는 일탈의 장이다. 사진은 북이탈리아 비아레기오의 카니발 모습.

이밖에도 유럽에는 개별 국가의 역사나 지역의 독특한 설화나 사건을 배경으로 한 다양한 축제가 있다. 전통적인 축제는 대개 공동체 구성원들에게 일체감을 부여하는 제의와 감사 음복의 의미가 강했지만 일상에서 벗어나 일탈을 즐기는 유흥의 축제, 또는 특정 주제를 설정하여 진행되는 전문화 상업화한 축제 등 다양한 양상을 보이고 있다.

앞서 언급하였듯이 축제를 가리키는 페스티벌(festival)은 축일을 뜻하는 라틴어 festum에

▲ 페스티벌은 특정 지역의 고유한 주제를 내세워 기리는 축제이다. 사진은 오스트리아 쿠프슈타인 지방의 가축물이 페스티벌 모습

서 유래한 것으로 카니발이 가진 일탈적 의미와는 다른 지향을 담고 있다. 공휴일을 의미하는 홀리데이(holiday)에도 '신성한(holy)'의 의미가 담겨 있는데, 그 근원에 종교적인 경건함이 들어있음을 알 수 있다.

프랑스에서 축제는 페스티벌, 페트, 카니발, 푸아르 등으로 구분된다. 페스티벌(festival)은 하나 혹은 여럿의 테마를 내세워 보다 전략적으로 만들어진 축제를 지칭하며, 페트(fête)는 지역 특산물 등 전통을 살려 오랫동안 유지되어온 형태의 축제를 말한다. 송로버섯 축제, 밤 축제, 햇포도주 축제 등이 대표적인 페트이다. 반면 카니발(carnaval)은 예수의 수난을 기리기 직전 폭음과 폭식을 즐기며 해방감을 즐기는 형태로 종교적인 의식과 관련을 맺고 있으며, '푸아르(foire, '장'의 의미)'는 유사 축제의 의미를 갖는데, '파리 장터(Foire de Paris)'가 이 단어를 붙인 유명한 행사다.

축제와 휴일은 결국 신성한 대상을 만나기 위한 의식(儀式)을 바탕으로 한 다양한 행사와 유희의 장이다. 그런데 많은 축제에서 때로 열광과 방종의 카니발적 일탈이 허용되고 있는데, 이는 것은 이런 종교적인 의식의 이

면적 속성이 반영된 것이라고 할 수 있다. 그러면서 축제는 해당 집단의 공동체 의식을 강화해주고, 구성원들의 일탈적 열광을 통한 사회적 카타르시스를 실현하면서 독자적인 문화를 계승하는 역할을 한다. 나아가서 현재의 전문화 상업화된 축제의 경우 특정 지역이나 계층의 개성이나 세를 과시하면서 경제적 효과를 거두기도 한다.

유럽의 기타 비그리스도교 배경의 민속 축일은 계절의 변화와 연관되어 날짜가 정해져 있다. 겨울의 기운이 가시고 완연한 봄으로 접어드는 5월의 직전인 4월 말, 그리고 여름의 기운이 가시고 겨울이 시작되는 10월 말은 이러한 축일 지정의 중요한 기점이 된다.

4월 말에 행해지는 유럽의 전통 축제는 발푸르기스의 밤 축제이다. 주로 중부와 북부 유럽에서 행해지는 이 축제는 민간에서 전승되어 온 여러 가지 봄철 풍습에 그 기원을 두고 있다. 이날 사람들은 커다란 화톳불을 피워서 겨우내 함께했던 죽음과 혼돈의 영령을 떼어내고, 다음날인 5월 1일에는 빛과 태양의 부활을 축복하는 행사를 벌인다. 켈트 신화 등에서 볼 수 있는 춘분과 하지 사이의 보름밤 축제가 발전한 것으로 보기도 한다.

전통적으로 이 지역 민가에서는 4월 30일 밤과 5월 1일 새벽이면 높은 산에서 마녀들이 잔치를 벌인다고 믿고 있는데, 이들 마녀에 대한 경원의 풍습이 축제로 정착한 것이다. 발푸르기스 밤 의식은 농촌에서 많이 행해지는데, 밤새 채찍 소리를 내거나 빗자루를 늘어놓아 마귀의 접근을 막기도 하고, 또 마을 광장에 메이폴을 세워 청소년의 담력을 시험하거나 다산을 기원하였다.

'발푸르기스의 밤'의 어원은 프랑크왕국에 파견되었던 영국 선교사 성 발푸르기아(Saint Walpurgia, 710-779)와 관련된 것으로 알려져 있다. 게르만선교의 주역인 보니파키우스의 조카로 두 오빠와 함께 선교에 나섰던 발푸르기아는 바이에른 하이덴하임 수도원의 수녀가 되었다. 죽은 후 성자가 된 그녀의 유해는 나중에 아이히시테트로

▲ 발푸르기스의 밤은 빛과 태양의 부활을 축하하는 축제이다. 그림은 괴테의 《파우스트》에 나오는 발푸르기스의 밤을 그린 삽화.

옮겨졌는데, 이장한 날인 5월 1일이 바로 성발푸르기아의 축일이다. 발푸르기스의 밤은 바로 이 발푸르기아의 축일 전날이라는 의미로 불리게 되었다는 것이다.

한편 발푸르기스의 밤에는 마녀의 준동을 막기 위해 큰 소리로 종을 울리곤 했는데 그 소리를 표기하는 발페른이란 말을 발푸르기스의 어원으로 보기도 한다. 화톳불을 피우고 마녀를 쫓는 등의 의식은 부활절에, 화톳불을 피워 태양을 기리는 것은 하지 축제에 그 의미를 분산하고 있다.

10월 말의 축제도 이와 비슷한 민간 풍습에 뿌리를 두고 있다. 하절기와 동절기의 구획으로서 10월 말과 11월 초의 의미를 축제로 정착시킨 것으로 할로윈이 그 전형이다.

할로윈 축제는 고대 켈트신화권의 삼하인(Samhain) 축제에서 비롯되었다. 삼하인은 하절기를 마감하고 새해와 겨울을 맞이하는 축제의 날이다. 그리고 삼하인 전야의 12시간은 과거와 현재와 미래가 함께 하는 영원의 시간으로 이때에는 죽은 사람들의 영혼이 그들의 집으로 돌아온다고 믿었다. 그래서 이날은 악마의 도움으로 결혼, 행운, 죽음에 관계되는 점을 치기에 좋은 때라고 생각하여 납 점이나 퀴즈놀이 등을 행하였다.

그리스도교의 전파와 함께 이 축제는 만성절(All Saints' Day, 11월 1일) 전날 밤의 행사로 자리 잡았다. 할로윈이라는 말은 앵글로색슨어로 '성인(聖人)'을 뜻하는 'hallow'를 기반으로 'All Hallows' Eve, 즉 '만성절 전야'를 줄여 '할로윈(Halloween)'이 되었다는 설이 유력하다. 이날 밤에 하절기 내 숨어 있던 귀신이나 마녀가 나온다고 믿었는데, 이들을 막기 위해 유령이나 괴물 복장을 하고 축제를 즐겼다.

오늘날에는 미국에서 어린이들의 축제로 유명하다. 아일랜드인들이 들여온 풍습으로 보이는데, 속을 도려낸 큰 호박에 악마의 얼굴 모습을 새기고 그 안에 초를 고정시켜 놓은 할로윈 상징물을 만들고, 도깨비·마녀·해적 등으로 가장한 어린이들이 집집마다 다니며 '과자를 주지 않으면 장난을 치겠다(Trick or Treat)'고 하면서 초콜릿과 캔디를 얻는 놀이를 한다.

▲ 할로윈은 11월이 시작되기 전날 밤 하절기의 끝과 동절기의 시작을 기념하는 축제이다. 이날 밤 하절기 내내 숨어 있던 귀신과 마녀가 나온다고 생각한다. 사진은 할로윈 밤에 귀신의 출입을 막기 위해 만드는 호박등.

그밖에 지역에 따라 하지축제, 동지축제와 같은 계절 축제, 레몬축제, 토마토축제, 맥주축제, 포도주축제 등의 특산물 축제, 그리고 음악제, 영화제 등의 다양한 지역문화 축제가 행해진다.

축제는 그러면서 해당 지역민의 공동체 의식을 강화하고, 그 구성원 개인이 경험하는 일탈과 카타르시스 체험을 통해 사회·문화적 안정을 도모한다. 축제는 또 지역과 지역민에게 축제 그 자체, 혹은 축제 관련 상품을 관광 자원으로 한 경제적 이익을 주기도 하는데, 현대에는 보다 전문화 상업화한 축제를 개발하고 산업화하여 지역 경제에 도움을 얻으려는 경향이 강화되고 있다.

■ **프랑스의 1년 문화 캘린더**

프랑스는 유럽에서도 손꼽히는 문화 대국이다. 프랑스에서 벌어지는 문화행사들에는 몇 가지 공통점이 발견된다. 우선 한 시기에 문화 행사가 집중되는 경우가 없도록 배려하고 있다. 그리고 한 번 만들어진 행사는 특별한 이변이 없는 한 지속되며, 원래 성격을 바꾸지 않는다는 특징을 보여준다. 계절의 변화와 함께 다양하게 펼쳐지는 행사들을 월별로 나누어 정리해보았다.

1월: 선물의 계절. 다양한 종류의 예술 관련 서적들 선물. 사진, 미술, 음악 관련 호화 장정 저서들이 관심의 대상이 되며, 잘 만들어진 책은 예술품에 버금가는 대접을 받음.

2월: 카니발의 계절. 시가 퍼레이드를 위시하여 화려한 공연, 불꽃놀이가 펼쳐지는 다양한 지역 카니발. 2월 중순에서 3월 사이 망통 레몬축제(Fête du Citron).

3월: '재의 수요일'부터 부활절까지 40일의 금식 기간. 국제도서전 '살롱 뒤 리브르(Salon du Livre)'.

4월: 대개 부활절이 있는 달. 부활절 방학을 이용한 여행. 북부 해안도시 베르크-쉬르-메르의 연축제(Rencontres internationales de cerfs-volants). 쇼몽-쉬르-루아르 성(Château Chaumont-sur-Loire)의 정원의 '국제 정원 페스티벌(Festival des Jardins)'.

생활문화 193

5월: 노동절 시가행진. 5월 8일 승전기념행사. 칸 영화제. 5월 중순 스당 중세축제(Festival Médiéval de Sedan).

6월: 스포츠 시즌의 시작. 자동차 경주 '르망 24시(Le Mans 24 Heures)'. 프랑스 오픈 테니스 '롤랑 가로스(Roland Garros)'. 하지 '음악 축제(Fête de la musique)'. '님 팡트코스트(Feria de Pentecôte, Pentecost Feria, Nîmes)'. 카르카손 페스티벌(Carcassonne Festival).

7월: 센 강변의 '파리 플라주(Paris Plages)'. '바스티유 데이(Bastille Day, 7월 14일)'의 군사 퍼레이드(샹젤리제)와 불꽃놀이(에펠탑)와 대형 공연. 사이클 대회 '투르 드 프랑스(Tour de France)'. 아비뇽 연극제(Festival d'Avignon). '오랑주 오페라 페스티벌(Chorégies d'Orange)'. 라로셀(La Rochelle)의 '프랑코폴리(Francofolies)'. 퓌뒤푸(Puy du Fou) '시네세니'.

8월: 바캉스. 7월 행사들의 연장. 로리앙 인터켈트 페스티벌(Festival Interceltique de Lorient).

9월: 문학의 계절. 신간 소설 집중 출간. 뮐루즈 맥주 페스티벌(Mondial de la Bière Mulhouse, Mulhouse Beer Festival). 샤를르빌 메지에르의 국제인형극제(Festival Mondial des Théâtres de marionnettes). '파리 가을축제'. 9월 셋째 주말 이틀 '문화유산의 날(Journées du Patrimoine)'.

10월: 공쿠르 문학상을 비롯해 르노도, 메디치, 페미나 문학상 등 시상. '고교생 공쿠르 문학상'. 파리의 '백야(Nuit Blanche)' 축제. 몽마르트르 포도 수확제(Fête des vendanges de Montmartre). 포르트 드 베르사유의 초콜릿축제(Salon du Chocolat).

11월: 사진의 달. 사진 영상과 기술, 패션 사진, 인물 사진, 예술 사진, 르포 사진을 망라한 사진 관련 행사들이 60여 개 이상의 공간에서 100여 개 정도 열림. '파리 포토(Paris Photo)'. '크리스마스 마켓(marchés de Noël)'.

12월: 낭시의 성 니콜라(산타클로스) 축제(Feast of St. Nicholas). 12월 5일~ 8일 '리옹 빛의 축제(Festival of Lights)'.

4 | 여가문화와 관광

레저(leisure)는 개인에게 주어진 자유재량시간, 즉 여가를 말한다. 개인의 일상생활은 이러한 여가와 생활시간으로 구성된다. 노동시간과 생리적 필수 시간 등으로 이루어진 생활시간에 비해 여가는 개인이 스스로의 만족을 위해 자유롭게 활용할 수 있는 시간이다.

'허락받은', '자유로운' 등의 뜻을 가진 라틴어 licere를 어원으로 한 레저라는 말이 오늘의 개념으로 사용되기 시작한 19세기 후반 영국에서부터였다. 효율이 높은 다양한 기계가 도입되고, 노동조건의 개선을 주장하는 노동조합이 등장하면서 이전에는 하루 18시간에 달했던 노동시간이 현격히 줄어들고, 일요일뿐 아니라 토요일에도 휴무인 일터가 늘어났다. 여기에 저렴한 철도 시설이 구축되면서 도시 노동자들이 해변 휴양지 등으로 휴가를 가는 경우가 많아지면서 레저 혹은 레저 활동이라는 말이 사용되었던 것이다. 또 이들이 일정 소득을 레저 활동에 소비하는 생활양식이 정착되면서 일부 유럽과 북미의 산업 국가에서의 레저 산업도 중요 산업으로 정착되었다.

그러면서 직접 육체적인 활동을 즐기는 스포츠, 그리고 예술 활동이나 게임과 같이 정신적인 노력을 기울이는 여행, 취미, 오락 등의 적극적인 레저 활동이 자리를 잡아갔다. 스포츠 경기를 관람하거나 영화와 텔레

▲ 현대 유럽인들은 많은 경우 텔레비전 시청으로 여가 시간을 보낸다. 베를린의 한 아파트 외벽의 위성 안테나 모습.

비전을 보는 등의 수동적이고 소극적인 레저 활동도 사람들의 생활의 일부가 되었다.

실내 근무를 주로 하는 직장에 종사하는 사람은 스포츠 활동 등 육체적이고 적극적인 레저 활동을, 그리고 직장에서 육체 활동을 주로 하는 사람은 반대로 독서, 텔레비전 시청 등의 정적이고 소극적인 레저 활동을 하는 것이 일반적이었다.

여가문화는 다양한 여가 산업을 발전시켰는데, 이와 관련하여 특히 주목받는 것이 관광이다. 관광은 관광지의 숙박, 놀이시설은 물론이고 이동을 위한 교통, 그리고 이들을 소개 안내하는 여행업 등을 발달시켰다.

2차 세계대전 이전 관광여행은 일부 상류층 엘리트들의 전유물이었으나 1950년 이후 급속히 대중화되었다. 특히 1965년 이후 20년간 관광객 수가 두 배로 늘어났다. 이러한 여행객의 급증을 수용하면서 새로운 산업으로서 여행 산업이 가능했던 것은 각종 관광 인프라가 제대로 갖추어져 있었던 덕분이다. 다양한 자연경관이 산재해 있는 자연 환경적 특징과 오랜 역사에 뿌리를 둔 숱한 역사 유적지 등 관광객을 유인할 수 있는 상품이 있었고, 로마시대부터 현대에 이르기까지 지속적으로 개량 발전시켜온 도로, 철도, 수로, 항공 등 교통 인프라도 갑작스러운 유동 인구 증가를 감당하면서 함께 발전할 수 있는 토대가 마련되어 있었던 것이다.

유럽에는 로마시대에 이미 32만km의 간선도로가 건설되었다. 오늘날까지 이탈리아의 중요 간선도로로 사용되고 있는 아피아가도(Appian way)도

그때 건설된 도로이다. 로마시대 도로 건설의 전통은 프랑스, 영국 등 근대의 중앙집권적 왕권국가들에게 이어져서 수도 중심의 방사상 도로 건설 패턴을 발달시켰다. 독일 등 여타 통일적인 정치조직을 갖추지 못한 곳에는 도로의 뚜렷한 집중 지점은 없었지만 장크트고타르드 고개처럼 멀리 떨어진 이탈리아와 라인강 유역을 연결하는 새로운 교류의 루트가 만들어졌다.

▲ 아피아 가도. 로마시대에 이미 대규모 토목 공사를 통한 도로 정비 작업이 이루어졌다.

유럽의 도로망에 결정적인 변화를 가져온 계기는 물론 자동차의 등장이었다. 이전의 역마차 간선도로망의 대대적인 개선을 통해 변화한 교통환경에 대응하였는데, 특히 20세기 중반 이후 승용차 보급률이 급격히 증가하면서 각국은 안정적인 도로 건설에 치중하였다.

현재 유럽인의 평균 승용차 보유 대수는 3명당 1대꼴인데, 이 비율은 1980년대 중반 이후 비교적 안정적인 양상을 보인다. 그러나 사고, 교통체증, 소음 등 자동차와 관련된 생활의 불편을 덜기 위하여 고속도로를 비롯한 각종 도로를 건설하거나 개보수하는 일은 각국의 중요 사업으로 매년 막대한 예산을 투입하고 있다.

고속도로는 특히 20세기 후반에 크게 증가하였는데, 나치시대에 건설된 독일의 아우토반(Autobahn)이 그 원형이다. 그러면서 여러 국가의 도로

▲ 유럽 각국의 도로망을 연결 유럽 고속도로망으로 통합하고자 한다. 사진은 이탈리아의 고속도로 모습. 번호 A1, A14 등은 국내 도로망 번호이고, E35, E45 등은 유럽 도로망 번호이다.

망을 보다 효율적으로 연결하기 위하여 유럽의 고속도로망을 통합하려는 계획이 추진되어 '유럽 고속도로(European Highway)'를 지정하고, 노선 번호를 부여하여 이들을 구분하고 있다. 예를 들어 E1 도로는 이탈리아의 시칠리아에서 로마, 제노바, 프랑스의 리옹, 파리, 르아브르에 이어지고, E8은 네덜란드의 헤이그, 독일의 하노버, 베를린, 폴란드의 바르샤바, 벨라루스의 민스크, 러시아의 모스크바를 잇는다.

산업혁명기 영국에서 처음 운행되기 시작한 기차도 자동차와 트럭에 밀려 여객이나 화물 수송 담당 비율이 현저히 떨어지긴 있지만 초고속열차라든가 유럽국제특급열차 등의 새로운 시설과 서비스를 개발하여 제 몫을 수행하고자 노력하고 있다.

초고속열차의 선두주자는 프랑스의 TGV(Train à Grande Vitesse)'이다. 1964년 개통된 일본 신칸센[新幹線]에 이어 세계에서 두 번째 고속전철로 1981년 개통되었다. 이보다 10년 후인 1991년에는 독일의 ICE(InterCity Express)가 운행을 시작했고, 영국이 그 뒤를 이었다. 시속 160-350km로 달리는 고속열차는 시간과 비용면의 우위를 무기로 항공노선과 경쟁하고 있는데, 특히 도버해협 해저 터널을 운행하는 유로스타(Eurostar)는 철도 교통의 새로운 미래를 열어주고 있다. 도버터널을 통하여 영국의 런던과 프랑스의 파리, 벨기에의 브뤼셀을 연결하는 유로스타는 런던과 파리 구간을 2시간 15분에, 런던과 브뤼셀 구간을 1시간 51분 만에 운행함으로써 3국 수도의 중심지를 최단시간에 연결하고 있다. 특히 도버해협을 이어주는 유로터널은 총 길이 50km의 세계 최장거리로 1987년 착공하여 1994년에 완공되었다.

▲ 유럽의 고속철도는 계속 노선을 확대하고 있다. 사진은 영국과 대륙을 연결하는 유로스타의 운행 모습.

유럽에서는 또 복잡한 수로망을 통해 도로와 철도를 보완하고 있다. 일찍이 지중해를 중심으로 바다를 이용한 해양 교역이 활발하였고, 북해와 발트해의 바이킹 활동, 그리고 대항해시대의 도래를 거치며 유럽인들에게 해양은 중요한 교통수단의 하나였다.

중세 이후에는 내륙 하천도 활발하게 활용되기 시작했는데, 산업혁명기 이후에는 곳곳에 운하를 건설하여 이들 내륙 하천을 연결하여 수운의 효용은 더욱 높아졌다. 19세기 중반에 영국에는 약 8000km의 운하가 있어서 산업혁명시대 원자재와 반제품의 주요 운반 통로가 되었다. 대륙에서도 운하 건설이 활발해져서 프랑스에서 내륙의 수로를 이용하여 러시아까지 바지선이 운항할 수 있었다.

유럽의 운하는 독일의 서부 라인강과 동부 오데르강을 연결하는

▲ 유럽 운하. 마인강과 도나우강을 연결하는 마인-도나우 운하를 통해 북해와 흑해를 수로로 연결하고 있다.

325km의 미텔란트 운하(Mittelland Canal, 1938년 완공), 덴마크 반도를 가로질러 발트해와 북해를 이어 주는 98km의 킬 운하(Kiel Canal, 1748년 완공), 그리고 카르카손 지협을 통과하여 지중해와 대서양을 잇는 360km의 미디운하(Canal du Midi, 1681년 완공) 등이 있다. 그밖에도 1992년에 개통한 171km의 마인-도나우 운하(Main-Donau Canal)는 북해-라인강 노선과 도나우-흑해 노선을 연결한다.

수운의 중요성은 철도와 도로의 확대로 점차 줄어들고 있다. 유럽의 총 물량 가운데 내륙 수로로 운반된 비율은 1970년의 12.5%에서 1990년 8%로 줄어들었다. 그래서 한때 스웨덴의 중요 인공 수로였던 191km 예테 운하(Göta Canal, 1932년 개통)처럼 주로 휴가 여행자들이 이용하는 레크리에이션용 수로로 변한 경우도 있다.

항공은 뒤늦게 등장한 수송 수단이지만 날로 수송량이 늘어나고 있다. 특히 1990년 이후 동서유럽의 여행 제한이 완화된 이후 미처 개선되지 못한 철도와 간선도로의 문제를 항공수송이 편리하게 해소해주었다. 그러면서 항공사는 물론이고 공항 간의 경쟁도 치열해졌다.

유럽의 대표적인 항공사로는 독일의 루프트한자(Lufthansa), 영국의 브리티시항공(British Airways), 이탈리아의 알리탈리아(Alitalia), 프랑스의 에어프랑스(Air France), 스페인의 이베리아(Iberia), 벨기에의 사베나(Sabena), 스위스의 스위스에어(Swissair), 네덜란드의 KLM, 아일랜드의 아에르링구스(Aer Lingus), 스칸디나비아의 SAS 등이 있다. 수송량이 많은 국제공항으로는 런던의 히드로(Heathrow)공항, 프랑크푸르트의 라인-마인(Rhein-Main)공항, 파리의 샤를드골(Charles de Gaulle)공항, 암스테르담의 스키폴(Schipol)공항, 그리고 로마의 레오나르도 다빈치(Leonardo da Vinci)공항 등이 있다.

유럽의 관광여행은 출발지와 도착지 양상에서 선명한 특징을 보여준다. 관광객 대부분의 출발지는 북유럽과 서유럽 국가들이고, 그들의 목적지는 남유럽인 경우가 많다. 유럽연합 관광객의 절반 이상은 스페인 등의 지중해 연안 해변을 찾는다. 스페인의 경우 50년대 후반에서 60년대 초반의 5년 사이에 관광객 수가 4백만에서 천 4백만으로, 외화 수입은 열 배가 늘었다.

스페인의 코스타델솔(Costa del Sol), 코스타델아자아르(Costa del Azahar), 발레아레스 제도(Baleares Isles)와 프랑스의 지중해 연안, 이탈리아 북부, 크로아티아의 달마치야해안, 불가리아의 흑해 연안, 우크라이나의 크림반도 등의 해안휴양지는 외국인 관광객이 집중적으로 찾는 유럽의 해변 휴양지이다.

▲ 지중해 해변은 유럽인이 즐겨 찾는 휴양지이다. 사진은 스페인의 지중해 섬 마요르카의 해변 관광지.

생활문화 201

해변 휴양지와 함께 산지 및 구릉 지역에도 많은 여행객이 모인다. 알프스산맥은 유럽의 중앙부에 위치하여 고지 관광산업의 중심이 된다. 특히 스위스와 오스트리아에는 매년 상주인구의 2배가 훨씬 넘는 2700만 명의 여행객을 맞고 있다. 이들 고지 여행객은 계절을 가리지 않는 특징을 보인다.

　유럽에는 이러한 휴양 레저 관광과 함께 문화관광 비중도 높다. 유명 역사 유적 지역이나 박물관은 물론이고 각종 예술 축제 등이 열리는 곳으로 많은 관광객이 몰린다. 아테네, 로마, 파리, 빈, 피렌체 등 역사·문화 도시들에는 사철 내내 국내외 관광객들의 발길이 이어진다.

　유럽 관광객은 일반적으로 여러 곳을 돌며 휴가를 보내는 것을 좋아하지 않는다. 이른바 관광여행(tour)보다는 휴가(holiday)를 선호하는 것이다. 희망 목적지를 정하고, 그곳에서 휴가의 전 기간을 보내는데, 부근의 관광지를 당일치기로 여행한다. 이렇게 한 곳을 목적지로 하는 여행문화는 또 도시민들의 전원에 대한 향수와 결부하여 휴가용 별장문화를 만들어냈다. 스페인의 일부 주는 주택의 30% 이상이 별장이라고 한다.

▲ 유럽 각국에는 도시의 교외에서 소규모 정원을 가꾸는 주말별장문화가 발달해 있다. 사진은 독일 쾰른 외곽의 주말 별장 모습.

휴가지가 아닌 도시의 교외에서 소규모 정원을 가꾸는 주말별장문화도 이런 별장문화의 원조이자 아류라고 할 수 있겠다. 독일의 슈레버가르텐, 영국의 얼랏먼트(allotment), 러시아를 비롯한 동유럽 국가의 다차

(dacha) 등 지역별로 다양한 이름과 형태를 지닌 도시 근교 소규모 주말농장이 발달해 있다. 예를 들어 불가리아 도시민의 32%가 농촌 지역에 다차를 소유하고 있다고 한다.

유럽인의 여행문화에서 건강을 위한 휴양 및 치료 여행을 빼놓을 수가 없다. 특히 온천 지역을 중심으로 다양한 수치료(水治療) 시설이 운영되고 있다. 이들은 서유럽 국가들의 후한 건강보험제도와 연계되어 사람들은 대개 정부의 보조를 받아 이러한 시설을 이용하고 있다. 독일의 도시 외곽에서 흔히 볼 수 있는 요양온천(Heilbad), 요양지(Kurort) 등의 표지판은 이런 시설이 있는 곳을 가리킨다.

관광산업의 발달은 관광지 주민들에게 복잡한 영향을 끼친다. 소득의 증대라는 경제적 이익이 있지만 더불어 발생하는 다양한 문제를 감내해야 한다.

관광과 관련한 알프스산지의 변화가 이런 문제를 예시적으로 보여준다. 1955년부터 시작된 대중 관광의 시대가 열리면서 이곳 주민들의 삶도 크게 변화하였다. 경제의 중심이 전통적인 낙농업에서 점차 여행객들에 의존하게 되면서 공동작업 평등주의 등에 기반을 둔 전통사회가 급격히 대중문화를 수용하는 방향으로 바뀌었다.

이전의 엘리트 관광여행에서는 상상할 수 없었던 일이다. 과거 여행객은 대부분 현지 주민과 거의 접촉하지 않았기 때문에 주민들의 생활방식을 바꾸는 일은 있을 수가 없었던 것이다. 하지만 대중관광시대가 열리면서 가난에 찌들었던 산지 마을이 경제적으로 윤택해지고, 각종 인프라가 개선되면서 젊은 사람들의 이농 현상도 잦아들게 되었다.

그러나 경제적 윤택함의 이면에 드리운 그늘도 없지 않았다. 이웃들 간에 관광 수입을 위해 경쟁함으로써 공존 공생의 전통적 미풍양속에 변화가 나타났고, 관광객을 위한 각종 시설을 건설하면서 환경을 파괴하고, 생태의 균형도 교란하였다. 무분별한 스키장 건설에 따른 산지의 절개와 대규모 벌목 등으로 예기하지 않은 눈사태가 일어나기도 하고, 동식물의 서식 환경도 크게 변화하였다. 일부 간선도로의 건설도 자연 생태계에 돌이킬 수 없는 피해를 주었다.

▲ 관광객을 위한 개발은 알프스의 생태환경을 크게 변화시켰다. 사진은 해발 2061m에 자리한 기차역 클라이네 샤이덱.

급격한 관광객 증가에 따른 과잉 개발의 문제는 지중해를 낀 해안 지역에서도 볼 수 있다. 스페인과 포르투갈의 해안 지역은 물론이고, 지중해의 섬 지역도 급격한 변화에 따른 몸살을 앓았다.

그리스의 섬 크레타의 경우를 보자. 크레타는 고대 미노아 문명의 고향으로 전통적으로 고고 유적을 방문하는 문화 지향의 소수 관광객이 찾는 곳이었다. 1971년 이 섬을 찾는 관광객은 1만 5천 명에 불과했다고 한다. 그러나 전통적인 지중해식 생활방식의 본고장으로서 이 섬의 매력이 알려지면서 관광객이 늘어나기 시작하여 최근에는 매년 2백만 명 이상의 관광객이 크레타를 방문하고 있다.

　섬 북부의 해안 지역 상당 부분은 이른바 '행락객의 게토(vacationer ghetto)'가 되었고, 이들을 수용하기 위한 많은 호텔이 건설되어 있다. 현재 인구 65만 명의 크레타에는 관광산업 관련 기업이 580개이며, 호텔업에 종사하는 주민의 수만 16만 명에 이른다고 한다. 그러면서 자연환경에 많은 변화가 가해졌고, 주민들의 생활도 농업과 목축 위주의 전통적인 경제 기반이 관광과 관련된 서비스 산업으로 재편되면서 근본적인 변화를 겪었다.

　관광산업의 이러한 부정적 양상에 대한 대안으로 유럽인들은 생태관광(ecotourism)이라는 대안을 제시한다. 1980년대 후반부터 널리 사용되고 있는 생태관광의 목표는 관광지의 자연환경과 지역문화에 피해를 주지 않는 지속가능성(sustainability)의 보존에 있다. 이를 위해 생태관광은 관광지에 대한 영향을 최소화하고, 지역문화를 배려할 것을 요구한다. 생태계의 보호를 통해 생물학적 다양성은 물론 문화 다양성도 지켜야 한다는 것이다.

　그러나 실제 생태관광 개념은 때로 오지 여행을 홍보하는 마케팅 수단으로 오용되기도 하는데, 이를 위해 풍광 좋은 곳에 대형 호텔을 건설함으로써 오히려 생태계를 해치는 양상으로 이어진다. '그린' 내지 '생태 친화'를 표방하는 이른바 '녹색 세

▲ 생태관광의 목표는 관광지의 자연환경과 지역문화에 피해를 주지 않는 데에 있다. 사진은 독일의 맨발 산책로 모습.

탁(greenwashing)'을 일삼는 사기꾼으로 비난을 받으면서도 이들의 사업은 여전히 불편함을 기꺼워하지 않는 상당수 유럽인 여행자와 공생 관계를 맺으며 발전하고 있다. 아직은 여행자의 자발적인 참여에만 의존하고 있는 생태관광의 한계이다.

7 유럽연합, USE의 꿈

1 | 유럽연합의 역사
2 | 유럽연합의 기구
3 | 유럽연합의 여러 모습
4 | 유럽연합과 한국

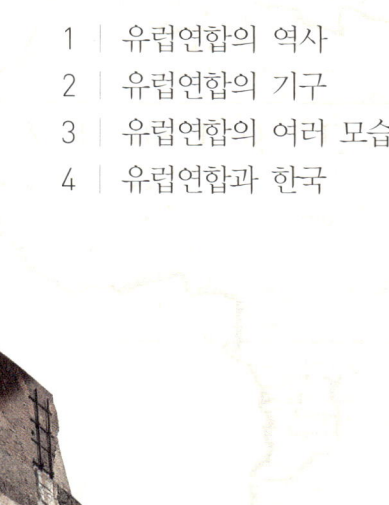

유럽연합은 28개 회원국으로 구성된 연합기구다. 1993년에 체결된 마스트리히트(Masastricht) 조약에 의해 12개 회원국으로 출범한 이래 몇 차례의 확장을 거듭하여 현재 전 세계 명목 총생산의 30%를 산출하는 인구 5억의 광역 경제권을 형성하고 있다.

　　2009년 11월에는 마침내 유럽연합 상임의장(실질적인 대통령)과 외교대표(실질적인 외무장관)를 선출함으로써 정치적인 통합도 가시화할 수 있게 되었다. 유럽연합은 그러면서 법률적 체계를 갖추고 정치 및 경제적 영향력을 안정적으로 행사하는 명실상부한 '유럽합중국(USE)'을 꿈꾸며 제도적 보완을 계속하고 있다.

　　유럽인들의 통합유럽에 대한 꿈은 멀게는 로마시대에 대한 동경과 결부된다. 전성기 로마가 누린 평화시대를 가리키는 팍스 로마나(Pax Romana)는 유럽인들에게 영광의 과거이자 꿈의 미래이다.

　　로마의 평화라는 뜻의 팍스 로마나는 기원전 23년에 기원후 180년까지 이어진 207년간을 가리킨다. 로마 제국의 평화는 실제 약한 민족의 반항을 억누름으로써 유지된 억지 평화의 측면이 없지 않았지만 후대인들에게 하나로 통합된 유럽이 누린 평화와 번영에 대한 환상과 동경을 심어주기에 충분했던 것이다. 중세의 신성로마제국, 나폴레옹의 제국 건설과 팽창, 히틀러의 유럽제패 야망 등은 바로 이 로마시대의 번영과 평화를 재현하려는 팍스 유로피아나(Pax Europeana)의 욕망이 발현한 것으로 볼 수 있을 것이다.

유럽연합의 꿈도 근본에서는 이런 평화와 번영을 위한 통합의 시도라고 할 수 있다. 과거의 시도들이 개인이나 집단의 이기심의 충족을 위한 지배욕에 근거한 것이었기 때문에 실패하였다면, 유럽연합의 꿈은 애초에 공존과 공영을 지향하는 건강한 목적을 안고 있어 성공 가능성을 높게 평가받고 있다.

유럽연합의 현황을 살펴볼 이 장에서는 우선 유럽연합의 성립과정을 정리하고, 유럽연합이 운영되는 구조와 이를 담당하는 기구를 알아보고, 기타 유로화와 문화정책 등 유럽연합이 시행하고 있는 여러 양상들을 알아보고자 한다. 아울러 유럽연합 28개 회원국에 대한 자세한 정보와 유럽연합과 한국의 관계에 대해서도 정리할 것이다.

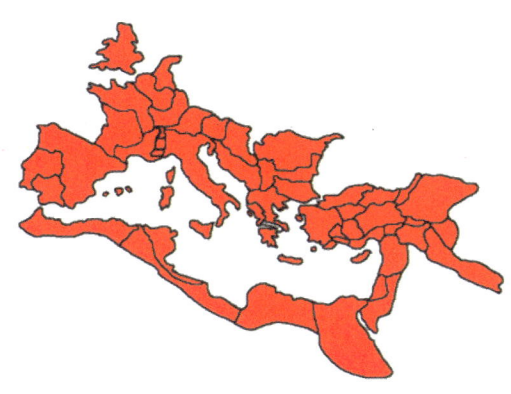

▲ 유럽인들에게 영광의 과거이자 꿈의 미래인 Pax Romana의 모습. 지도는 전성기 로마의 영토.

1 | 유럽연합의 역사

유럽연합은 고대 로마제국과 중세 신성로마제국, 그리고 19세기의 나폴레옹전쟁과 20세기의 양차 세계대전 등의 역사적 체험이 만들어낸 대안적 성격을 지닌다. 오랜 전통으로 자리해 온 문화적 동질감과 이를 과도하게 주장한 도발적 파괴, 혹은 창조적 도발이라는 부정과 긍정의 양면 기억이 보다 평화로운 새로운 체제의 모색으로 이어졌고, 그 결실이 유럽연합으로 발전해 온 것이다.

현재의 유럽연합 결성의 결정적인 계기는 무엇보다도 20세기 두 차례의 세계대전에 대한 반성이다. 2차 세계대전 이후 이제 더 끔찍한 파국을 몰고 올 것이 분명한 또 다른 전쟁을 근본적으로 방지할 필요성을 절감한 일부 정치인들이 이를 담보할 수 있는 다양한 외교적 구상을 내놓았던 것이다.

처음 화두를 제공한 사람은 영국 수상 윈스턴 처칠(Winston Churchil, 1874-1965)이었다. 1946년 9월 스위스 취리히에서 행한 한 연설에서 처칠은 유럽에 국제연합과 유사한 기구의 필요성을 언급하였다. 아직 많은 유럽인들에게 독일에 대한 증오가 가라앉기도 전인 이 무렵 처칠은 과감하게 평화로운 유럽을 위한 유일한 해법이 각국의 연합이라고 주장하고, 특히 적대관계의 프랑스와 독일이 우방국이 될 것을 요구함으로써 유럽연합 논의의 물꼬를 텄다.

이후 프랑스의 경제학자이자 정치인 장 모네(Jean Monnet, 1888-1979)가 구상한 프랑스 독일의 석탄 철강 공동관리 계획이 당시 외무부 장관 로베르 슈만(Robert Schuman, 1886-1963)에 의해 공식 제안되어 유럽공동체 논의가 구체화되었다.

산업 발전은 물론이고 전쟁 수행의 주동력인 석탄과 철강을 공동 관리함으로써 평화와 번영을 구하려는 이 구상은 1951년 4월 프랑스, 독일, 이탈리아, 벨

▲ 1950년 5월 9일 프랑스 외무부 장관 로베르 슈만은 유럽석탄철강공동체(ECSC)의 설립을 제안하였다. 유럽연합 출범의 단초가 된 이 일을 기념하여 유럽은 5월 9일을 '유럽의 날'로 기념하고 있다.

기에, 네덜란드, 룩셈부르크 6개국이 참여한 파리 조약의 체결로 이어졌다. 이듬해 7월에 발효된 후 정확하게 50년이 지난 2002년 7월 폐기된 이 조약을 통해 석탄철강공동체(ECSC, European Coal and Steel Community)가 발족되었다.

1957년 3월에는 ECSC 회원 6개국이 다시 로마 조약에 조인함으로써 유럽경제공동체(ECC, European Economic Community)의 설립에 합의하였다. 1958년 1월 발효된 이 기구를 통해 회원국들은 1969년 말까지 역내 단일 공동시장을 완성하는 것을 목표로 지역 내의 노동과 자본 이동의 자유, 농업·운수·통상·금융·사회 등의 제 분야에 대한 공동정책을 수립하는 등 밀도 높은 경제통합을 추진하였다.

로마 조약에 의한 유럽경제공동체의 창설은 그 후 순조롭게 진행되어 1968년 7월 지역 내 관세를 철폐하고, 대외 공통관세를 설정하기에 이르렀다. 로마 조약을 통해 이들은 또 원자력의 평화적 이용을 위한 유럽원자

력공동체(EAEC 혹은 Euratom, European Atomic Energy Community)도 설립하였다. ECC와 마찬가지로 1958년 1월 발효된 이 기구를 통해 회원국들은 원자력의 평화적 용도 개발을 위한 공동시장을 설립하여 핵물질 교역에 대한 수출입 관세를 면제하였다.

ECSC와 EEC, 그리고 Euratom은 1967년 7월 1일 3개 기관의 집행부를 통합하여 유럽공동체(EC, European Communities)를 설립하였다. EC의 창립회원국은 벨기에·프랑스·서독·이탈리아·룩셈부르크·네덜란드였지만, 1973년에 덴마크·아일랜드·영국이, 1981년에 그리스, 1986년에 포르투갈과 스페인이 가입하여 모두 12개 회원국이 활동하였다. 1993년 11월 1일 마스트리히트 조약 발효에 따라 EC는 1994년 1월 1일 출범한 유럽연합(EU, European Union)의 첫 번째 기둥으로 흡수되었다.

EU는 출범과 함께 곧장 법인으로서의 기능을 수행할 수가 없었기 때문에 중요 정책을 분담하는 이른바 '세 개의 기둥(Three Pillars)'을 설정하였는데, 그 첫 번째 기둥이 바로 경제, 사회, 환경 정책 분야를 담당하는 유럽 공동체(EC)였던 것이다. 두 번째 기둥은 '공동 외교 안보 정책(CFSP, Common Foreign and Security Policy)'으로 외교, 군사 분야를, 그리고 세 번째 기둥은 '범죄 문제의 사법 협력(PJCC, Police and Judicial Co-operation in Criminal Matters, 1997년까지는 '사법과 국내 문제(JHA, Justice and Home Affairs)'라고 불림)'으로 범죄 대책 협력 분야를 담당하도록 했다.

이 세 기둥은 궁극적으로 헌법의 채택(2005년 실패)이나 헌법에 준하는 조약의 체결(2008년 실패, 이후 계속 추진)을 통해 효력을 소멸하게 될 것이다.

EU는 1995년 오스트리아, 스웨덴, 핀란드의 가입으로 회원국이 15개국으로 확대되었고, 2002년에는 영국, 덴마크, 스웨덴을 제외한 12회원국이 공통의 화폐를 사용하는 화폐 통합을 이룩했다. 2004년에는 동구권의 폴란드, 헝가리, 체코, 슬로바키아와 옛 소련에서 분리 독립한 에스토니아, 라트비아, 리투아니

▲ 유럽연합 회원국들. 현재 28개 회원국이 가입해 있다.

아, 그리고 옛 유고슬라비아에서 분리한 슬로베니아와 지중해의 몰타, 사이프러스 등 10개국이 가입하였고, 2007년 불가리아와 루마니아, 2013년 크로아티아가 가입하여 회원국 수가 28개국으로 늘어났다.

    이런 외형적 발전에 덧붙여 유럽연합은 실질적인 정치 통합을 이룩하기 위한 노력도 병행해 왔다. 유럽연합 헌법을 채택함으로써 실질적인 통합을 마무리하려는 노력이 그것이다. 유럽연합 헌법은 당초 25개 회원국의 비준을 받아 2006년 11월에 공식 채택될 예정이었다. 이를 위해 이미 2005년 초까지 리투아니아, 헝가리, 슬로베니아, 스페인, 이탈리아, 그리스, 슬로바키아, 오스트리아, 독일 등 9개국의 비준 절차를 마쳤으나 그해 5월과 6월 프랑스와 네덜란드가 국민투표를 통해 이를 부결함으로써 헌법 채택이 무산되고 말았다.

    두 나라에서의 국민투표 부결은 대체로 다음과 같은 반대 여론을 반영

한 것이었다. 우선 유럽연합이 본격 출범함으로써 유럽연합 중앙 권력이 비대하게 되면 개별국가 단위의 주권과 정체성이 상실되지 않을까 하는 정치적 우려가 작용하였다.

경제적으로도 새로운 자유 시장 구조가 출현하게 되면 그동안 이룩해 온 서유럽식 복지 모델이 훼손되지 않을까 우려가 있었고, 또 새롭게 유럽연합에 편입된 동구권 국가들의 값싼 노동력이 유입되면서 실업자가 늘어나지 않을까 걱정하는 여론이 있었다. 이에 더불어 장차 회원국이 될 터키를 발판으로 이슬람문화가 대거 유럽으로 유입되지 않을까 하는 경계 심리도 작용하였던 것으로 분석된다.

헌법 채택의 실패는 유럽연합의 전망을 낙관하던 세력들에게 큰 충격이었다. 이들은 이제 헌법이 아닌 조약을 통한 실질적 통합을 시도하였다. 미니헌법으로도 불리는 이 개정 조약(Reform Treaty)은 2006년에 시안이 마련되었고, 2007년 12월 포르투갈의 리스본에서 회원국 대표들에 의해 서명 발의되었다. 서명 도시의 이름을 따서 리스본 조약이라고도 하는 이 조약도 2009년 상반기 발효 예정으로 순탄하게 비준 절차를 밟아 가다가 2008년 6월 아일랜드에서의 국민투표에서 부결됨으로써 전도가 불투명해졌다.

하지만 주도국들의 노력으로 2009년 10월 아일랜드의 2차 국민투표에서 동의안이 승인되었고, 11월에는 당시까지 반대를 굽히지 않던 체코 대통령이 조약에 서명함으로써 12월 1일부터 조약은 효력을 발휘하게 되었다.

이로써 유럽연합은 임기 2년 6개월의 유럽연합 상임의장(실질적인 유럽연합 대통령)과 임기 5년의 외교안보정책 고위대표(실질적인 외무부 장관)를 선출할 수 있게 되었다. 이에 11월 19일 회원국 정상들은 헤르만 반 롬푸이(Herman van Rompuy) 벨기에 총리를 초대 상임의장, 캐서린 애슈턴(Catherine Ashton) 영국 통상담당 집행위원을 초대 외교대표로 선출했다.

▲ 유럽연합 상임의장과 외교대표. 상임의장은 폴란드 총리 출신의 도날드 투스크,, 외교대표는 이탈리아 외무장관 출신인 페데리카 모게리니이다. 사진은 융커 집행위원장, 모게리니 외교대표, 투스크 상임의장의 얼굴.

2014년 12월 임기를 시작한 두번째 상임의장은 폴란드 총리 출신의 도날드 투스크(Donald Tusk)가 선출되었고, 외교대표는 이탈리아 외무장관 출신인 페데리나 모게리니(Federica Mogherini)가 선출되었다.

상임의장은 매년 4차례 이상 열리는 EU 정상회의를 주재하고 대외적으로 EU를 대표하며, 이를 위해 수십 명의 참모와 경호원이 수행하기 때문에 실질적인 'EU 대통령'으로 불린다. 상임의장과 함께 5년의 임기가 시작되는 외교대표는 종전의 외교정책 대표와 대외관계 집행위원을 통합한 자리로, 28개 회원국 외무장관 회의를 주재하며 EU의 외교정책을 총괄하게 된다.

기존의 외교정책 대표는 집행위 결정을 대외적으로 알리는 역할에 그쳤지만, 새 외교대표에겐 실질적 권한이 있어서 독립된 예산과 인력으로 외교정책을 수행한다. 그래서 2년 반 임기의 상임의장보다 5년 임기의 외교대표가 더 큰 권한을 가질 것이란 전망도 있다. 상임의장의 경우 유럽연합 행정부에 해당하는 EU 집행위원회를 지휘하는 집행위원장이 있고, 또 각료이사회도 여전히 6개월 주기로 의장이 바뀌기 때문에 입지가 불안정할 수도 있기 때문이다.

아무튼 개정 조약의 발효에 따라 독자적인 법인격을 갖게 된 유럽연합은 이제 실질적인 대통령과 외무장관의 활약으로 국제사회의 새로운 강자로 등장할 수 있게 되었다.

28개 회원국 5억 인구의 거대한 연합체 유럽연합은 현재 16개 주도 회원국에서 공통화폐(유로)를 사용할 만큼의 경제사회적 통합을 이룩하는 등 2009년 국내총생산(GDP) 규모 15조 3,000억 달러로 14조 달러의 미국과 4조 8,300억 달러의 중국을 능가하는 세계 최대 경제블록으로 발전하고 있다.

그러면서 다양한 통합 프로그램을 통해 사회·문화적 통합도 이루어 나가고 있다. 아직은 23개의 공식 언어가 사용되고 있고, 회원국들 간의 경제력과 인구 규모의 차이에 따른 현실적 불편을 안고 있지만 가중다수결제, 이중다수결제 등 유럽연합 특유의 제도를 도입하면서 상생의 밝은 미래를 모색해 나가고 있는 것이다.

2 | 유럽연합의 기구

유럽연합은 아직 법인으로 완성되지 못한 현 단계에서도 능률적으로 임무를 수행할 수 있도록 다양한 기구를 구성 운영하고 있다. 기구는 최고 기구로서의 유럽연합이사회(Council of the European Union)와 각각 행정, 입법, 사법의 3권을 관장하는 유럽집행위원회(European Commission)과 유럽의회(European Parliament), 그리고 유럽사법재판소(European Court of Justice) 등으로 구성되어 있다.

(1) 유럽연합이사회(Council of the European Union)

① 유럽이사회/ 유럽정상회의(European Council/ European Summit)

유럽정상회의(European Summit)로 불리기도 하는 유럽이사회는 2009년 12월 발효된 리스본조약으로 공식화된 유럽연합의 최고기구이다. 상임의장과 외교안보정책고위대표, 그리고 28개 회원국 정상과 집행위원회의 위원장으로 구성된다.

회원국의 정상 간 회동으로 사실상 최고의 정책결정 기구로서 공동체의 법률적, 제도적 개혁, 회원국 확대 문제, 예산 등에 관해 기본적 방향을 설정하는 등 유럽연합 운영 전반에 절대적인 영향력을 행사한다. 회의는 실무협의를 위해 대부분 회원국 외무장관이 함께 참석한다. 연4회의 정기모임 외에 수시로 임시 모임을 가지는데, 통상 브뤼셀의 유럽연합이사회 건물에서 개최된다.

현재 상임의장은 폴란드 총리 출신인 투스크(Donald F. Tusk)이며 외교안보정책고위대표는 이탈리아 외무장관 출신인 모게리니(Federica Mogherini)이다.

② **유럽연합각료이사회**(Council of the European Union)

유럽연합각료이사회(또는 유럽이사회)는 유럽연합(EU)의 정책 결정 기관이다. 회원국들의 각료 1명씩으로 구성된 집단체로서, 회원 각국의 국익을 직접적으로 표현하고 대변하는 정부 간 기구이다.

그 구성원은 다루는 주제(외무, 농무, 재무 등)에 따라 달라진다. 그러나 일반적 사항을 다룰 때는 보통 각국의 외무장관으로 구성되고, 전문적 사항을 다룰 때만 소관 업무의 담당 장관들로 구성된다.

일부 EU 공식문서에서는 이사회(the Council)나 각료이사회(Council of Ministers)라고 표기되기도 하고, 줄여서 '컨실리움(Consilium)'이라고 부르기도 한다. 본부는 벨기에의 브뤼셀에 있다. 하지만 4월, 6월 및 11월에 개최되는 각료급 회담은 룩셈부르크의 수도인 룩셈부르크 시

▲ 브뤼셀에 있는 유럽이사회의 건물.

▲ 유럽이사회 혹은 유럽정상회의는 리스본조약으로 공식화한 유럽연합의 기구이다. 사진은 2016년 유럽이사회에 참석한 유럽의 정상들.

에서 열린다.

유럽연합이사회는 마스트리히트 조약에 정해진 3개의 기둥의 달성을 위해서 EU 가입국의 일반 경제정책 조정이나 공통 정책에 관한 결정 채택, 이사회가 정하는 규정을 실시하는 권한을 유럽집행위원회에 부여하는 것을 실시하고 있다.

구체적으로는, 유럽집행위원회의 제안을 받고, 유럽의회와 함께 절차를 따르는 형태로 EU법을 제정한다. 또한 예산에 대해서도 유럽의회와 함께 승인한다. 또 외교 방위에 대해서는 가입 각국의 독자 정책을 인정하고, EU 전체적으로 대외 조약의 서명·체결하는 것 외에 사법 행정에 대해도 유럽형사경찰기구(Europol)를 통한 협력의 추진에 임하고 있다.

유럽연합이사회는 공동체 조약에 입각한 회원국들의 경제정책 조정의 책임을 진다. 또한 연합이사회는 유럽연합의 규정·규칙·지침·결정 등을 의결하는데, 이는 공동체 조약들에 대한 법률상의 보충이 된다. 연합이사회는 유럽연합의 예산운용과 편성권을 가지며, 유럽의회가 그 감독기능을 수행한다.

유럽경제공동체(EEC) 조약 실행의 처음 두 단계(1958-1967년) 동안 연합 이사회의 결의방식은 만장일치제였으며, 세 번째이자 마지막 단계에 진입하는 1966년부터 특별 다수결제 원칙을 적용하기로 되어있었다. 하지만 프랑스의 공석 정치로 인해 유럽공동체가 심각한 제도상의 위기를 겪고, 또 이를 극복하기 위한 룩셈부르크 타협안을 채택하면서 그 실시가 불가능해졌다. 이후 단일 유럽법 작성자들은 특별 다수결 투표를 보편화함으로써 다수결 원칙을 다시 활성화시키기 위해 노력하였다.

결국 개별 회원국의 국력(인구 등)에 따라 각기 일정한 수의 표를 부여받는 가중다수결제의 틀이 마련되었다. 현대 유럽연합이사회의 의결은 이러한 가중다수결제를 근간으로 하고 있으며, 리스본조약 이후에는 이중다수결제를 도입하여 가중다수결제의 문제점을 보완하고 있다.

> **■ 가중다수결제**
>
> 구성원의 3분의 2 또는 4분의 3과 같은 특정 다수의 결정에 따르는 집단의사 형성 방식으로 중요 사안의 결정에 중요성을 부여하거나 소수 의견을 보호하기 위한 조치. 유럽연합의 경우 인구 등을 고려하여 차등화한 표를 부여하고 있는데 의결을 위해서는 총 투표수 352표의 260표(총 투표수의 73.3%)를 얻도록 하고 있음. 각국에 주어진 표수는 독일, 프랑스, 이탈리아, 영국이 각 29표, 스페인, 폴란드 27표, 루마니아 14표, 네덜란드 13표, 벨기에, 그리스, 포르투갈, 체코, 헝가리 각 12표, 오스트리아, 스웨덴, 불가리아 각 10표, 덴마크, 핀란드, 아일랜드, 슬로바키아, 리투아니아, 크로아티아 각 7표, 룩셈부르크, 라트비아, 슬로베니아, 에스토니아, 키프로스 각 4표, 몰타 3표.
>
> **■ 이중다수결제**
>
> 가중다수결의 의결 조건에 전체 회원국 55% 이상, 전체 인구의 65% 이상 찬성을 부가하여 약소 회원국의 입지를 강화함.

공식적으로는 간헐적인 기구인 유럽연합이사회이지만, 실제로는 아주 빈번히 개최되고 있으며, 유럽집행위원회의 위원들도 유럽연합이사회에 참석할 권리가 있다. 유럽연합이사회의 준비는 보고기구이기는 하지만 그 업무의 내용으로 보아 핵심적인 역할을 수행하는 상주대표회의(COREPER, Comité des représentants permanents(Committee of Permanent Representatives))에 의해 준비된다.

유럽연합이사회는 EU의 주요 입법 기관이지만, 그 권한에 대해서는 유럽연합의 3기둥 가운데 제1의 기둥인 유럽 공동체의 활동 분야에 대해서는 로마 조약의 제202조가, 제2의 기둥인 공동 외교 안보 정책 분야에 대해서는 마스트리흐트 조약의 제14조와 제15조가, 그리고 제3의 기둥인 범죄 문제의 사법 협력에 대해서는 마스트리흐트 조약 제34조가 각각 따로 명시하고 있다.

유럽연합이사회는 유럽집행위원회에서 제출한 법안을 심의하는데, 채택된 법안은 유럽의회에서 의결을 거쳐 법령으로 성립된다. 법안의 발의권은 유럽집행위원회가 독점하고 있어서 법안이 제출되지 않으면 입법 수속이 개시되지 않지만, 유럽연합이사회는 유럽집행위원회에 법안의 제출을 요구할 수 있고, 요구에 응하지 않으면 유럽사법재판소에 소송을 제기할 수 있다.

유럽집행위원회가 작성한 예산안에 대해서 유럽연합이사회는 유럽의회와 공동으로 심의한다. 다만 조약이나 법률상 의무로 되어 있지 않은 지출에 대해서는 유럽의회가 최종적인 결정권을 가지며, 또 유럽의회는 예산안을 전체적으로 거부할 수 있다.

유럽연합이사회는 EU 외의 나라나 국제기관과의 사이에 조약이나 협정을 체결할 수 있다. 이전의 교섭에 대해서는 통상 유럽집행위원회가 실시한다. 제3국에 대해서 경제 제재를 부과할 수 있다.

EU에 가입을 희망하는 나라는 유럽연합이사회에 신청을 한다. 유럽연합이사회는 유럽집행위원회의 의견을 듣고, 유럽의회의 전체 의원의 과반수의 찬성을 얻은 후, 모든 기관의 일치로 가입을 결정한다. 또한 EU 가입 조약은 EU와 가입국이 체결하지 않고, 현재 회원국과 가입 예정국이 체결한다.

이사회 총사무국, 줄여서 총사무국(總事務局)은 의장을 보좌하며, 공동외교안보정책(CFSP), 범죄 문제의 사법 협력(PJCC)의 분야에서 특히 중요한 역할을 담당한다. 총사무국에는 유럽집행위원회와 비슷한 분야별 총국(Directorate-General)이 있다. 총사무국의 직원은 2천 명에 달하며, 대개 회원국 관료들로 구성되지만 본국 정부의 통제에서 비교적 자유롭다.

유럽연합이사회의 의장은 의장국의 각료가 맡으며, 회원국의 EU상주대표부의 대표자로 구성되는 상주대표회의와 총사무국의 보좌를 받는다.

유럽연합이사회는 고정적인 멤버에 의해서 구성되는 기관이 아니고, 정책 분야별로 복수적으로 존재하며 각 가입국을 대표하는 관계있는 장관이 멤버가 된다(외교라면 총무·대외관계 이사회, 사법·내무라면 사법·내무 이사회). 그러나 이러한 이사회는 법령상 단일의 '유럽연합이사회'이기 때문에 상주대표회의 조정과 합의를 통해 개별 이사회에 상정되어 처리된다. 유럽연합이사회에는 다음과 같은 개별 이사회(각료이사회)가 있다.

- 총무 대외관계 이사회(General Affairs and External Relations, GAERC) : 가입국의 외무장관으로 구성되는 유럽 연합 이사회의 핵이 되는 이사회이다. 매월 1회 회의가 열리며 CFSP 상급 대표도 출석한다.
- 경제 금융 이사회(Economic and Financial Affairs, ECOFIN)
- 농업 어업 이사회(Agriculture and Fisheries) : 매월 1회 회의가 열리며 가입국의 농업·어업 장관으로 구성되어 농업 특별 위원회가 보좌에 해당한다.
- 사법 내무 이사회(Justice and Home Affairs, JHA)
- 고용 사회정책 보건 소비자 이사회(Employment, Social Policy, Health and Consumer Affairs Council, EPSCO)
- 경쟁력 이사회(Competitiveness) : 2002년 6월에 역내 시장, 산업, 연구의 3개의 이사회가 통합되어 창설했다. 유럽 내의 과학 연구 담당 장관으로 구성된다.
- 운수 통신 에너지 이사회(Transport, Telecommunications and Energy) : 2002년 6월에 3개의 이사회가 통합되어 창설했다.
- 환경 이사회(Environment)
- 교육 청소년문화 이사회(Education, Youth and Culture, EYC)

■ 유럽평의회(Council of Europe)

유럽평의회(Council of Europe)는 유럽연합과 별도의 조직이다. 유럽통합을 위해 활동하는 가장 오랜 국제기구인 이 유럽평의회는 1949년에 설립되었다. 인권과 민주주의 발전, 법치, 문화 협력 등을 위해 활동하고 있는데, 총 회원국 47개국에 8억의 인구를 포괄하고 있다. 이는 벨로루시, 카자흐스탄 등 일부 인권 관련 문제 국가와 바티칸을 제외한 거의 모든 유럽 국가를 포괄하는 범위이다. 회원국 외에 캐나다, 일본, 멕시코, 미국, 교황청 등 5개 나라는 옵서버 국가 지위를 지니고 있다. 유럽평의회의 운영을 위한 법적 기구로는 각국의 외무장관으로 이루어진 각료위원회, 각국 의회의 의원으로 구성되는 의원회의, 사무총장 등이 있으며, 이밖에 유럽평의회의 가장 유명한 협약 기구는 유럽인권재판소와 유럽약종위원회이다. 인권재판소는 1950년 체결된 유럽인권협정에 따라 스트라스부르에 설치된 것으로 각국의 인권상황을 감시하는 조직이며, 유럽약종위원회는 유럽 약품 생산의 표준을 설정하고 감시하는 기구이다.

▲ 유럽평의회는 유럽연합과 다른 별도 기구이다. 사진은 1967년 스트라스부르에서 열린 유럽평의회 모습.

(2) 유럽집행위원회(European Commission)

유럽집행위원회는 입법기구와 행정기구라는 이중의 권한을 통해 유럽연합을 대표하는 기구이다. 유럽연합 운영의 최고 권한은 유럽이사회, 즉 유럽정상회의가 가지지만 실제 정책을 입안하는 것은 집행위원회의 몫이다. 입안된 정책이나 법령은 각료이사회와 의회와 함께 하는 3자 공동결정의 절차를 거쳐 최종결정이 이루어지며, 그 실행에 집행위원회가 깊이 관여한다.

집행위원회는 회원국 정부의 추천과 유럽이사회의 동의에 의해 5년

▲ 브뤼셀의 유럽 집행위원회 건물. 약 2만 5,000명의 관리가 근무하고 있는 초국가 기구이다.

임기로 임명되는 28명의 집행위원단이 내각책임제 방식으로 운영한다. 집행위원은 각국을 대표하여 선출되지만 그 임무는 소속 국가와 무관하게 초국가적 이익을 추구하는 것이다. 집행위원은 정책 영역에 따라 24개 부서로 나누어진 총국(DG) 최고책임자가 된다.

일반 국가의 장관이나 차관들의 경우 관료이기보다는 정치인의 성격을 보이지만 집행위원회의 집행위원들은 기능적 임무만을 수행하는 관료의 성격이 강하다. 각 총국에는 수백 명의 관료들이 실무를 맡는다.

집행위원장은 회원국 추천 집행위원 후보 가운데에서 유럽이사회가 임명하며, 집행위원장을 포함한 집행위원 전원은 의회의 승인을 받아야 한다.

집행위원회라는 말은 28명 집행위원들의 집합을 의미하기도 하지만 사무국을 포함한 거대한 전체 조직을 가리키기도 한다. 기구로서 유럽집행위원회에는 현재 약 2만 5천 명의 관리가 근무하고 있으며, 집행위원회의 실무 언어는 영어, 프랑스어, 독일어이다. 집행위원회는 회원국 정부의 간섭을 받지 않는 독립된 초국가기구이다.

초국가기구이지만 집행위원회의 내부 관료 인선에는 회원국 입김이 작용한다. 고위 관료 인선은 국가 간 조정에 의해 이루어진다. 실제 유럽연합 정책 결정에서 영향력이 큰 고위직 4천여 명이 해당하는 A급 관료들은 회원국 간의 쿼터제에 의해 임명된다. 이러한 방식에 따른 문제도 없지 않지만 모든 회원국 사이에 원활한 의사소통을 가능하게 하고, 각 회원국의 이익을 잘 반영하게 하는 이점도 있다.

집행위원회에는 정규직 관료 외에 각 회원국에서 파견된 관료와 전문가들이 회원국 정부와 긴밀한 연락을 취하며 집행위원회의 업무를 지원한다. 따라서 집행위원회가 공식적인 행정과 입법 기능을 갖고 있지만 실제로는 회원국의 의사가 반영되는 다양한 창구를 갖고 있다. 초국가 관료와 회원국 관료들 간의 합의를 통해 국가 이익과 유럽연합 차원의 공동 이익의 조화를 이뤄나가는 것이다.

행정기구로서 집행위원회는 법률의 시행, 예산과 정책의 집행 등을 담당한다. 유럽집행위원회는 또 조약 이행의 책임도 지는데, 이 때문에 '조약의 수호자'라고 불리기도 한다. '조약의 수호자'로서 집행위원회는 유럽사법재판소(ECJ)와 함께 공동체 법의 준수를 위해 노력한다. 위반이 있을 경우 집행위원회는 사법재판소에 소송을 제기할 수 있다.

국제적으로 유럽연합을 대표하는 기구로서 집행위원회는 특히 무역과 공동협력 부문에서의 국제 협약을 교섭하고 타결한다. 집행위원회는 이렇게 세계무역기구와 같은 국제기구에서 유럽 국가를 대변한다.

집행위원회는 지금까지 유럽연합의 두 번째와 세 번째 기둥, 즉 CFSP(공동 외교 안보 정책)와 PJCC(범죄 문제의 사법 협력)에 대해서는 권한을 갖지 못했다. 이에 대한 결정권은 유럽연합이사회가 독점적으로 행사했던 것이다.

하지만 리스본 조약은 PJCC를 공동의 입법 영역에 넣음으로써 집행위원회도 그에 대한 권한을 갖도록 하고, CFSP에 대해서도 집행위원회와 이사회가 협력하도록 하고 있다. 조약을 통해 협력 부문의 확대하고, 조약을 통해 이들을 통합 재정리하는 작업을 계속하고 있는 것이다.

집행위원회는 또 입법기구로서 의회에 대한 의안발의권, 즉 법률 제안권을 가진다. 하지만 집행위원회가 법률 발의를 단독으로 주도하는 것은 아니다. CFSP(공동외교안보정책)에 대해서는 이사회와 권한을 분담하고, PJCC(범죄문제에 대한 사법 협력)에 대해서는 아예 권한을 갖지 않는 것이다.

하지만 최근에는 집행위원회가 일부 특정 사안에 대하여 유럽 형법을 제정하는 행보를 보이기도 했다. 2006년 코트디부아르 해안에서 유럽 선박으로부터 유독성 폐기물이 유출되는 사고가 일어나자 집행위원회가 유독성 폐기물에 대한 법을 제정할 것을 압박하였다. 유독성 폐기물의 선적을 '생태 사범'으로 규제하려는 집행위원들의 노력 과정에서 집행위원회의 형법 제안권이 문제 되었는데, 사법재판소가 이를 인정해 주었다. 2007년에도 지적재산권에 관한 사항을 비롯해 대테러 구상 개정안, 테러 관련 선전, 모집, 훈련 금지 등의 형사법이 제출되었다.

이사회와 의회가 집행위원회에 입법을 요구할 수도 있지만 대개의 경우 집행위원회가 법안 제출을 주도한다. 이런 독점은 유럽연합 법안의 일관성을 보장하기 위한 것인데, 이에 대해 의회도 이러한 권한을 가져야 한다고 주장하는 사람들이 이의를 제기하기도 한다. 리스본 조약에서는 유럽연합 시민들도 100만 명의 서명을 담은 청원을 통해 입법을 요구할 수 있도록 하고 있다.

집행위원회의 법안 제안권은 주로 경제 법규에 집중되고 있는데, 상당수 법안이 '예방 원칙'에 토대를 두고 있다. 예를 들어 기후변화나 유전자

조작생물 등과 같이 환경이나 인류 건강에 대한 위험이 분명한 경우에 예방 차원의 규제를 내릴 수 있도록 하는 것이다. 그래서 집행위원회는 때로 개별 회원국보다 더 엄격한 법을 내놓기도 하는데, 유럽 시장의 규모 때문에 유럽연합의 이러한 법규는 또 세계 시장에서 중요한 영향을 끼치게 된다.

집행위원회는 세계무역기구(WTO) 등의 국제기구에서 유럽연합을 대표한다. 집행위원장은 또 선진8개국모임(G8) 회의에도 참석한다.

집행위원회는 위원장과 부위원장을 포함한 28명의 위원단으로 구성된다. 각 위원들은 회원국별로 한 명씩 개별 정부의 추천을 받아 임명되지만 집행위원회에서 개별 국가를 대변하는 것은 아니다. 집행위원장은 유럽이사회의 지명을 받아 의회에서 공식적으로 선출된다.

이사회의 위원장 선택에는 몇 가지 기준이 영향을 준다. 우선 후보자의 출신 지역이 고려된다. 후보자의 정치적 영향력과 언어도 고려 사항이다. 예컨대 프랑스는 프랑스의 능력을 필수적으로 주장한다. 통합에 대한 출신국의 참여 정도도 중요한 변수이다. 유럽연합 회원국은 물론이고 솅겐 조약 가맹국이어야 하는 것이다. 현 집행위원장은 2014년 11월 취임한 룩셈부르크 전 총리인 장 클로드 융커(Jean-Claude Juncker)이다.

일단 지명을 받은 집행위원장은 몇 명의 부위원장(현재는 5명)을 지명하고, 각 위원들의 직무를 위임하고, 의

▲ 현재의 집행위원장 장 클로드 융커(Jean-Claude Juncker). 룩셈부르크 총리 출신이다.

회의 인준을 받은 다음 집행위원회의 직무를 시작할 수 있도록 한다. 각 집행위원들은 자신들에게 정치적 조언을 해 주는 각료의 지원을 받는다.

집행위원회의 본부는 벨기에의 브뤼셀에 있으며, 산하에 2만 5천여 명에 이르는 유럽 공무원이 근무하는 39개 총국을 두고 있다. 유럽통합이 완성되면 장차 유럽연합 정부의 모태가 될 준비된 기구라고 할 수 있다.

(3) 유럽의회(European Parliament)

유럽의회(European Parliament, EP)는 유럽 연합의 입법기관이다. 28개 유럽연합 회원국의 시민들에 의해 5년에 한 번씩 직접선거로 선출되는 의원으로 구성된다. 유럽의회 의사당은 프랑스 스트라스부르에 있다. 유럽연합의 주요 입법기능은 아직 각료 이사회가 주로 행사하지만, 마스트리히트 조약 이후로는 입법기능과 정치적 영향력이 점차 강화되고 있다.

유럽의회는 주도적으로 입법을 할 수는 없지만 많은 정책 영역에서 수정요구나 거부권을 행사할 수 있다. 특정 정책에 대해서 조언만 할 수 있는 경우도 있다. 유럽 의회는 또한 유럽 집행 위원회를 감독하며 집행위원 임명 동의를 하며 불신임투표를 통해 해임할 수 있다. 또한 유럽연합의 예산 감독권을 가진다.

▲ 스트라스부르에 있는 유럽의회 전경.

이전의 유럽 안보 협력 기구나 유럽평의회, 서유럽연합 등도 의회를 가지고 있었지만 모두 회원국의 의회에 의해 임명되었다. 하지만 유럽의회는 1979년 이래 유일하게 시민들에 의해 직접 선출되고 있다.

역사 유럽석탄철강공동체(ECSC)는 1952년 '일반의회(Common Assembly)'를 창설하고 6개 회원국 의회에서 78명의 의원을 선출했다. 1958년 확장되어서 유럽경제공동체와 유럽원자력기구(Euratom)를 포괄하게 되었고, 명칭도 유럽의회 회의(European Parliamentary Assembly)로 변경하였다. 1962년에 호칭은 유럽의회(European Parliament)로 다시 변경된다. 1979년 유럽의회 의원이 최초로 회원국의 시민들에 의해 직접 선출되었고, 이후 유럽연합의 회원국이 증가하면서 의회도 함께 확대된다.

1986년 로마 조약에 의해 유럽단일법 조항이 채택되면서 입법기능을 갖는 의회의 토대가 마련된다. 니스 조약과 유럽 헌법에 의원 최대 정수를 750석으로 규정하였고, 2004년 5월에 10개 신규 회원국이 가입하면서 다시 의원 정수의 조정이 있었다.

유럽의회는 5억 1천만 유럽연합 시민을 대표한다. 현재 유럽의회 의원은 766명이다. 선거는 5년마다 성인 보통선거로 실시된다. 유럽 의회 의원 선거를 위한 단일한 선거제도는 없고 각 회원국이 아래 3가지 조건을 충족시키는 범위 안에서 선택한다.

- 선거는 정당명부 비례 대표제나 단기 이양식 비례 대표제로 실시한다.
- 비례대표제의 본질을 손상시키지 않는 범위 안에서 선거구를 분할할 수 있다. 어떤 봉쇄 조항도 국가 수준에서 5%를 넘을 수 없다.
- 회원국 간 의석 수는 회원국 인구비례에 따라 배정하는 것을 원칙으로 하고 있으나 인구가 적은 국가의 경우 엄격한 비례 수보다 약간 많이 배정되었다.

유럽연합에 가입 절차를 진행 중인 국가에게 옵서버를 파견할 수 있는 권한이 주어진다. 보통 직접 투표로 선출되는 것이 아니라 의회에서 임명된다. 옵서버는 초청 형식으로 토론에 참여할 수는 있지만 투표를 하거나 공식적 의무를 수행하지는 않는다.

가입 진행 국가가 정식회원국이 되면 옵서버도 다음 선거까지 정식 유럽의회 의원이 된다. 이런 방식으로 인해 750명으로 정하고 있는 유럽의회 의원의 최대 정수가 일시적으로 초과한 적이 있다. 2004년 5월 1일 10개국이 정식 회원국이 되면서 의원정수가 일시적으로 788명에 이르렀다. 하지만 6월에 실시된 선거에서 732명으로 의원 정수가 조정되었다.

어떤 측면에서 유럽의회와 장관회의(각료이사회)는 양원제에서 상, 하원과 유사하다. 주도적 입법권은 유럽집행위원회가 가지고 있어 유럽의회와 장관회의(각료이사회) 모두 주도적으로 입법 활동을 할 수는 없다. 다만 집행위에서 제안한 유럽연합법이나 유럽연합령은 유럽의회와 장관회의의 찬성을 얻어야 힘을 갖게 된다. 유럽의회에 일반적 법안 제출권이 없는 점이 국가 수준의 의회와 다른 점이다.

의회는 유럽연합법의 75%에 해당하는 공동결정 절차법의 경우 수정 요구하거나 저지할 수 있다. 나머지도 수정을 요구하지는 못하지만 거부할 수 있는 동의절차와 조언만 할 수 있는 조언절차법이 있다. 의회는 예산통제권이 있고 법이 되기 위해서는 유럽의회의 동의를 얻어야 한다.

유럽집행위원회에서 선출된 유럽집행위원장은 의회의 동의를 얻어야 직무를 수행할 수 있다. 나머지 집행위원은 회원국 정부가 지명하면 집행위원장이 임명하며 의회의 임명 동의를 얻어야 한다. 집행위원 임명 동의는 전체 통째로 임명 동의하거나 거부할 수 있다.

유럽의회는 유럽집행위원회 활동을 비롯한 유럽 연합의 모든 활동을 민주적으로 감독하는 역할을 한다. 또한 유럽의회는 유럽집행위원회를 탄핵할 수 있다. 탄핵을 위해서는 2/3의 찬성이 필요하다.

유럽의회는 프랑스의 스트라스부르에 있다. 여기서 한 달에 1회씩 5일간의 회의가 개최된다. 상임위원회와 교섭단체회의는 브뤼셀에서 열리면 단기간의 총회도 개최된다. 룩셈부르크에서는 유럽의회 사무국이 있으며 직원 4500명 가운데 3500명이 여기에서 일한다. 이 중 1,500명이 번역 업무에 종사한다.

의회의 소재지가 스트라스부르로 정해진 것은 전후 독일-프랑스 화해의 상징으로 독일 국경과 가까운 프랑스의 유서 깊은 도시 스트라스부르를 선택했기 때문이다. 스트라스부르의 사무공간 부족으로 유럽의회 사무국은 룩셈부르크에 자리를 잡았다. 상임위원회는 유럽집행위원회가 자리한 브뤼셀에서 열린다.

2017년 현재 유럽의회의 의장은 유럽인민당 소속의 이탈리아 출신 안토니오 타야니(Antonio Tajani)이다. 부의장은 14명이며, 의회의 정원은 751명, 임기는 5년이다.

(4) 유럽연합사법재판소
   (Court of Justice of the European Union)

유럽연합 사법재판소(Court of Justice of the European Union)는 유럽연합의 최고 사법기구이다. 이사회나 의회, 집행위원회 등에서 제정 집행하는 법률이 유럽연합의 기본 조약과 배치될 경우 이에 대한 해석을 내리고, 회원국이 의무를 이행하지 않는 경우 위법을 판단하고 벌금을 부과하는 등의 역할을 한다. 이를 위해 사법재판소는 다양한 유형의 소송을 처리하는 광범한 사법권을 행사한다. 사법재판소의 권한은 회원국이나 기구에 의해 제기된 법령의 결함에 대한 소송이나 취소 신청, 협정을 위반한 회원국에 대한 소송, 일심법원의 판결에 불복한 항소심 등을 판결하는 것이다.

유럽연합 사법재판소는 27명의 판사와 11명의 법무관으로 구성되어 있다. 판사는 회원국이 자국민 1명을 추천하고, 전가입국이 서로 승인하는 것으로 선출된다. 보통 판사의 수는 회원국의 수와 일치하지만 홀수 인원수의 판사를 두게 되어 있으므로 회원국 수가 짝수가 되었을 때에는 조정하여 임명한다. 2017년 현재는 벨기에 출신이 빠진 27명의 판사가 활동하고 있는데, 임기는 6년으로 재임할 수 있다. 판사는 3년마다 13명, 혹은 14명을 뽑는다. 임명된 판사는 호선으로 사법재판소장을 선출하며, 재판소장의 임기는 3년으로 재임할 수 있다. 2017년 현재의 사법재판소장은 2015년 10월에 취임한 벨기에 출신의 쿤 레나르트(Koen Lenaerts)가 맡고 있다.

사법재판소의 재판을 보좌하는 역할을 담당하는 11명의 법무관(Advocates General)은 할당된 사건에 대한 법률적 의견을 제시한다. 법무관의 의견은 참고사항일 뿐 직접적으로 판사를 구속하는 것은 아니지만 실제로는 대부분의 사건에서 의견이 받아들여질 만큼 영향력이 크다.

판사와 마찬가지로 법무관도 각 회원국의 추천을 받아 전체 회원국의 상호 승인을 거쳐 임명된다. 11명 중 6명은 유럽 연합의 6대국(독일, 프랑스, 영국, 이탈리아, 스페인, 폴란드)의 국적을 가지는 사람으로 임명되고, 나머지 5명은 6대국 이외의 22국에서 알파벳 순 윤번제로 임명된다. 법무관의 수는 당초 8명이었으나 리스본 조약에서 폴란드의 요구를 받아들여 당시의 5대국에 폴란드를 더한 6대 고정 회원국 출신 법무관을 두도록 하고, 윤번제 해당 회원국 출신 법무관의 수도 5명으로 늘어 전체 인원수는 11명으로 늘었다.

▲ 룩셈부르크에 있는 유럽사법재판소 건물.

사법재판소는 룩셈부르크의 수도 룩셈부르크에 자리해 있으며, 사무를 총괄하는 사무국장의 임기는 6년이며 연임 가능하다.

유럽사법재판소의 공식 명칭은 '유럽공동체사법재판소(Court of Justice of the European Communities)'였다가 리스본 조약의 발효와 함께 '유럽연합사법재판소(Court of Justice of the European Union)'로 명칭이 변경되었다.

3 | 유럽연합의 여러 모습

(1) 깃발(旗), 찬가(讚歌), 표어, 기념일

유럽연합의 깃발과 엠블럼은 청색 바탕에 황금색 별 12개가 원을 이루고 있는 모양이다. 청색은 서방을 상징하며, 원을 이룬 12개의 별은 완성과 통일을 상징한다. 각각의 별은 회원국을 의미하는 것이 아니라 유럽인 전체를 상징하기 때문에 회원국이 늘어나도 그 수가 변하지 않는다.

현재의 유럽연합기는 유럽연합이 직접 기획 제작한 것이 아니다. 1949년에 결성된 유럽평의회(Council of Europe)가 채택한 상징물이 바로 오늘의 유럽연합기가 된 것이다. 아르센 하이츠(Arsène Heitz)와 폴 레비(Paul Lévy)가 디자인한 안을 유럽평의회의 상징으로 정한 것은 1955년이었고, 1985년 유럽연합의 전신이라고 할 수 있는 유럽공동체(EC)가 이것을 다시 의회의 동의를 얻어 공동체의 상징기로 채택했다. 유럽연합과 유럽평의회 공동의 유럽기인 것이다.

▲ 유럽연합기. 청색 바탕에 12개의 별이 원을 이루고 있다.

현재 유럽기는 각종 스포츠 행사 등에서 유럽을 상징하고 있는 깃발로 사용되고 있으며, 유럽연합 국가의 운전면허증과 자동차등록증, 그리고 유로화에도 이 깃발이 디자인되어 있는 것을 볼 수 있다. 또 EU와 비EU국과 만남이 있을 경우 유럽기는 보통 개별 국가의 깃발 옆에 놓인다. 일부 회원국에서는 경찰서나 지방 정부의 건물에 자국기와 함께 유럽기를 게양하는 것을 원칙으로 하고 있다.

개별 회원국의 의식에서는 보통 자국의 국기가 유럽의 국기보다 앞서게 된다. 보통 유럽기는 보는 입장에서 자국기의 오른쪽에 놓인다. 유럽 이사회 회의에서처럼 유럽기가 회원국 국기와 함께 있을 경우에는 각 회원국의 국기를 알파벳순으로 나열하고 유럽기는 제일 선두나 오른쪽에 둔다.

유럽연합가로 사용되고 있는 베토벤(Ludwig van Beethoven, 1770-1827) 9번 교향곡의 합창 '환희의 송가(Ode an die Freude)' 전주곡도 유럽평의회가 1972년 자유와 평화와 단결을 상징하는 유럽찬가로 채택한 것을 1986년에 유럽공동체가 수용한 것이다. 노래의 가사는 독일의 시인 실러(Friedrich Schiller, 1759-1805)가 1785년에 인류의 형제애에 대한 찬가로 쓴 것이다. 실러가 죽은 후 베토벤이 이 시를 자신의 9번 교향곡 마지막 악장의 합창 가사로 사용했던 것이다.

지휘자 카라얀(Herbert von Karajan, 1908-1989)은 이 곡을 바탕으로 세 가지 악기를 사용하는 편곡을 마련하였다. 각각 솔로 피아노, 관악기, 그리고 교향악단을 위해 마련된 이 음악은 말년의 카라얀이 몸소 지휘한 공식 녹음이 만들어져 있다.

2006년에 추진했던 유럽헌법에는 유럽연합기와 유럽찬가가 포함될 예정이었다. 하지만 헌법 채택에 실패하고 리스본 조약으로 대체하는 작업이 진행되고 있는데, 이 조약에는 상징에 관한 내용이 포함되어 있지 않다. 하지만 이 조약에는 16개 회원국이 상징물을 인정한다는 성명이 첨부되어 있다. 이에 따라 유럽의회는 공식 행사에서의 사용을 결의하였다.

2008년 코소보 독립 행사에서는 이 곡이 코소보의 국가를 대신하여 사용되었다. 자신의 국가를 채택할 때까지 한시적으로 사용하는 것이지만 독립을 선언하면서 이 곡을 사용함으로써 코소보가 세르비아로부터 독립하는 데에 유럽연합이 행한 노력의 의미를 상징적으로 보여주는 역할을 하였다.

이밖에 유럽연합은 "다양성 속의 통일(Unity in diversity, United in diversity)"

▲ 유럽의 모토로 채택된 "다양성 속의 통일". 사진은 2000년 5월 선정된 모토를 브뤼셀의 유럽의회 회의장에서 유럽의회 의장에게 증정하는 행사의 모습. 모토는 프랑스어로 쓰여 있다.

을 스스로의 표어로 지정했다. 2000년 채택된 이 표어는 학생들을 대상으로 인터넷으로 접수한 8만 점의 후보작들 가운데 선정된 것으로 이를 다시 10개 유럽연합 공용어와 라틴어로 번역 공포 하였다. 이후 2013년에 다시 늘어난 유럽 연합의 24개 공용어로 공식 번역하였는데, 표어는 유럽연합 공식 웹사이트의 배너로 곧잘 등장하고 있다.

그리고 매년 5월 9일은 '유럽의 날'로 기념한다. 1950년 5월 9일의 슈만선언을 기념하는 것으로 이날이 현재의 유럽연합 성립의 결정적인 계기가 되었다고 보기 때문이다. 한편 유럽평의회가 발족한 것은 1949년 5월 5일인데 일부 유럽인들은 이날을 더욱 의미 있는 유럽의 날로 축하한다.

슈만선언이 그저 독일과 프랑스의 석탄과 철강을 공유하자는 제안에 불과한 데에 반해 유럽평의회의 역할은 인권과 의회 민주주의, 그리고 법치주의를 수호하는 것으로 한결 광범하고, 중요한 것으로 인식하기 때문이다. 게다가 이날은 구소련권 국가들에서 2차 세계대전의 종전을 기념하는 승전일이기도 하다.

(2) 언어

유럽연합에는 24개의 공식 언어가 있다. 유럽경제공동체가 생겨날 때 4개였던 공식 언어는 1993년에 유럽연합이 창설되면서 11개로 늘어났다가 현재 24개까지 확대되었다. 대부분 인도유럽어족에 속하는 언어이지만 에스토니아어, 핀란드어, 헝가리어는 우랄어족에 속하고, 말타어는 셈어에 속한다. 또 거의 모든 공식 언어는 라틴알파벳을 문자로 사용하지만 불가리아어는 키릴문자를, 그리스어는 그리스알파벳을 쓴다.

24개의 공식 언어 외에 약 150개의 소수 지역어가 있다. 이들 소수 언어의 사용자도 5천만 명에 이른다. 이들 가운데 카탈루니아어, 발렌시아어, 바스크어 등의 스페인 방언과 스코틀랜드의 게일어, 그리고 웨일스어 등은 유럽연합 중요 기구에서도 통용된다. 유럽연합차원에서 이들 소수 지역어를 뒷받침하지만 개별 언어의 보존은 개별 회원국의 몫이다.

유럽에는 또 터키어, 아랍어, 러시아어, 우르두어, 벵갈어, 힌디어, 타밀어, 우크라이나어, 펀잡어 등 유럽 이외 지역의 다양한 언어가 사용된다. 주로 이민자들에 의해 사용되는 이들 언어는 유럽연합 내에서 공식적인 지위를 인정받지 못하고 있지만, 2007년부터 이들도 정식으로 유럽연합 평생학습 프로그램 언어교육부의 지원을 받고 있다.

유럽연합의 공식 언어와 이들 언어의 사용 인구 비율은 표와 같다.

∥ 유럽연합의 공식 언어 현황

언어	약어	사용인구	채택연도	사용 가능인구
영어	en	13%	1993	51%
독일어	de	18%	1993	32%

언어	약어	사용인구	채택연도	사용 가능인구
프랑스어	fr	12%	1993	26%
이탈리아어	it	13%	1993	16%
스페인어	es	9%	1993	15%
폴란드어	pl	9%	2004	10%
루마니아어	ro	7%	2007	8%
네덜란드어	nl	5%	1993	6%
그리스어	el	3%	1993	3%
체코어	cs	2%	2004	3%
스웨덴어	sv	2%	1993	3%
헝가리어	hu	2%	2004	2%
포르투갈어	pt	2%	1993	2%
불가리아어	bg	2%	2007	2%
슬로바키아어	sk	1%	2004	2%
덴마크어	da	1%	1993	1%
핀란드어	fi	1%	1993	1%
리투아니아어	lt	1%	2004	1%
슬로베니아어	sl	1%	2004	1%
라트비아어	lv	1% 미만	2004	1% 미만
아일랜드어(게일어)	ga	1% 미만	2007	1% 미만
에스토니아어	et	1% 미만	2004	1% 미만
몰타어	mt	1% 미만	2004	1% 미만
크로아티아어	hr	1% 미만	2013	1% 미만

　모국어 사용 인구는 독일어가 가장 많지만 사용 가능인구는 영어가 압도적으로 많다. 그리고 영어, 독일어, 프랑스어, 스페인어, 이탈리아어를 제외한 언어들은 자국 이외에는 사용 가능인구가 거의 없다.

　회원국의 수에 가까운 이 언어의 다양성은 유럽연합의 장래를 비관하는 가장 중요한 이유의 하나가 되고 있다. 각종 기구의 직원 삼분의 일 이상이 통번역과 관련된 일을 해야 하는 예산의 낭비는 물론이고, 이를 개선할 수 있는 어떤 대안도 마련하기 쉽지 않은 현실이 유럽연합의 미래를 더

암담하게 하는 것이다.

　유럽 집행위원회 내부에서 사용하는 실무 언어는 영어, 독일어, 프랑스어 등 3개 언어이지만 공식적으로 모든 국민이 자신의 언어로 된 문서를 볼 수 있도록 한다는 평등한 언어정책을 취하고 있다. 그러면서 모든 유럽인이 자신의 모국어 외에 두 가지 외국어를 구사할 수 있도록 장려하는 다국어 정책을 펴고 있다.
　이에 따라 실제 어느 외국어를 학습하고 싶은지 조사한 결과 77%가 영어라고 대답하였는데, 이는 이러한 정책이 결국 언어다양성을 보존한다는 원래의 취지를 실현하지 못하게 한다는 것을 보여준다. 실제 상당수 소수언어 국가에서는 자국어로 된 문서를 수개월 늦게 받거나 아예 받지 못하는 경우가 많고, 통번역의 오류에 따른 불안으로 아예 영어를 사용하는 경향이 늘어나고 있다. 결국 평등한 다국어 정책이 오히려 불평등하게 단일 언어를 사용하는 유럽으로 이끌어갈 가능성이 큰 것이다.
　그밖에 유럽인의 언어 배경이 다양해지면서 보다 개방적인 언어정책이 필요하다는 주장도 나오고 있다. 한편에서는 늘어나는 이민자들로 인해 점차 사용인구가 늘어나는 아랍어나 유럽연합의 확대에 따라 사용 가능 인구가 유럽연합 전체 인구의 7%에 이르는 러시아어 등도 비록

▲ 유럽연합에는 24개의 공식 언어가 있다. 각종 기구의 직원 삼분의 일 이상이 통번역과 관련된 일을 해야 하는 등 낭비가 심각하다. 사진은 브뤼셀의 유럽의회 상임위 회의실의 통역 부스 모습.

모국어로 쓰는 사람은 없지만 유럽 연합의 공식 언어로 지정하여야 한다고 주장하기도 하고, 다른 한편에서는 다국어 정책은 결국 영어를 통한 영국의 이익으로 작용할 것이라면서 에스페란토를 유럽 연합의 공용어로 지정할 것을 주장하기도 한다.

(3) 유로화

유로화는 2002년부터 공식적으로 유통되는 유럽연합의 공식 통화이다. 현재 19개 유럽연합 가입국과 소수 비가입국에서 사용된다. 유로존이라고 불리는 이 유로화 사용 지역에 속하는 회원국은 그리스, 네덜란드, 독일, 룩셈부르크, 몰타, 벨기에, 스페인, 슬로바키아, 슬로베니아, 아일랜드, 오스트리아, 이탈리아, 키프로스, 포르투갈, 프랑스, 핀란드, 에스토니아, 라트비아, 리투아니아 등이며, 유럽 내 소국인 모나코, 산마리노, 바티칸, 안도라, 코소보, 몬테네그로 등도 유로를 공식 통화로 사용하고 있다.

▲ 프랑크푸르트에 있는 유럽중앙은행. 유로존의 통화정책을 총괄한다.

아직 유로화를 공식 통화로 채택하지 않은 덴마크와 영국에서도 유로화는 법정통화는 아니지만 일상에서 사용되고 있다. 특히 큰 도시에 있는 국제적인 상점과 아일랜드와 국경을 맞대고 있는 북아일랜드에서는 유로가 준(準) 공식통화이다. 이와 유사한 형태로 아직 유럽연합 회원국이 아닌 스위스에서도 유로화가 광범위하게 사용된다. 스위스 레일웨이 같은 공기업도 유로 통용을 공식 허용하고 있다.

유로화는 8종의 동전과 7종의 지폐로 이루어진다. 이들 동전과 지폐의 디자인은 유럽연합 화폐로서의 특징을 잘 담고 있다.

유로 동전은 각각 2유로, 1유로, 50센트, 20센트, 10센트, 5센트, 2센트, 1센트 등의 8종이다. 유로의 표기는 €로 하며, 백분의 1유로에 해당하는 단위 센트는 미국 등 특정 국가의 통화와 구별하여 유로 센트라고 부르기도 한다. 각 동전의 디자인은 한쪽 면은 유럽연합 공통의 문양으로 하고, 다른 쪽 면은 발권국가의 특징을 담은 다양한 문양을 담았다.

국가별 동전의 발권 양은 경제 규모에 따라 차등 할당하였다. 경제 규모가 비교적 큰 독일이 33%, 프랑스가 16%, 이탈리아는 15%를 주조했다. 규모가 작은 핀란드는 2%, 룩셈부르크는 0.2%를 할당받았다.

유로화 발행 초기 이들 서로 다른 문양의 동전을 수집하는 것이 유행하기도 했는데, 그러면서 발행량이 적은 희귀동전은 사라지고 독일 동전이 가장 활발하게 유통되는 결과를 낳기도 했다. 룩셈부르크에서는 이미 자국 발행 1유로 동전은 찾아볼 수가 없을 정도이고, 아일랜드, 핀란드, 그리

▲ 유로화 동전. 한쪽 면은 유럽연합 공통의 문양으로 하고, 다른 쪽 면은 발권국가의 특징을 담은 다양한 문양을 담고 있다.

▲ 유로화 지폐. 한쪽 면에는 창문이나 관문을 그리고, 다른 면에는 교량이 그렸는데, 고대에서 현대까지의 다양한 건축양식을 담고 있다.

스, 포르투갈 등지에서도 유통되는 동전의 절반 이상이 다른 나라에서 발행된 것이라고 한다.

유로화 지폐는 500유로, 200유로, 100유로, 50유로, 20유로, 10유로, 5유로 등의 7종으로 구성된다. 지폐의 디자인은 1996년 공모를 통해 선정한 것으로 유럽 역사 각 시기의 대표적인 건축양식을 담았다.

지폐의 한쪽 면에는 창문이나 관문을 그리고, 다른 면에는 교량이 그렸는데, 그러면서도 각 도안이 실제 존재하는 기념물을 나타냈다고 인식되지 않도록 했다. 또한 문과 다리를 그린 것은 각각 개방과 교류의 의미를 담은 것이다. 각 지폐에 그려진 건축 양식은 각각 5유로에는 고대의 건축양식, 10유로에는 로마네스크 양식, 20유로에는 고딕양식, 50유로에는 르네상스 양식, 100유로에는 바로크 로코코 양식, 200유로에는 19세기 건축양식, 500유로에는 20세기의 현대 양식 등이다.

공식 유로 기호 €는 파란색 배경에 노랑 글씨 도안인데, 벨기에 출신의 디자이너 알레인 빌리에트(Alain Billiet)가 설계한 것이다. 이 도안은 유럽의 E를 의미하는 그리스 문자 엡실론과 유로의 안정성을 표현하는 평행선을 조합한 것이다.

유로화가 공식 통용되기 시작한 것은 2002년 1월 1일이었다. 각국에서 사용되던 구 화폐는 두 달에 걸쳐 유로화로 교체되었다. 만기일인 2002

년 2월 28일 이후 각국의 통화는 법정통화로의 사용이 중지되었다.

하지만 공식적인 만기일이 지난 뒤에도 각국의 중앙은행은 짧게는 몇 년부터 길게는 영원히 각국의 통화 교환 가능 기간을 정하는 후속 조치를 발표했다. 예컨대 가장 빨리 환전 불가능한 동전이 된 것은 포르투갈 에스쿠도였는데, 지폐는 2022년까지 교환 가능하지만 동전은 2002년 12월 31일 이후부터 화폐가치를 상실하기로 하였다.

슬로베니아가 유로존, 즉 유로화 사용국에 가입한 것은 2007년 1월 1일이었고, 몰타와 키프로스는 2008년 1월 1일에 가입하였다. 이후 슬로바키아가 2009년 1월 1일에 유로존에 가입함으로써 유로화를 사용하는 국가는 16개국으로 늘어났으며, 2010년부터 1년의 시차를 두고 리투아니아, 에스토니아, 라트비아 등 발트 3국도 공식적으로 유로화를 사용하기 시작하여 2018년 현재 19개 국가의 3억 4천 명 이상이 유로존에 속해 있다.

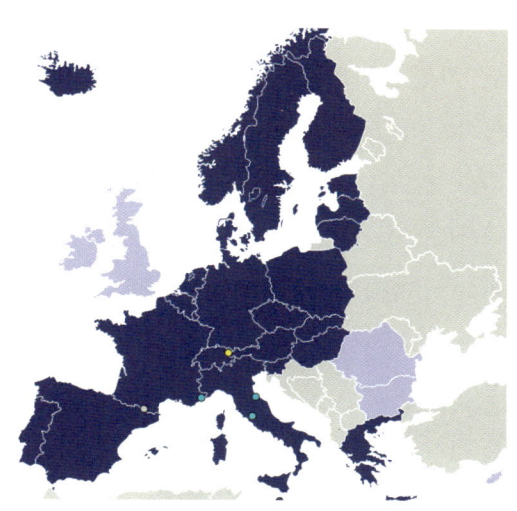

▲ 유로화를 공용화폐로 사용하고 있는 지역을 가리키는 유로존. 짙은 색 부분으로 19개국 3억 4천만 명 이상의 유럽인이 여기에 속한다.

국제적인 사용 사례도 증가하고 있는데, 특히 쿠바, 북한, 시리아 등에서는 무역통화로 유로를 사용하고 있으며, 2009년에는 아프리카의 짐바브웨가 자국의 화폐를 폐기하고 유로와 달러를 상용 통화로 지정하였다.

(4) 국경개방: 솅겐 조약

유럽 여러 나라 사이의 국경은 거의 모두 개방되어 있다. 이는 유럽 각국이 출입국 통행에 제한을 없앤다는 내용의 조약을 맺고 있기 때문이다.

룩셈부르크의 솅겐(Schengen)에서 조인되었기 때문에 솅겐 조약이라고 불리는 이 조약은 독일, 프랑스, 벨기에, 네덜란드, 룩셈부르크 등 5개국에 의해 1985년 6월에 체결되었다. 이후 1990년 이탈리아를 시작으로 여러 나라들이 새롭게 조약에 가입함으로써 현재 아일랜드, 영국, 불가리아, 루마니아, 키프로스 등을 제외한 모든 유럽연합 가입국과 유럽연합 비가입국인 아이슬란드, 노르웨이, 스위스 등 25개국이 가입되어 있다.

▲ 솅겐 조약으로 유럽 각국의 국경은 거의 개방되어 있다. 사진은 오스트리아와 독일의 국경 모습.

이밖에 모나코, 산마리노, 바티칸 등은 정식으로는 솅겐 지역에 들어가지는 않지만 국경 검문소가 철거되어 실질적으로 가입된 것으로 볼 수 있다. 이들은 조약에 가입하지는 않았지만 이미 주변국들과 국경검사의 폐지와 관련한 합의가 이루어져 있었기 때문이다.

지중해에 접해 있는 모나코의 경우 프랑스 당국이 모나코의 국경관리를 해오고 있었기에 프랑스의 솅겐 조약 체결로 실질적인 가입국이 되었다. 스위스와 오스트리아 사이의 소국인 리히텐슈타인은 솅겐 지역에 포함되어 있지 않다. 스위스와의 국경은 개방되어 있지만 오스트리아와는 국경검사가 이루어지고 있는 것이다.

이와 달리 일부 지역은 가입국의 영토에 속하지만 조약의 대상에서 제외되어 있는 경우도 있다. 독일의 헬골란트섬(Helgoland)과 뷔지겐(Büsingen), 프랑스의 해외 주(DOM)와 해외 영토(TOM), 특별자치 지역, 네덜란드의 네덜란드령 안틸레스 제도, 아루바, 이탈리아의 리비뇨(Livigno), 노르웨이의 스발바르 제도 등이다.

솅겐 조약이 체결되기 전, 유럽인들은 국경에서 국민ID카드나 여권을 제시한 뒤에 주변국가로 이동할 수 있었다. 일부 지역에서는 여권 외에 방문하는 국가의 비자를 취득해야 하는 경우도 있었다. 국경검사소의 심사와 필요한 서류작성으로 인해 막대한 인적 물적 비용이 발생하였다.

솅겐 조약은 이런

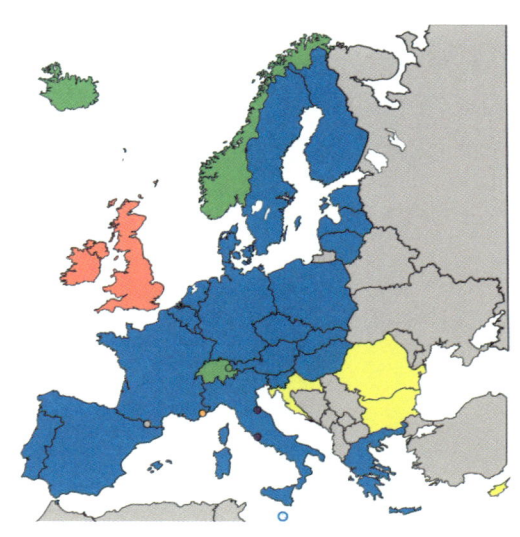
▲ 솅겐 조약 발효 지역 현황.
연두색과 하늘색 지역이 솅겐조약 가입국

비용의 절감과 함께 편리한 인적 물적 교류를 통한 경제·문화 교류에 기여하였으며, 유럽연합의 제반 통합정책에 필수적인 기반이 되어주었다.

또 역외 지역과의 국경 정책의 통일도 이루게 되었는데, 이로 인한 문제점도 없지 않다. 역내의 어느 국가에서는 받아들여지지만 다른 나라에는 들어갈 수 없는 인물이 편법을 이용하여 두 나라에 모두 입국하는 것이 가능하게 되었기 때문이다. 또 입국기준이 통일된 결과가 되어 이민자는 가장 입국이 쉬운 국경을 통과하여, 직접 입국하려던 나라로 제한 없이 갈 수 있게 된 것이다.

이런 상황에 대비하여 가입국은 자국의 안전에 유해하다고 판단되는 상황이 주어지면 단기적으로 국경 검사소를 설치할 수 있도록 하였는데, 최근에도 2004년 유럽축구선수권대회 기간의 포르투갈과 같은 해 노르망디 상륙 60주년 기념식 직전의 프랑스, 2005년 헬싱키 세계육상선수권대회 기간의 핀란드 등에서 단기 검사소가 설치된 바 있다.

솅겐 조약은 또 범죄자가 느슨한 국경검사를 악용하는 것을 막기 위해 각국의 관련 법령을 일치시키고자 노력하고 있으며, 솅겐 지역 내에서 발생한 범죄수사에 대응하기 위해 가입국 각국 경찰들은 스트라스부르에 설치된 솅겐정보시스템(SIS)을 통해서 범죄자, 행방불명자 등의 정보를 공유하고 있다. 이전에는 경찰의 추적을 받는 범죄자가 어떻게든 국경을 넘으면 경찰이 더 이상 추적할 수 없었지만, 이제는 그대로 국경을 넘어 추적을 계속할 수 있도록 하였다.

(5) 교육지원프로그램: '소크라테스 프로그램 1, 2(Socrates Programme I 1994-1999, II 2000-2006)', '평생학습프로그램 (Lifelong Learning Programme 2007-2013)', '에라스무스 플러스 (Erasmus + 2014-2020)'

유럽연합은 교육 부문에서의 지원을 강화하기 위한 다양한 프로그램을 운영해 왔다. 우선 '소크라테스 프로그램(Socrates Programme)'이라는 교육 선도 사업을 진행하였는데, 1994년부터 1999년까지 진행된 1차 계획과 2000년부터 2006년까지 진행된 2차 계획을 통해 유럽은 교육 지평을 넓히고, 언어 능력을 제고하고, 교육 개혁을 장려하는 등의 사업을 추진했다.

2007년부터 이 프로그램은 유럽연합 '평생학습프로그램(Lifelong Learning Programme 2007-2013)'으로 대체되었으며, 유럽연합은 2013년까지 진행되는 이 프로그램에 대략 70억 유로를 지원하였다. 2014년 이후에는 단일 통합 프로그램으로 명시하지 않고 이전의 '에라스무스 프로그램(Erasmus Programme)'을 확대한 '에라스무스 +(Erasmus + 2014-2020)' 프로그램으로 통합하여 진행하고 있다.

평생학습의 질을 높이고 회원국들의 교육 실습 시스템을 개선하려는 목적을 이루기 위해 다양한 부속 프로그램을 운영하고 있는데, '평생교육프로그램 2007-2013'에서는 특히 코메니우스 프로그램, 에라스무스 프로그램, 레오나르도 다 빈치 프로그램, 그룬트비히 프로그램, 횡단 프로그램, 장 모네 프로그램 등 여섯 프로그램을 통해 유럽연합 교육지원사업의 기본 틀을 마련하였다. 각 프로그램의 구체적인 내용을 살펴보자.

① 코메니우스 프로그램

코메니우스 프로그램은 초중등 학생의 교류를 위한 지원활동을 담당한다. 청소년 교육과 민중 계몽의 방법을 체계화한 체코의 교육자 코메니우스(John Amos Comenius, 1592-1670)의 이름을 딴 이 프로그램은 14세에서 19세까지의 청소년을 대상으로 이들이 자기 나라는 물론이고 이 프로젝트에 참여된 다른 나라에 대한 폭넓은 이해를 갖도록 지원하고 있다.

▲ 초중등학생들의 교류를 지원하는 코메니우스 프로그램은 체코의 교육자 코메니우스의 이름을 땄다.

② 에라스무스 프로그램

에라스무스 프로그램은 고등교육 과정의 학생 교류와 교육기관 사이의 협력을 지원하는 프로그램으로 유럽연합 평생학습프로그램의 예산 40%를 지출하는 핵심 프로그램이다. 1987년 유럽 대학 학생 교류 프로그램을 기원으로 하는 이 프로그램의 이름 Erasmus는 16세기 네덜란드의 신학자인 에라스무스의 이름을 딴 것이지만 한편에서는 '대학 교류를 위한 유럽 지역 실행 계획(European Region Action Scheme for the Mobility of University)'이라는 뜻으로 풀어 쓰기도 한다.

▲ 고등교육 지원을 위한 에라스무스 프로그램의 로고.

프로그램은 구체적으로 유럽 대학생과 교직원 교류를 2012년에 최소

3백만에 이르도록 하고, 유럽 고등교육기관 상호 간은 물론이고 고등교육기관과 기업 사이의 협력을 증대하며, 유럽 대학의 혁신과 지원을 확산하는 등의 야심 찬 계획을 수행하고 있다. 이 프로그램은 사업의 일차 목적이면서 가시적이고도 상징적인 성과를 보이고 있는 대학생 교류 지원 활동 외에도 대학교수들 간의 보다 밀접한 연결도 지원하고 있다.

현재 31개국 2199개 기관이 이 프로그램에 관여하고 있으며, 160만 명 이상의 대학생이 참여하였다.

에라스무스 프로그램에 참여하기 위해서는 대학 1학년 과정을 이수한 학생으로서 평생학습프로그램 가입국의 국민이어야 한다. 프로그램에 참여하면 최소 3개월 이상 유럽 내 외국대학에서 수학하게 되며, 이 수학 기간은 소속 대학에서 수학한 것으로 인정된다. 이 경우 학생들은 방문 대학에 별도의 학비를 내지 않으며, 외국생활에 필요한 추가 경비를 위한 에라스무스 보조금을 신청할 수 있다.

에라스무스 프로그램은 또 유럽 교육을 세계화하기 위한 별도의 병행 프로그램으로 에라스무스 문두스(Mundus) 프로그램을 운영하고 있다. '문두스'는 세계라는 뜻의 라틴어이다. 에라스무스 문두스 프로그램은 에라스무스 프로그램의 국제화 버전인 셈이다. 비유럽인에게도 개방되어 있는 이 프로그램은 대부분 유럽 내 여러 대학이 연계된 유럽 석사학위 과정(European Master)이며, 연합 내

▲ 에라스무스 프로그램은 16세기 네덜란드의 신학자 에라스무스의 이름을 딴 것이다.

지 복수 석사 학위 과정으로 되어 있는 경우도 많다.

③ 레오나르도 다 빈치 프로그램

레오나르도 다 빈치 프로그램은 직업 교육 및 직업 훈련 지원을 담당하는 프로그램으로 학생이나 실습생 교류나 기관의 협력을 지원한다.

▲ 직업 교육 및 직업 훈련 지원을 담당하는 프로그램의 어원인 레오나르도 다 빈치.

유럽 시민들이 새로운 기능과 지식, 그리고 자격을 획득하는 것을 지원함으로써 유럽의 노동 시장 경쟁력을 향상시키는 것을 목표로 하는 이 프로그램 역시 유럽 연합 평생학습 프로그램의 기금 25%를 사용하는 중요 프로그램으로 구직자들이나 직업 훈련생은 물론이고 직업 훈련 전문가와 이 분야의 관련 기관들에 대한 지원에 중점을 두고 있다.

▲ 성인교육 지원 프로그램은 덴마크의 교육자 그룬트비의 이름을 땄다.

④ 그룬트비 프로그램

그룬트비 프로그램은 성인교육을 지원하는 프로그램이다. 성인들, 특히 노령 인구에게 기술과 경쟁력을 강화하기 위한 교육 기회를 제공한다. 덴마크의 국부로 존경을 받는 농민 교육자 그룬트비(Nikolaj Frederik Severin

Grundtvig, 1783-1862)의 이름을 딴 이 프로그램은 공교육은 물론이고 각종 사교육 기관에서 이루어지는 모든 유형의 성인 교육을 망라하여 지원하는데, 이 프로그램에서 말하는 성인은 25세 이상의 성인은 물론이고, 공교육의 혜택을 받지 못하는 16세에서 24세까지의 청소년도 대상으로 한다.

이 프로그램이 제공하는 교육 내용은 기초적인 기술 교육은 물론이고, 외국어 학습, 부모 교육, 그리고 각종 문화 예술 활동에 대한 지원 등으로 이루어진다.

⑤ 횡단 프로그램

횡단 프로그램은 유럽연합 평생교육 프로그램의 성과를 최대화하기 위한 프로그램 지원 프로그램이다. 이 프로그램이 중점을 두는 것은 교육과 훈련 관련 정책에 대한 협력과 개혁, 외국어 교육, 정보통신 기술 기반의 콘텐츠와 서비스 개발, 평생교육 프로그램 성과의 효과적인 보급과 이용 촉진 등 교육과 훈련에 대한 지원 전 부문에 걸쳐 있다.

⑥ 장 모네 프로그램

장 모네 프로그램은 유럽 통합을 지지하는 활동과 기관을 지원하는 프로그램이다. 유럽석탄철강공동체의 설립에 기여한

▲ 유럽통합 지원 프로그램은 프랑스 경제학자 장 모네의 이름을 땄다.

유럽연합, USE의 꿈 251

프랑스의 경제학자 장 모네(Jean Monnet, 1888-1979)의 이름을 딴 이 프로그램은 주로 고등교육기관에서의 유럽 통합에 대한 연구과 교육을 지원한다.

이들 여섯 프로그램을 위한 전체 평생학습 프로그램 예산 배분 비율을 살펴보면 에라스무스 프로그램 40%, 레오나르도 다 빈치 프로그램 25%, 코메니우스 프로그램 13%, 그리고 그룬드비 프로그램 4% 등으로 대학생 및 성인 직업교육 지원에 치중하였음을 알 수 있다.

이런 전반적 기조를 반영하듯 2014년 이후의 교육지원 프로그램의 명칭을 '에라스무스 +'로 하고, 2014년부터 2020년까지 유럽 내는 물론이고 국제 수준의 일반 및 직업교육, 청소년과 스포츠 관련 지원 사업을 통합하고 있다.

그동안의 대학생 교류, 석박사 과정 학생지원, 청년사업가 지원을 위한 에라스무스 프로그램, 초중등교육을 위한 코메니우스 프로그램, 직업교육을 위한 레오다르도 다 빈치 프로그램, 성인교육을 위한 그룬트비 프로그램 등을 '에라스무스 +'라는 이름으로 통합 운영하는 것인데, 유럽 집행위원회는 이를 통해 재정지원을 위한 절차를 간소화하고 효율을 높여 이중작업이나 낭비를 줄여나가고 있다.

(6) 유럽문화수도

유럽문화수도(European Capital of Culture)는 유럽연합이 연도별로 지정하는 유럽연합 회원국의 특정 도시이며, 이 도시는 1년 동안 일련의 범유럽 차원 문화 행사를 전개한다. 지원도시들은 유럽연합이 지정한 기준에 따라 제안서를 내고 국제적인 문화전문가들이 이들을 심사하여 선정한다.

유럽문화수도가 되는 것은 해당 도시에게 상당한 문화, 사회, 경제적 이익을 가져다주고, 도시 재생을 촉진하고, 도시의 이미지를 바꾸며, 또 국제적으로 해당 도시에 대한 관심과 명성을 높여준다.

1983년 영화배우이자 그리스 문화부장관이던 멜리나 메르쿠리(Melina Mercouri)가 매년 유럽의 한 도시를 문화도시로 지정하여 풍부하고 다양한 유럽문화를 조명하고 공통의 역사와 가치에 주목함으로써 유럽을 서로 더욱 가깝게 하자는 기획을 제안하였다. 이 제안이 받아들여져서 1985년 그리스의 아테네가 최초의 유럽문화도시(European City of Culture)로 지정되었다.

■ 유럽문화도시 목록(European City of Culture) 목록
1985 Athens (Greece), 1986 Florence (Italy), 1987 Amsterdam (the Netherlands), 1988 Berlin (Germany), 1989 Paris (France), 1990 Glasgow (United Kingdom), 1991 Dublin (Ireland), 1992 Madrid (Spain), 1993 Antwerp (Belgium), 1994 Lisbon (Portugal), 1995 Luxembourg (Luxembourg), 1996 Copenhagen (Denmark), 1997 Thessaloniki (Greece), 1998 Stockholm (Sweden), 1999 Weimar (Germany).

그리고 1999년 사업 명칭을 유럽문화수도(European Capital of Culture)로 바꾸어 오늘에 이르고 있다. 1999년에는 독일의 바이마르 한 곳만 지정되었으나 이후에는 복수의 도시가 지정되었다. 특히 2000년은 유럽의 세계문화에 대한 기여를 강조하며 9개 도시를 지정하였는데, 여기에는 아직 유럽연합 회원국이 아니었던 체코와 폴란드의 도시 프라하와 크라쿠프도 들어있다.

■ 유럽문화수도(European Capital of Culture) 목록
1999년: 독일 바이마르, 2000년: 아이슬란드 레이캬비크, 노르웨이 베르겐, 이탈리아 볼로냐, 벨기에 브뤼셀, 스페인 산티아고데콤포스텔라, 프랑스 아비뇽, 폴란드 크라쿠프, 체코 프라하, 핀란드 헬싱키, 2001년: 네덜란드 로테르담, 포르투갈 포르투, 2002년: 벨기에 브뤼허, 스페인 살라망카, 2003년: 오스트리아 그라츠, 2004년: 프랑스 릴, 이탈리아 제노바, 2005년: 아일랜드 코크, 2006년: 그리스 파트라, 2007년: 룩셈부르크 룩셈부르크, 루마니아 시비우, 2008년: 영국 리버풀, 노르웨이 스타방에르, 2009년: 오스트리아 린츠, 리투아니아 빌뉴스, 2010년: 독일 에센, 터키 이스탄불, 헝가리 페치, 2011년: 에스토니아 탈린, 핀란드 투르쿠, 2012년: 포르투갈 기마랑이스, 슬로베니아 마리보르, 2013년: 프랑스 마르세유, 슬로바키아 코시체, 2014년: 라트비아 리가, 스웨덴 우메오, 2015년: 벨기에 몽스, 체코 플젠, 2016년: 폴란드 브로츠와프, 스페인 산세바스티안, 2017년: 덴마크 오르후스, 키프로스 파포스, 2018년: 네덜란드 레이우아르던, 몰타 발레타.

한편 유럽문화도시와 별도로 1990년에는 '유럽문화의 달 주관 도시(European Cultural Month)' 기획이 채택되어 1992년부터 1999년까지 8년간 9개 도시가 여기에 선정되었다.

■ 유럽문화의 달 주관 도시(European Cultural Month) 목록
1992 Cracow (Poland), 1993 Graz (Austria), 1994 Budapest (Hungary), 1995 Nicosia (Cyprus), 1996 St. Petersburg (Russia), 1997 Ljubljana (Slovenia), 1998 Linz (Austria) and Valletta (Malta), 1999 Plovdiv (Bulgaria).

이는 문화도시 기획에 대한 광범한 관심에 부응하기 위한 것으로 특히 유럽공동체 및 유럽연합에 속하지 않은 도시들을 주 대상으로 하였다.

지금까지 유럽문화도시와 유럽문화의 달 주관도시, 그리고 유럽문화수도에 선정된 도시는 모두 65개이며, 향후 2021년까지 4년 동안 9개 도시, 2022년-2025년까지 4년간 8개국이 지정 또는 제안된 상태이다.

유럽문화수도에 선정되기 위해서는 사전 선정과 최종 선정의 절차를

거치며, 이 과정에서 공모 도시들은 서류 심사는 물론 방문 심사를 받기도 한다. 1999년 사업 명칭을 유럽문화수도(European Capital of Culture)로 바꾸면서 문화수도의 선정 절차와 평가 기준도 새롭게 마련되었다. 이에 따르면 유럽연합 이사회는 집행위원회의 추천에 따라 4년 후의 문화수도를 만장일치로 정한다. 선정도시는 고유의 문화와 문화유산을 부각하는 문화 행사 프로그램은 물론이고 일반적인 문화유산 공간도 제공하여야 한다.

유럽문화수도 사업에 소요되는 비용에 충당되는 재원은 크게 다음과 같이 구분된다. 우선 유럽연합의 지원이 있다. 문화수도가 추진하는 프로젝트당 20만–100만 유로 지원금으로 2007년의 경우 한 도시당 2개 프로젝트씩 각 50만 유로가 지원되었다.

그밖에 유럽연합 기금의 지원도 받을 수 있는데 특별 프로젝트 수행을 위한 관련 펀딩 프로그램과 접촉하여 받는다. 그리고 해당 도시가 속한 국가나 광역 및 기초자치단체의 지원과 민간기업의 후원도 중요한 재원이다. 각종 문화예술행의 티켓 발매 수입 등 자체 사업을 수행하면서 얻는 수입도 있다.

유럽문화도시 프로그램은 한 도시의 문화 발전을 위한 결정적인 기회이다. 전례가 없는 영향력을 행사하면서 변화와 발전의 촉매로 작용하는 이 프로그램은 때로 기대 이상의 성과를 내어 관계자를 놀라게 하기도 한다. 그래서 팔머 리포트는 문화수도 스스로 자신의 기대를 보다 상세하게 전망하고 적시해 둘 필요가 있다고 지적한다.

유럽연합 유럽집행위원회는 유럽문화수도 사업의 성과로 도시 재생, 개최 도시의 국제적 위상 제고, 평균 12%에 달하는 관광산업의 성장, 일

자리 창출, 예술가와 문화공간의 창조와 발전, 도시 주민의 자긍심 고취, 문화생활의 활력 제공 등을 꼽는다.

유럽집행위원회는 "문화수도가 투자금 1유로당 10유로에 달하는 수익을 창출했다"고 발표하기도 했다. 그러나 유럽문화도시는 여러 가지 성공적인 결과에도 불구하고 몇 가지 문제점을 노정하고 있다. 유럽연합의 예산 지원 부족, 유럽연합 내 전담조직의 부재로 인한 목표의 불확실성, 회원국 간의 순환 시스템에 따른 선정방식과 결과에 따른 불협화음 등이 그것이다.

유럽문화도시의 지속적인 성공을 위해서는 유럽연합의 행·재정적 지원 확대가 필요하고, 사업의 성과에 대한 객관적인 평가 시스템을 마련하고, 지속적인 개선의 과정을 거쳐야 할 것이다.

팔머 리포트는 보고서의 말미를 다음과 같은 제안으로 마무리하고 있다.

1. 유럽문화도시 사업은 유럽연합 주도로 지속되어야 한다.
2. 유럽문화도시 선정의 기준과 절차를 재고하여야 한다.
   - 중심적인 통합 개념으로서 문화 및 문화적 체험의 가치와 중요성
   - 유럽 통합과 다양성의 도전, 범세계와 유럽의 문화적 협력
   - 성취된 결과의 지속 가능성.
3. 유럽연합 집행위원회의 역할이 재조정되어야 한다. 문화수도 선정을 위한 분명한 가이드라인 제공이 필요하다.
4. 유럽연합은 유럽문화수도에 대한 보다 많은 재정적 지원을 제공해야 한다.
5. 후보도시와 지원국가 및 제3국에 대해서도 기회를 주는 새로운 유럽연합의 기획이 추진되어야 한다.

유럽의 문화수도는 유럽 내외에서 다양한 유사 프로젝트를 추진하는 계기가 되기도 했는데, 유럽 내의 유럽환경수도(European Green Capital

Award), 유럽스포츠수도(European Capital of Sport), 유럽청년수도(European Youth Capital), 유럽문화수도 대학네트워크(University Network of the European Capitals of Culture) 등이 있다.

■ 유럽환경수도(European Green Capital Award)
한 도시의 환경 관련 성과에 대해 부여하는 상으로 2008년에 제정되었다. 2010년 스톡홀름이 첫 선정 도시이다. 유럽연합 유럽집행위원회가 환경 개선을 위한 지역 당국의 역할이 중요하다는 것을 인식하고 이를 진작하기 위해 제정한 상이다. 매년 한 도시를 유럽환경도시로 선정하는데, 유럽연합 회원국의 인구 10만 이상 도시는 모두 후보가 될 수 있다.
선정도시: 2010 Sweden Stockholm, 2011 Germany Hamburg, 2012 Spain Vitoria-Gasteiz, 2013 France Nantes, 2014 Denmark Copenhagen, 2015 United Kingdom Bristol, 2016 Slovenia Ljubljana, 2017 Germany Essen, 2018 Netherlands Nijmegen, 2019 Norway Oslo, 2020 Competition not launched yet(Competition will be launched in 2017)

■ 유럽스포츠수도(European Capital of Sport)
유럽 스포츠 수도 및 도시 연맹(European Capitals and Cities of Sport Federation) 2001년 이후 매년 지정하는 도시로 유럽의 50만 이상의 자치단체를 대상으로 선정한다.
선정도시: 2001 Spain Madrid, 2002 Sweden Stockholm, 2003 United Kingdom Glasgow, 2004 Spain Alicante, 2005 Netherlands Rotterdam, 2006 Denmark Copenhagen, 2007 Germany Stuttgart, 2008 Poland Warsaw, 2009 Italy Milan, 2010 Republic of Ireland Dublin, 2011 Spain Valencia, 2012 Turkey Istanbul, 2013 Belgium Antwerp, 2014 United Kingdom Cardiff, 2015 Italy Turin, 2016 Czech Republic Prague, 2017 France Marseille, 2018 Poland Kielce, 2019 Hungary Budapest, 2020 Spain Málaga.

■ 유럽청년수도(European Youth Capital)
'유럽청년포럼(European Youth Forum)'이 기획한 프로그램으로 유럽 내 청소년들의 협동을 진작하기 위해 만든 것이다. 한 해 동안 유럽청년수도로 지정되면 다양한 프로그램을 통해 청소년 관련 정치, 경제, 사회, 문화생활과 그 발전상을 보여준다. 유럽청년수도의 선정을 위해서 해당 도시에서 청년의 일상생활 개선을 중요하게 본다. 청년을 위한 축제적 행사의 유무나 기간은 부차적이다.
선정도시: 2009 Rotterdam Netherlands, 2010 Turin Italy, 2011 Antwerp Belgium, 2012 Braga Portugal, 2013 Maribor Slovenia, 2014 Thessaloniki Greece, 2015 Cluj-Napoca Romania, 2016 Ganja Azerbaijan, 2017 Varna Bulgaria, 2018 Cascais Portugal, 2019 Novi Sad Serbia

■ 유럽문화수도 대학네트워크(University Network of the European Capitals of Culture)
비영리국제연맹으로 2006년 헝가리 페치의 페치대학이 주도하여 만들어졌다. 창립 당시 회원 대학은 15개. 회원대학은 정회원, 준회원, 지지회원 등 3개 범주로 구분된다.

이밖에도 유럽문화수도를 모방한 다른 문화권의 유사 프로젝트도 있는데, 아랍문화수도(Arab Capital of Culture), 아메리카문화수도(American Capital of Culture) 등이 있다.

■ 아랍문화수도(Arab Capital of Culture)
아랍문화수도는 아랍연맹이 유네스코와 함께 기획한 것으로 1996년 처음 시작되었다. 아랍문화를 진흥하고 이 지역의 협력을 고취하기 위한 프로그램이다.

■ 아메리카문화수도(American Capital of Culture)
아메리카문화수도는 비정부 조직인 아메리카문화수도조직위원회가 아메리카 대륙의 한 도시를 매년 선정하여 지원하는 도시이다. 유럽문화수도를 모방한 것으로 1997년에 기획되어 2000년에 시작되었다. 전체 아메리카 대륙을 대상으로 하며, 주목적을 다음 3가지로 설정하고 있다. 1. 문화 영역에서의 아메리카의 상호 통합 기구로서의 역할을 담당하고, 2. 아메리카 대륙의 사람들이 국민적 지역적 다양성을 존중하고 자신의 문화유산을 조명하면서 서로를 더욱 잘 알아가는 데 기여하며, 3. 선정 도시를 아메리카의 문화 수도로 진흥하여 문화수도를 선정한 타 대륙과의 협력을 위한 가교 역할을 하는 등이다.

4 | 유럽연합과 한국

우리나라가 통합 유럽 기구와 외교 관계를 맺은 것은 1963년이었다. 당시의 유럽공동체(EC)와 정식 외교 관계를 수립한 것으로 동서냉전 상황 속에서 미국 중심의 서방 자유세계의 일원으로 공동보조를 유지하면서 경제 통상 분야를 중심으로 협력 관계를 발전해 왔다.

1980년대 후반부터는 정치 분야에서의 협력도 활발하게 이루어졌는데, 1989년 외무장관회의가 정례화되었고, 1993년 유럽연합 출범 이후에는 공동외교안보정책 분야로 유럽통합 노력이 확대 발전됨에 따라 정치 및 안보 분야에서의 협력의 중요성도 커졌다.

이에 따라 96년 경제, 통상, 문화, 과학기술 등 제 분야의 포괄적인 협력을 규정하는 기본협력협정(Korea-EU Framework Agreement)을 체결하였고, 정치 분야의 협력 및 대화 채널 제도화를 골자로 한 한·EU 정치공동선언(Joint Declaration on the Political Dialogue)도 채택함으로써 한국과 EU 관계를 21세기를 향한 미래지향적 동반자 관계로 발전시키는 기틀을 마련하였다.

2010년 10월에는 한-EU FTA가 체결되었는데 이를 계기로 경제관계도 보다 더 높은 수준으로 도약하였다. 상품무역뿐만 아니라 서비스·투자·무역규범에 이르는 전반적인 분야에서 자유화 및 협력 노력을 확대하고 있다. 또 2014년 5월에는 위기관리 활동 기본참여협정에 서명함으로써 안보 분야에 있어서도 한-EU 간 협력 기반을 마련하였다. 이로써 우리나라는 국제사회에서 최초로 EU와 기본협정, FTA 및 위기관리활동기본확대 협정을 동시에 체결한 국가가 되었다.

현재 우리나라와 EU는 소비자 정책, 시민사회포럼과 같이 국민의 실생활에 영향을 미치는 분야를 포함하여 정치, 안보, 경제, 사회 등 거의 모든 부문에 걸쳐 30여 개 이상의 협의 채널을 가동 중이며, 매년 한-EU 간 정상회의, 외교장관회의, 무역위원회(장관급), 고위정치대화(차관급) 등 고위급 회담을 정례적으로 개최하고 있다.

유럽연합은 중국, 미국에 이어 우리의 제3대 교역파트너(2016년 기준 총교역액 985억 불)이자 제1위 對한국 투자주체이다. 또 중국, 미국에 이어 우리의 제3위 투자대상이며, 제3의 수출대상국(2016년 기준 466억 불)이자 제2의 수입대상국(2016년 기준 519억 불)이다.

한-EU FTA 발효 이후 5년간 한-EU 간 교역액이 약 10% 증가하는 등 한-EU FTA는 양측에 혜택을 준 것으로 평가되고 있는데, 2016년 기준 EU의 대한국 투자는 888억 불로 전체 외국인 투자(2,793억 불)의 약 31.8% 차지하고 있다. 한편 2016년 기준 한국의 대EU 투자는 586억 불로 전체 해외투자(4,893억 불)의 12% 차지한다.

‖ 연도별 대 EU 교역 동향

구분		2011	2012	2013	2014	2015	2016
수출	금액	557	494	489	517	481	466
	증감률	4.1	△11.4	△1.0	5.7	△6.9	△3.0
수입	금액	474	504	562	624	572	519
	증감률	22.5	6.2	11.6	11	△8.4	△9.3
무역수지		83	△10	△74	△107	△91	53
총교역액		1,032	997	1,051	1,141	1,052	985

※ 자료출처: 한국무역협회, 산업통상자원부(2011-2016 한-EU 교역 현황)

2016년 한-EU 간 총 교역액은 985억 불(수출 466억 불, 수입 519억 불)로서 對EU 무역적자는 53억 불이다. 우리나라의 對EU 주요 수출 품목은 자동차, 선박, 자동차부품, 합성수지, 철강판 등인데, 한-EU FTA 발효 직후 EU의 재정위기 및 세계 유가 하락 등으로 인해 우리나라의 對EU 수출은 전반적으로 감소 추세를 보여 왔다. 대 EU 수입은 한-EU FTA 발효 이후 지속적으로 확대되어 왔으나, 2015년 이후에는 세계 유가 하락으로 인해 감소 추세를 보인다. 對EU 주요 수입품목은 자동차, 농약 및 의약품, 반도체 제조용 장비, 원동기 및 펌프, 계측제어 분석기 등이다.

　한국과 EU의 밀접한 협력은 또 경제적 효과를 넘어 국제사회에서의 한국의 국가 이미지를 개선하고, 외교 관계의 폭을 넓히는 등의 효과를 통해 한국의 국가적 위상을 높이는 계기가 될 것이다.

APPENDIX
부록

유럽의 여러 나라

1. 그리스(Hellenic Republic: Greece, 그리스어: Ελλάδα(Elláda))

위치	유럽 동남부, 지중해 연안
수도	아테네(Athens)
면적	131,940km²
화폐단위	Euro
인구	1,096만 명(2015년)
공용어	그리스어
종족구성	그리스인 93%, 기타 7%
종교	그리스정교(국교) 98%, 이슬람교 1.3%
독립	1829년
헌법	1975.6 제정, 1986.3 개정
정체	공화제
정부형태	대통령 중심제를 가미한 내각책임제
UN가입	1945년
GDP	1,942억 불, 1인당 GDP: 17,901불(2016년)

2. 네덜란드(Kingdom of the Netherlands, 네덜란드어 Nederlanden)

위치	유럽 북서부, 북해 연안
수도	암스테르담(Amsterdam)
면적	41,526km²
화폐단위	Euro
인구	1,710만 명(2017년)
공용어	네덜란드어
종족구성	네덜란드인 77%, 기타 23%
종교	무교 67.8%, 가톨릭 11.7%, 개신교 8.6%, 이슬람 5.8% 등. *2015년
독립	1581
헌법	1814년 제정, 1983년 신헌법제정
정체	입헌군주제
정부형태	내각책임제
UN가입	1945년
GDP	7,627억 불, 1인당 GDP: 44,654불(2017년)

3. 노르웨이(Kingdom of Norway, 노르웨이어 Norge)

위치	유럽 북부, 스칸디나비아 반도 북서부
수도	오슬로(Oslo)
면적	323,802㎢
화폐단위	Kroner
인구	527만 명(2017년)
공용어	노르웨이어
종족구성	노르웨이인, 사미족 등
종교	노르웨이교(루터교 종파) 72%(헌법상 국교) *2017년
독립	1905(스웨덴)
헌법	1814.05.17 제정
정체	입헌군주제
정부형태	내각책임제
UN가입	1945년
GDP	3,920억 불, 1인당 GDP: 73,450불(2017년)

4. 덴마크(Kingdom of Denmark, 덴마크어 Danmark)

위치	유럽 북부, 북해 연안(유틀란드 반도)
수도	코펜하겐(Copenhagen)
면적	43,094㎢
화폐단위	Kroner
인구	575만 명(2017년)
공용어	덴마크어
종족구성	스칸디나비아인, 독일인, 에스키모인(이누이트)
종교	덴마크 교회(루터교 종파) 76%(헌법상 국교) *2017년
독립	9세기경
헌법	1849.06 제정, 1953.06 개정
정체	입헌군주제
정부형태	의원내각제
UN가입	1945년
GDP	3,026억 불, 1인당 GDP: 53,242불(2016년)

5. 독일(Federal Republic of Germany, 독일어 Deutschland)

위치	유럽 중부
수도	베를린(Berlin)
면적	357,023㎢
화폐단위	Euro
인구	8,218만 명(2015년)
공용어	독일어
종족구성	게르만족 79%, 기타 유럽인 11%, 터키인 3.5% 등
종교	개신교 27.1%, 가톨릭 28.9%, 이슬람교 5.5% 등 *2015년
독립	1949(1990.10.3 동서독 통일)
헌법	1949.5 제정
정체	연방공화제
정부형태	내각책임제
UN가입	1973년
GDP	3조 4,670불, 1인당 GDP: 41,902불(2016년)

6. 라트비아(Republic of Latvia, 라트비아어 Latvija)

위치	러시아 북서부 발트해 연안
수도	리가(Riga)
면적	64,589㎢
화폐단위	Euro
인구	195만 명(2016년)
공용어	라트비아어
종족구성	라트비아인 62%, 러시아인 25.4%, 벨로루시인 3.3%, 우크라이나인 2.2%, 폴란드인 2.1% 등
종교	개신교(20%), 러시아 정교(15%), 가톨릭 등
독립	1991
정체	공화제
정부형태	의원내각제
UN가입	1991년
GDP	278억 불, 1인당 GDP: 14,187불(2017년)

7. 러시아(The Russian Federation, 러시아어 Россия(Rossiya))

위치	유럽 동부 및 아시아 중·북부에 위치
수도	모스크바
면적	17,075,200㎢
화폐단위	루블(Ruble)
인구	1억 4,446만 명(2017년)
공용어	러시아어
종족구성	러시아인 81%, 타타르인 3.7%, 우크라이나인 1.4% 등
종교	러시아정교 등
독립	1991(1990.6.12 독립선언)
헌법	1993.12.12 채택
정체	공화제
정부형태	대통령제
UN가입	1991년
GDP	1조 5,610억 불, 1인당 GDP: 10,885불(2017년)

8. 루마니아(Romania)

위치	유럽 동남부
수도	부카레스트(Bucharest)
면적	237,500㎢
화폐단위	Leu(복수형 Lei)
인구	1,951만 명(2015년)
공용어	루마니아어, 헝가리어, 독어
종족구성	루마니아인 88.9%, 헝가리인 6.1%, 집시 3% 등
종교	루마니아정교 81%, 가톨릭 4.3%, 개신교 3% 등 *2011년
독립	1918
헌법	1947.12 제정, 1974.3 2차 개정, 1991.12.8 신헌법확정
정체	공화제
정부형태	내각제를 가미한 대통령제
UN가입	1955년
GDP	1,970억 달러, 1인당 GDP: 10,097달러 (2017년)

9. 룩셈부르크(Grand Duchy of Luxembourg, 룩셈부르크어 Lëtzebuerg)

위치	유럽 서부, 프랑스 · 독일 사이
수도	룩셈부르크(Luxembourg)
면적	2,586㎢
화폐단위	Euro
인구	57만 6,249명(2015년)
공용어	룩셈부르크어, 프랑스어, 독어
종족구성	룩셈부르크인(56%), 포르투갈인(16%), 프랑스인(7%) 등
종교	가톨릭 67%, 개신교 3% 이슬람교 3% 불교 1% 등
독립	1867
헌법	1868.10.17 제정, 1956 개정
정체	입헌군주제
정부형태	내각책임제
UN가입	1945년
GDP	602억 불, 1인당 GDP: 104,359불(2016년)

10. 리투아니아(Republic of Lithuania, 리투아니아어 Lietuva)

위치	러시아 북서부 발트해 연안
수도	빌니우스(Vilnius)
면적	65,300㎢
화폐단위	Euro
인구	282만 명(2017년)
공용어	리투아니아어, 러시아어
종족구성	리투아니아인 86.7%, 폴란드인 5.6%, 러시아인 4.8% 등
종교	가톨릭 77.2%, 러시아 정교 4.1% 등
독립	1991
정체	공화제
정부형태	의원내각제
UN가입	1991.09.17
GDP	428억 불, 1인당 GDP: 15,090불(2017년)

11. 리히텐슈타인(Principality of Liechtenstein)

위치	유럽 서부, 스위스 · 오스트리아 사이
수도	파두츠(Vaduz)
면적	160㎢
화폐단위	스위스 프랑
인구	3만 7,340명(2014년)
공용어	독일어
종족구성	독일계 86%, 이탈리아인 및 기타 14%
종교	가톨릭 76.2%, 개신교 7%
독립	1919
헌법	1921.10 제정
정체	입헌군주제
UN가입	1990년
GDP	52억 불, 1인당 GDP: 143,151 (2010년)

12. 마케도니아(Republic of Macedonia, 마케도니아어 Македониja(Makedonija))

위치	유럽 동남부, 발칸 반도
수도	스코페(Skopje)
면적	25,333㎢
화폐단위	Denar
인구	207만 명(2014년)
공용어	마케도니아어, 알바니아어 등
종족구성	마케도니아인 64%, 알바니아인 25%, 터키인 4%, 루마니아인 3%, 세르비아인 2% 등
종교	마케도니아 정교 64.7%, 이슬람교 33.3%
독립	1991
헌법	1991.11.17
정체	공화제
정부형태	대통령중심제
UN가입	1993.04.08
GDP	104억 불, 1인당 GDP: 5,021불(2016년)

13. 모나코(Principality of Monaco)

위치	유럽 남부, 프랑스남단 지중해 연안
수도	모나코(몬테카를로)
면적	2㎢
화폐단위	Euro
인구	3만 7,308명(2016년)
공용어	프랑스어
종족구성	프랑스인 28.4%, 모나코인 21.6%, 이태리인 18.7%, 영국인 7.5%, 벨기에인 2.8%, 독일인 2.5%, 스위스인 2.5% 등
종교	가톨릭(국교) 등 기독교 83%
독립	1861
헌법	1962.12 제정
정체	입헌군주제
정부형태	왕정
UN가입	1993.05.28
GDP	54억 불, 1인당 GDP: 187,649불(2014년)

14. 몬테네그로(Montenegro, 몬테네그로어 Црна Гора(Crna Gora))

위치	유럽 동남부, 아드리아 해 연안과 세르비아 중간에 위치
수도	포드고리차(Podgorica)
면적	14,026㎢
화폐단위	Euro
인구	68만 명(2017년)
공용어	세르비아어, 몬테네그로어
종족구성	몬테네그로인 45%, 세르비아인 28%, 보스니아인 8%, 알바니아인 5% 등
종교	그리스정교, 이슬람, 가톨릭
독립	2006(세르비아-몬테네그로)
헌법	1992.10
정체	공화제
정부형태	내각책임제
UN가입	2006.06.28
GDP	42억 불, 1인당 GDP: 6,783불(2016년)

15. 몰도바(Republic of Moldova)

위치	우크라이나와 루마니아 중간에 위치(북위 47도, 동경 29도)
수도	치시나우
면적	33,843㎢
화폐단위	Leu(MDC)
인구	300백만 명(2014년)
공용어	루마니어어
종족구성	몰도바인 75 %, 루마니아인 7%, 우크라이나인 7%, 가가우스인 5%, 러시아인 4% 등
종교	동방정교 93%, 개신교 2%
독립	1991
헌법	1994.07.28 제정
정체	공화제
정부형태	의회주의를 가미한 대통령제(대통령 의회 간선제)
UN가입	1992년
GDP	74억 불, 1인당 GDP: 2,089불(2017년)

16. 몰타(Republic of Malta)

위치	이탈리아 반도 남방 지중해상(시실리도 남방 93km)
수도	발레타(Valletta)
면적	316㎢
화폐단위	Euro
인구	44만 5,426명(2014년)
공용어	몰타어, 영어
종족구성	몰타인 95%, 기타 5%
종교	가톨릭 98%
독립	1964.09.21(영국)
헌법	1964.9.21 제정, 1974.12.13 개정
정체	공화제(영연방)
정부형태	내각책임제
UN가입	1964년
GDP	112억 불, 1인당 GDP: 25,623불(2017년)

17. 바티칸 시국(State of the Vatican City, 이탈리아어 Vaticano)

위치	유럽 남부, 이탈리아 내
수도	바티칸(Vatican City)
면적	0.44㎢
화폐단위	Euro
인구	1,000명(2015년)
종족구성	이탈리아인이 대부분, 기타 다국적인
종교	가톨릭(국교) 100%
독립	1929년(이탈리아)
헌법	1967 제정, 1983.11 개정
정체	교황제
공용어	이탈리아어, 라틴어

18. 벨기에(Kingdom of Belgium)

위치	유럽 서부, 프랑스 동북방
수도	브뤼셀(Brussels)
면적	30,510㎢
화폐단위	Euro
인구	1,125만 명(2016년)
공용어	네덜란드어(59%), 프랑스어(40%), 독일어(1%)
종족구성	플라망족 58%, 왈롱족 31%, 혼혈 11%
종교	가톨릭
독립	1831(네덜란드)
헌법	1831 제정, 1993.5 개정
정체	입헌군주제
정부형태	내각책임제
UN가입	1945년
GDP	4,702억 불, 1인당 GDP: 41,491불(2016년)

19. 벨라루스(Republic of Belarus, 벨라루스어 Беларусь(혹은 Biełaruś))

위치	러시아 서부, 우크라이나 북부에 위치(북위 53도, 동경 28도)
수도	민스크
면적	207,600㎢
화폐단위	Belarusian Ruble(BYB)
인구	950만 명(2016년)
공용어	벨라루스어, 러시아어
종족구성	벨라루스인 84%, 러시아인 8%, 폴란드인 3%, 우크라이나인 2% 등
종교	동방정교 48%, 무종교 41%, 가톨릭 7% 등
독립	1991
헌법	1994.03.15 제정
정체	공화제
정부형태	대통령 중심제
UN가입	1945년
GDP	451억 불, 1인당 GDP: 5,100불(2016년)

20. 보스니아-헤르체고비나(Republic of Bosnia and Herzegovina)

위치	유럽 동남부, 아드리아 해 연안
수도	사라예보(Sarajevo)
면적	51,129㎢
화폐단위	Marka
인구	353만 명(2013년)
공용어	세르보·크로아트어
종족구성	보스니아인 50%, 세르비아인 31%, 크로아티아인 15% 등
종교	이슬람교 51%, 세르비아 정교 31%, 카콜릭 15% 등
독립	1992
정체	공화제
정부형태	대통령중심제
UN가입	1992년
GDP	163억 불, 1인당 GDP: 4,618불(2016년)

21. 불가리아(Republic of Bulgaria, 불가리아어 България(Balgariya))

위치	유럽 동남부, 발칸 반도 동부
수도	소피아(Sofia)
면적	11,910㎢
화폐단위	Leva
인구	710만 명(2016년)
공용어	불가리아어
종족구성	불가리아인 85%, 터키인 9%, 집시 5% 등
종교	불가리아정교 83%, 이슬람교 12% 등
독립	1947(터키)
헌법	1947.12 제정, 1971.5.18 개정, 1991.7.12 신헌법
정체	공화제
정부형태	의회공화제(대통령제와 의원내각제 혼합)
UN가입	1955
GDP	524억 불, 1인당 GDP: 7,369불(2016년)

22. 사이프러스(Republic of Cyprus, 그리스어 Κύπρος(Kýpros))

위치	유럽 동남부, 터키남방 지중해상
수도	니코시아(Nicosia)
면적	9,250㎢
화폐단위	Euro
인구	114만 명(2013년)
공용어	그리스어, 터키어
종족구성	그리스인 77%, 터키인 18%, 영국인 5%
종교	동방정교 78%, 이슬람 20%
독립	1960(영국)
헌법	1960.8 제정
정체	공화제
정부형태	대통령 중심제
UN가입	1960년
GDP	198억 불, 1인당 GDP: 23,352불(2016년)

23. 산마리노(Republic of San Marino)

위치	유럽 남부, 이탈리아중부내륙
수도	산 마리노(San Marino)
면적	61.20㎢
화폐단위	Euro
인구	3만 3,285명(2016년)
공용어	이탈리아어
종족구성	산마리노인, 이탈리아인
종교	가톨릭
독립	301년
헌법	1600년
정체	공화제
정부형태	내각책임제
UN가입	1992년
GDP	16억 불(2007), 1인당 GDP: 44,947불(2016년)

24. 세르비아(Serbia, 세르비아어 Србија(Srbija))

위치	유럽 동남부, 마케도니아와 헝가리 사이에 위치
수도	베오그라드(Beograd)
면적	88,361㎢
화폐단위	Dinar
인구	706만 명(2016년)
공용어	세르비아어
종족구성	세르비아인 83%, 헝가리인 4%, 집시 2% 등
종교	동방정교 84%, 가톨릭 6%, 이슬람교 3%
독립	2006(세르비아-몬테네그로)
헌법	2006.11.10
정체	공화제
UN가입	2000년
GDP	377억 불, 1인당 GDP: 5,397불(2017년)

25. 스웨덴(Kingdom of Sweden, 스웨덴어 Sverige)

위치	유럽 북부, 스칸디나비아 반도 동남부
수도	스톡홀름(Stockholm)
면적	449,964㎢
화폐단위	Krona
인구	1,004만 명(2017년)
공용어	스웨덴어
종족구성	스웨덴인 95%, 핀란드인 3%
종교	복음루터교, 가톨릭
독립	1523(덴마크)
헌법	1809.06 제정, 1975 개정
정체	입헌군주제
정부형태	의원내각제
UN가입	1946년
GDP	5,174억 불, 1인당 GDP: 51,603불(2016년)
면적	449,964㎢
화폐단위	Krona

26. 스위스(Swiss Confederation: Switzerland, 라틴어 Confoederatio Helvetica)

위치	유럽 중부 내륙
수도	베른
면적	41,290㎢
화폐단위	스위스 프랑
인구	840만 명(2016년)
공용어	독어 64%, 프랑스어 23%, 이탈리아어 8.5% 로만슈어 0.5%
종족구성	독일계 65%, 프랑스계 18%, 이탈리아계 10% 등
종교	가톨릭 38%, 개신교 28%, 이슬람교 5%
독립	1648
헌법	1874.5 제정
정체	연방공화제
정부형태	스위스식 회의체
UN가입	2002년
GDP	6,518억 불, 1인당 GDP: 78,179불(2016년)

27. 스페인(Kingdom of Spain, 스페인어 España)

위치	유럽 서남부, 이베리아 반도
수도	마드리드(Madrid)
면적	504,782㎢
화폐단위	Euro
인구	4,647만 명(2016년)
공용어	스페인어
종족구성	스페인인 90%, 기타 이베리아인, 게르만인, 아랍인
종교	가톨릭 68%, 무종교 27%, 이슬람교 4%
독립	15세기
헌법	1978.12.29 신헌법 제정
정체	입헌군주제
정부형태	내각책임제
정부성향	중도좌파
UN가입	1955년
GDP	1조 2,320억 불, 1인당 GDP: 26,643불(2017년)

28. 슬로바키아(Slovak Republic(Slovakia), 슬로바키아어 Slovensco)

위치	유럽 동부 내륙
수도	브라티슬라바(Bratislava)
면적	48,845㎢
화폐단위	Euro
인구	544만 명(2016년)
공용어	슬로바키아어
종족구성	슬로바키아인 81%, 헝가리인 9%, 집시 2%, 체코인 1% (2011년)
종교	가톨릭 62%, 개신교 9%, 그리스정교 4% 등
독립	1993(체코 · 슬로바크 연방)
헌법	1992.9 제정
정체	공화제
정부형태	의원내각제
UN가입	1993
GDP	891억 불, 1인당 GDP: 16,412불(2017년)

29. 슬로베니아(Republic of Slovenia, 슬로베니아어 Slovenija)

위치	유럽 동남부, 아드리아해 연안
수도	류블랴나(Ljubljana)
면적	20,273㎢
화폐단위	Euro
인구	207만 명(2017년)
공용어	슬로베니아어
종족구성	슬로베니아인 83%, 세르비아인 2%, 크로아티아인 2% 등
종교	가톨릭 57.8% 이슬람교 2.4% 동방정교 2.3% (2002년)
독립	1991(구유고연방)
헌법	1991.12 제정
정체	공화제
정부형태	의회민주제
UN가입	1992년
GDP	435억 불, 1인당 GDP: 21,061불(2017년)

30. 아르메니아(Republic of Armenia, 아르메니아어 Հայաստան(Hayastan))

위치	터키, 이란 및 아제르바이잔 사이에 위치(북위40도, 동경45도)
국경	1,254Km
수도	예레반(Yerevan)
면적	29,800㎢
화폐단위	Dram(AMD)
인구	300만 명(2016년)
공용어	아르메니아어
종족구성	아르메니아인 98%, 쿠르드인 1.2%, 러시아인 0.4% 등
종교	아르메니아정교 94.7%, 기타 기독교 4%, 조로아스터교 및 정령신 2%
독립	1991년
헌법	1995.7.5 제정
정체	공화제
정부형태	대통령 중심제
UN가입	1992년
GDP	108억 불, 1인당 GDP: 3,595불(2016년)

31. 아이슬란드(Republic of Iceland, 아이슬란드어 Ísland)

위치	유럽 서북부, 스칸디나비아 반도 서방 북대서양상
수도	레이캬비크(Reykjavik)
면적	103,000km²
화폐단위	Krona
인구	33만 2,529명(2016년)
공용어	아이슬란드어
종족구성	아이슬란드인 92%, 폴란드인 4% 등
종교	복음루터교 80%, 가톨릭 4%
독립	1944(덴마크)
헌법	1944.06 제정
정체	공화제
정부형태	의원내각제
UN가입	1946년
GDP	210억 불, 1인당 GDP: 63,000불(2017년)

32. 아일랜드(Ireland, Republic of Ireland, 아일랜드어 Éire)

위치	유럽 서부, 영국 서방 대서양상
수도	더블린(Dublin)
면적	70,280km²
화폐단위	Euro
인구	476만 명(2016년)
공용어	영어, 아일랜드어
종족구성	아일랜드인 82%, 기타 유럽인 10%
종교	가톨릭 78%, 개신교 4%, 이슬람교 1.3%
독립	1921
헌법	1937.7 제정
정체	공화제
정부형태	의원내각제
UN가입	1955년
GDP	3,080억 불, 1인당 GDP: 65,562불(2016년)

33. 아제르바이잔(Republic of Azerbaijan, 아제르바이잔어 Azərbaycan)

위치	카스피해 연안, 러시아와 이란 사이에 위치(북위 40도 30분, 동경 47도 30분)
국경	2,013Km
수도	바쿠(Baku)
면적	86,600㎢
화폐단위	Manat(AZM)
인구	982만 명(2017년)
공용어	아제르바이잔어
종족구성	아제르바이잔인 92%, 레즈긴인 2%, 러시아인 1.3%, 아르메니아인 1.4% 등
종교	이슬람교 97.4%
독립	1991년
헌법	1995.11.12 제정
정체	공화제
정부형태	대통령 중심제
UN가입	1992년
GDP	386억 불, 1인당 GDP: 4,032불(2017년)

34. 안도라(Principality of Andorra)

위치	유럽 서남부, 스페인·프랑스 사이
수도	안도라(Andorra la Vella)
면적	468㎢
화폐단위	Euro
인구	8만 5,470명(2014년)
공용어	카탈루냐어 39%, 스페인어 35%, 포르투갈어 15%, 프랑스어 5%
종족구성	안도라인 49%, 스페인인 25%, 포르투갈 14%, 프랑스인 4%
종교	가톨릭 88%
독립	1278
헌법	1993.5.4 제정
정체	공화제
정부형태	
원수	공동 국가원수(프랑스 대통령, 스페인 주교)
UN가입	1993년
GDP	45억 불, 1인당 GDP: 53,383불(2008년)

35. 알바니아(Republic of Albania, 알바니아어 Shqipëri/Shqipëria)

위치	유럽 동남부, 발칸 반도 서북부
수도	티라나(Tirane)
면적	28,748km²
화폐단위	Lek
인구	288만 명(2017년)
공용어	알바니아어, 그리스어
종족구성	알바니아인 95%, 그리스계 3%, 기타 2%
종교	이슬람교 59%, 기독교 17%
독립	1944(독일)
헌법	1991.4.26 신헌법 확정
정체	공화제
정부형태	의원내각제
UN가입	1955년
GDP	129억 불, 1인당 GDP: 4,470불(2017년)

36. 에스토니아(Republic of Estonia, 에스토니아어 Eesti)

위치	러시아 북서부, 발트해 연안
수도	탈린(Tallinn)
면적	45,226km²
화폐단위	Euro
인구	132만 명(2017년)
공용어	에스토니아어
종족구성	에스토니아인 69%, 러시아인 25%, 우크라이나인 2% 등
종교	정교회 16%, 기독교 10%, 무종교 54%
독립	1991.09.06
정체	공화제
정부형태	의원내각제
UN가입	1991년
GDP	234억 불, 1인당 GDP: 17,891불(2017년)

37. 영국(United Kingdom of Great Britain)

위치	유럽 서부, 대서양 위
수도	런던(London)
면적	244,820㎢
화폐단위	Pound
인구	6,565만 명(2016년)
공용어	영어
종족구성	백인 87%, 아시아인 7%, 흑인 3%, 혼혈 2%
종교	기독교 60%, 무종교 26%, 이슬람교 4.4%, 힌두교 1.3%
독립	11세기
헌법	성문헌법 없음
정체	입헌군주제
정부형태	의원내각제
UN가입	1945년
GDP	2조 6,500억 불, 1인당 GDP: 43,902불(2016년)

38. 오스트리아(Republic of Austria, 독일어 Österreich)

위치	유럽 중부 내륙
수도	빈(Wien)
면적	83,870㎢
화폐단위	Euro
인구	878만 명(2017년)
공용어	독일어
종족구성	오스트리아인 81.1%, 구 유고슬라비아인 6.3%, 독일인 2.7%, 터키인 2.2% 등
종교	가톨릭 73.6%, 개신교 4.7% 등
헌법	1920 제정, 1955.10 개정
정체	연방공화제
정부형태	의원내각제
정부성향	중도좌파
UN가입	1955년
GDP	3,872억 불, 1인당 GDP: 44,561불(2016년)

39. 우크라이나(Ukraine, 우크라이나어 Уκраїна(Ukrayina))

위치	러시아 서부 흑해 연안에 위치(북위 49도, 동경 32도)
수도	키예프(Kiev)
면적	603,700㎢
화폐단위	Hryvnia(UAH)
인구	4,254만 명(2016년)
공용어	우크라이나어, 러시아어
종족구성	우크라이나인 77.8%, 러시아인 17.3%, 벨라루스인 0.6% 등
종교	우크라이나 정교 65%, 그리스 가톨릭 6% 등
독립	1991
헌법	1996.6.28 제정
정체	공화제
정부형태	이원집정부제
UN가입	1945년
GDP	930억 불, 1인당 GDP: 2,194불(2016년)

40. 이탈리아(Italian Republic(Italy), 이탈리아어 Italia)

위치	유럽 남부, 지중해 연안 이탈리아 반도
수도	로마(Rome)
면적	301,230㎢
화폐단위	Euro
인구	6,060만 명(2016년)
종족구성	이탈리아인이 대부분
종교	가톨릭 81%, 무종교 12%, 이슬람교 4% 등
독립	1870.10
헌법	47.12 제정
정체	공화제
정부형태	내각책임제
UN가입	1955년
GDP	1조 8,500억 불, 1인당 GDP: 30,507불(2016년)

41. 조지아(Georgia, 조지아어, საქართველო(Sakartvelo))

위치	흑해 연안 러시아와 터키 사이
수도	트빌리시
면적	69,700㎢
화폐단위	Lari(GEL)
인구	372만 명(2016년)
공용어	조지아어
종족구성	조지아인 86.8%, 아제르바이잔인 6.2%, 아르메니아인 4.5%, 기타 2.8%
종교	조지아 정교
독립	1991년
헌법	1995.08.24 제정
정체	공화제
정부형태	대통령 중심제
대의기구	단원제(150석, 임기 4년)
UN가입	1992년
GDP	145억 불, 1인당 GDP: 3908 (2016년)

42. 체코(Czech Republic, 체코어 Česko)

위치	유럽 중부 내륙
수도	프라하(Prague)
면적	78,866㎢
화폐단위	코루나(Czech Koruna)
인구	1,055만 명(2015년)
공용어	체코어
종족구성	체코인 64%, 모라비아인 5%, 슬로바키아인 1.4% 등
종교	가톨릭 10%, 개신교 2.2%, 무종교 등 87%.
독립	1993(체코·슬로바키아연방)
헌법	1992.12 제정
정체	공화제
정부형태	내각책임제
UN가입	1993.01.19
GDP	1,960억 불, 1인당 GDP: 18,534불(2017년)

43. 카자흐스탄(Republic of Kazakhstan)

위치	러시아 남부 중앙아시아에 위치(북위 48도, 동경 68도)
국경	12,185Km
수도	아스타나(Astana)
면적	2,724,900㎢
화폐단위	Tenge(KZT)
인구	1,805만 명(2017년)
공용어	카자흐어, 러시아어
종족구성	카자흐인 66%, 러시아인 21% (2016년)
종교	이슬람교 70%, 기독교 25% 등 (2010년)
독립	1991년
헌법	1993.1.28 제정
정체	공화제
정부형태	대통령 중심제
UN가입	1992년
GDP	2,256억 불, 1인당 GDP: 12,950불(2016년)

44. 코소보(Republic of Kosovo, 알바니아어 Republika e Kosovës)

위치	유럽 동남부, 발칸 반도의 내륙
수도	프리스티나(Pristina)
면적	10,908㎢
화폐단위	Euro
인구	186만 명(2014년)
공용어	알바니아어, 세르비아어, 보스니아어, 터키어 등
종족구성	알바니아인 92%, 세르비아인 4%, 보스니아인 2%, 터키인 1% 등
종교	이슬람교 90%, 가톨릭 4%, 정교 4% 등
독립	2008년 독립선언(세르비아)
UN가입	
GDP	83억 불, 1인당 GDP: 4,472불(2016년)

45. 크로아티아(Republic of Croatia, 크로아티아어 Hrvatska)

위치	유럽 동남부, 아드리아해 연안
수도	자그레브(Zagreb)
면적	56,542km²
화폐단위	Kuna
인구	419만 명(2016년)
공용어	크로아티아어
종족구성	크로아티아인 90.4%, 세르비아인 4.4% 등
종교	가톨릭 86%, 동방정교 4.4%, 이슬람교 1.5%.
독립	1991(구유고연방)
헌법	1990.12 발효
정체	공화제
정부형태	의원내각제(대통령제 요소 가미)
UN가입	1992년
GDP	519억 불, 1인당 GDP: 12,405불(2017년)

46. 터키(Republic of Turkey, 터키어 Türkiye)

위치	유럽 동남부, 지중해 및 흑해 연안
수도	앙카라(Ankara)
면적	780,580km²
화폐단위	터키 Lira
인구	7,981만 명(2017년)
공용어	터키어
종족구성	터키인 86%, 쿠르드인 12%
종교	이슬람교 95.68%, 기독교 0.9%.
독립	1923
헌법	1982.11 신헌법 제정(1995.7 개정)
정체	공화제
정부형태	대통령제를 가미한 내각책임제
UN가입	1945년
GDP	8,610억 불, 1인당 GDP: 11,014불(2017년)

47. 포르투갈(Portuguese Republic, 포르트갈어 Portuguesa)

위치	유럽 서남부, 이베리아 반도 서단
수도	리스본(Lisbon)
면적	92,391㎢
화폐단위	Euro
인구	1,031만 명(2016년)
공용어	포르투갈어
종족구성	포르투갈인 96%
종교	가톨릭 81%, 개신교 3.3%, 무교 7% 등
독립	1139
헌법	1976.4 제정, 1989.7 개정
정체	공화제
정부형태	대통령 중심제를 가미한 내각책임제
UN가입	1955년
GDP	2,028억 불, 1인당 GDP: 19,707불(2017년)

48. 폴란드(Republic of Poland, 폴란드어 Polska)

위치	유럽 동부, 발트해 연안
수도	바르샤바(Warsaw)
면적	312,685㎢
화폐단위	Zloty
인구	3,863만 명(2017년)
공용어	폴란드어
종족구성	슬라브계 폴란드인 96.7%, 독일계 0.4%, 우크라이나인 0.1%
종교	가톨릭 89.8%, 동방정교 1.3%
독립	1918
헌법	1952.7 제정, 1989.12.30 민주헌법으로 개정, 1992.11.17. 부분 개정
정체	공화제
정부형태	이원집정제
UN가입	1945년
GDP	4,829억 불, 1인당 GDP: 12,722불(2017년)

49. 프랑스(French Republic, France)

위치	유럽 서부, 대서양 연안
수도	파리(Paris)
면적	643,801 km²
화폐단위	Euro
인구	6,700만 명(2017년)
공용어	프랑스어
종족구성	골(Gaul)족(켈트족에 라틴족과 게르만족이 융합된 민족) 90%
종교	기독교 63-66%, 이슬람교 7-9%, 무교 23-28%
헌법	1958.9 제정, 1962.11 개정
정체	공화제
정부형태	의회주의를 가미한 대통령중심제
UN가입	1945년
GDP	2조 4,200억 불, 1인당 GDP: 37,294불(2017년)

50. 핀란드(Republic of Finland, 핀란드어 Suomi)

위치	북부 유럽
수도	헬싱키(Helsinki)
면적	338,145 km²
화폐단위	Euro
인구	551만 명(2017년)
공용어	핀란드어 88.7%, 스웨덴어 5.3%
종족구성	핀란드인 93%, 스웨덴인 6%
종교	복음루터교 72%, 무종교 25% (2016년)
독립	1917(러시아)
헌법	1919.07.17 제정
정체	공화제
정부형태	이원집정부제
UN가입	1955년
GDP	2,345억 불, 1인당 GDP: 42,611불(2017년)

51. 헝가리(Republic of Hungary, 헝가리어 Magyarország)

위치	유럽 중동부 내륙
수도	부다페스트(Budapest)
면적	93,030㎢
화폐단위	Forint
인구	980만 명(2017년)
공용어	헝가리(마자르)어
종족구성	헝가리인 81%, 집시 3%, 독일인 1.3% 등
종교	기독교 76%, 무종교 21%
독립	1945
헌법	1949.8 제정, 1989.10 3차 개정
정체	공화제
정부형태	이원집정제 성격이 가미된 의원내각제
UN가입	1955년
GDP	1,440억 불, 1인당 GDP: 14,742불(2018년 추정)

참고문헌

고종희, 2004, 『르네상스의 초상화 또는 인간의 빛과 그늘』, 한길아트
김경석, 2003, 『유럽 문화 지형도』, 만남
김남연, 김이섭, 2004, 『현대 유럽의 사회와 문화』, 한국학술정보
김일곤, 2001, 『유럽이 더 잘 보인다』, 세종출판사
김재규, 2003, 『유럽문화의 수수께끼』, 예경
다케루베 노부야키, 2000, 『켈트 북구의 신들』, 들녘
베니야마, 2007, 『유럽에 빠지는 즐거운 유혹 1, 2, 3』, 스타북스
마사다 미노루, 2004, 『동인도회사』, 파피에
맛시모 몬타나리, 2001, 『유럽의 음식문화』, 새물결
알베르트 알리시나 외, 2007, 『유럽의 미래』, 21세기북스
우에다 오사무, 2006, 『뿌리 깊은 인명 이야기』, 파피에
우에다 오사무, 2006, 『뿌리 깊은 지명 이야기』, 파피에
울리히 쿤 하인, 2001, 『유럽의 축제』, 컬처라인
위치우위(余秋雨), 2004, 『유럽문화기행 1, 2』, 미래M&B
이브 코아, 2002, 『바이킹』, 시공사
이영석, 2004, 『그리스 로마의 신화와 전설』, 경상대학교출판부
이원복, 2004, 『세상만사 유럽만사 1, 2』, 두산동아
이정모, 2001, 『달력과 권력』, 부키
이준필립, 2006, 『이제는 유럽이다』, 교보문고
이혜령 외, 2006, 『유럽 바로 알기』, 지식의 날개
이희수 외, 2001, 『이슬람』, 청아출판사
임종대 외, 2000, 『독일이야기 1, 2』, 거름
장-바티스트 뒤로젤, 2003, 『유럽의 탄생』, 지식의풍경
조셉 폰타나, 2000, 『거울에 비친 유럽』, 새물결
지오프리 파커, 2004, 『아틀라스 세계사』, 사계절
차영길, 2001, 『고대 지중해 세계로의 탐구』, 동남기획
타임라이프 북스, 2004, 『바이킹의 역사』, 가람기획
타임라이프 북스, 2004, 『유럽의 정복자 켈트족』, 가람기획
테리 G. 조든-비치코프, 벨라 비치코바 조든, 2007, 『유럽(유럽 문화지역의 형성과정과 지역구조)』, 시그마프레스
하이드룬 메르클레, 2005, 『식탁위의 쾌락』, 열대림
후지사와 마치오, 2005, 『이탈리아에서 역사와 이야기는 같은 말이다』, 일빛
T.R. 리, 2005, 『유럽합중국』, 한언
Winand W. Klassen, 2003, 『서양건축사』, 아키그램
wikipedia: europe, etymologie